▶ 골라! 골라! 양탄자를 골라!
― 얼따오차오 시장 내의 양탄자 골목

▶ 모래찜질방, 효과 만점이라우!
— 사막 식물원에서 모래찜질을 하는 하사커족 여인

신장을 알아야 중국이 보인다

▶비누를 만드는 중이냐구요? 천만의 말씀! 햇볕에 말리는 녀우라오랍니다.
— 햇볕에 말리는 녀우라오

▶지금은 기도 중!
— 아티깔 사원에서 예배를 드리는 웨이월족

신장을 알아야 중국이 보인다

▶인생무상이로다!
— 타지커족 신화를 간직한 스터우청

▶이건 먹는 물이 아니라우!
　— 손 닦는 물주전자를 들고 있는 웨이월족 노인

신장을 알아야 중국이 보인다

▶ 호박의 팔촌, 수박의 사촌, 맛있는 하미꽈 사요! 하미꽈!
— 카스의 과일 시장

▶아저씨, 나 멋있죠?
― 송아지를 타고 있는 타지커족 소년

신장을 알아야 중국이 보인다

신장을 알아야 중국이 보인다

심형철 지음

정진출판사

신쟝을 알아야 중국이 보인다.
— 부따오신쟝 부쫜따오쫑꿔 —

들어가면서

나는 현재 베이징의 중앙민족대학(中央民族大學)에서 민족학(문화인류학) 박사 과정을 수료하고, 중국 내 알타이어계 소수 민족의 금기 문화에 대한 논문을 준비하고 있다. 중국이라는 단어가 내 생활의 일부가 된 지 벌써 20년이 되었지만 여전히 중국은 내게 낯선 곳으로 다가온다. 베이징에서 유학 생활을 시작한 이래 종종 중국이라는 나라가 어떤 곳이냐는 질문을 받을 때가 있다. 사실 이런 질문은 대답하기가 매우 난처한 것이기 때문에 나는 그 때마다 머뭇거리거나 더듬거리기 일쑤였다. 중국에 대해 아는 것보다 모르는 것이 훨씬 많고, 안다고 하는 것조차 정확한 것인가 스스로 회의적이기 때문이다. 내가 느끼는 중국은 한 마디로 "지겹고도 매력적인 나라"이다. 이러한 느낌은 유학 생활 이전부터 중국을 여행하면서 갖기 시작한 것이지만 유학 생활 이후에 더욱 확고하게 자리잡았다. 중국을 알고 싶어하는 사람들에게 이

"지겹고도 매력적인 나라"를 사실적으로 전달하고자 이 글을 쓰게 되었다.

중국 정부는 1952년부터 소수 민족 식별 조사를 시작한 이래 30년간 현지 조사는 물론 문헌 연구를 통해 언어, 신화, 역사, 풍속 등을 고증하고 마침내 1982년 55개의 소수 민족을 확정하였다. 하지만 동일한 하나의 민족 내에서도 지역에 따라 언어의 차이가 있고, 습속이 다르기 때문에 55개의 소수 민족을 좀 더 세분한다면 100여 개의 민족이 될 수도 있을 것이다. 이렇게 다양한 소수 민족 모두를 연구, 분석한다는 것은 사실 불가능한 일에 가깝지만, 하나의 나라에 이처럼 많은 소수 민족이 살아가고 있다는 것은 기적에 가까운 일이라 생각한다.

나의 지도 교수님인 빠이쩐성(白振聲) 교수님은 서북 소수 민족이 전공으로 중국에서 신쟝(新疆)지역에 관한 한 최고의 전문가이다. 나는 교수님과의 수업을 통해 소수 민족의 문화와 역사에 대한 지식을 넓혀 갈 수 있었다. 그 중 가장 나의 관심을 끈 소수 민족은 바로 우리 나라에서 위그르족으로 더 잘 알려진 웨이월(維吾爾)족이다. 웨이월족은 중국 내에서도 55개 소수 민족 중 가장 독특한 민족으로 손꼽히는 민족이다. 그들의 생김새는 중동 사람에 가까울 정도로 매우 이국적이며, 그들의 언어와 문자, 종교, 생활 습속에서부터 사고 방식에 이르기까지 많은 문화적 특징들은 우리가 생각하는 중국인과 상당한 차이를 보인다.

그들은 한족 문화로 동화되는 것을 거부하고 때로는 분리 움직임까지 보이고 있다. 현재 중국에서 진행 중인 서부 대개발 정책의 핵심 지역에 가장 많이 살고 있는 소수 민족이 바로 웨이월족이다. 중국 정부는 현재 그들의 경제 수준을 제고하기 위해 여러 가지 방안을 제시하고 있지만 아직 별다른 효과를 거두지 못하고 있는 실정이다. 그들은 자신만의 세계를 추구하고 있기 때문에 외부의 변화에 둔감한 편이다.

빠이쩐성 교수님은 중국의 지방 정부에서 실시하고 있는 사막화 방지 작업의 실효성과 문제점 및 대안을 연구하는 프로젝트를 담당하셨다. 그리하여 우리 학생들은 교수님과 함께 신장의 사막 지역으로 답사를 가는 행운을 얻게 되었다. 나는 말로만 듣던 사막, 책에서만 보았던 많은 소수 민족의 생활을 직접 경험할 수 있다는 것 때문에 잠을 못 잘 정도로 흥분하였다. 중국인도 가기 힘든 신장이라는 곳을 지방 정부의 도움까지 받아 가며 전문가의 안내하에 답사한다는 것은 천재일우(千載一遇) 이상의 것이었다. 이렇게 찾아온 행운이 때로는 고생이 되기도 했지만 나의 머릿속에는 새로운 풍경이 생생하게 기록되었고, 나의 가슴 속에는 새로운 문화적 충격이 깊이 자리잡게 되었다. 그 곳에서의 경험은 아직도 살아 움직이고 있으며, 평생 잊을 수 없는 추억으로 문화인류학을 공부하는 데 값진 자산으로 남아 있다.

우리에게 실크로드라는 단어는 익숙하지만 중국의 신쟝이라는 곳은 낯설다. 우리가 중국을 좀 더 이해하려고 한다면 베이징이나 상하이 등의 대도시를 벗어나 소수 민족이 집중 거주하고 있는 변경(邊境)까지 그 범위를 넓혀야 한다. "신쟝에 가 보지 않으면 중국에 와 본 것이 아니다."라는 말도 있듯이 중국의 몇몇 도시가 중국을 대표할 수는 없기 때문이다.

신쟝의 면적은 중국의 6분의 1로 한반도의 약 7배, 남한의 약 16배에 해당한다. 이렇게 광활한 지역을 한 권의 책 속에 모두 소개한다는 것은 매우 어려운 일이다. 제한된 지면에 신쟝의 모든 것을 포괄할 수도 없는 노릇이며 그 곳에 살고 있는 다양한 민족의 문화를 전부 설명할 수도 없는 노릇이다. 간혹 베이징의 한 귀퉁이에 살면서 혹은 몇몇 관광지를 가 보고 나서 마치 중국의 전역을 두루 다녀 중국의 모든 것을 아는 것처럼 쓴 책을 보게 된다. 나는 이런 오류를 범하지 않기 위해 내가 직접 듣고 보고 문헌을 통해 확인한 것들만을 중심으로 최대한 구체적인 내용을 담기 위해 노력하였다. 그리고 읽는 이에게 사실적인 자료를 제공하기 위해 직접 답사하여 체험한 것들을 중심으로 이야기를 엮어 보았다. 답사 지역을 5부로 구성하고 가능한 범위 내에서 되도록 많은 사진을 첨부하여 실질적인 이해를 돕고자 하였다.

그러나 나의 무지와 편견으로 웨이월족과 다른 소수 민족, 그리고 한족 등에게 마음의 상처를 주지는 않을까 걱정이 된다. 객관적이고 사실적으로 묘사한다는 것이 나쁜 점만을 부각시키는 것으로 오해되고, 나의 해석과 분석이 민족 감정을 자극하는 것이 될지도 모른다는 생각 때문에 걱정이 앞선다. 그리고 경험한 내용 중 나의 견해가 혹시 중국 정부와 정책을 폄하하는 것으로 오해될까 두렵기도 하다. 하지만 나의 가슴 속에는 다른 민족에 대한 편견이나 우열을 가리려는 마음은 전혀 없다. 더구나 이 책 속에 있는 중국 정책에 대한 내용은 단지 나의 개인적인 의견일 뿐, 결코 비판을 위한 비판은 아니다. 모든 것이 내게는 학습이고 연구의 대상일 뿐이다. 나는 서양의 일부 사람들이 동양 문화에 대한 편견과 무지로 가끔씩 민족 감정을 자극하는 것을 보았다. 나 역시 그 같은 우를 범하지 않을까 무척 고심하였다는 점을 밝힌다.

나는 중국에서 인류학을 공부하면서 그리고 이 책을 쓰면서 깨달은 중요한 것이 있다. 그것은 바로 자신이 하고 싶은 일을 하는 것이 인생에서 얼마나 보람된 일인가를 알게 된 것이다. 서울에서의 안정적인 생활을 포기하고 중국으로 유학을 선택하고 학부와 석사의 전공과 다른 분야를 공부하게 된 것은 비록 늦었지만 내가 하고 싶은 것을 하겠다는 단순한 생각이었다. 내 개인의 만족을 위해 전부를 투자하는 것이 행복이라는 사실을 깨달은 것이다. 그러나 나의 소박한 깨달음 이면에는 가족의 희생이 있어야 했다. 중국어 한 마디도 모르는 아내가 낯선 타국에서 고생하였고, 연로하신 부모님은 때늦은 자식의 유학에 언제나 맘 속에 걱정거리를 안고 지내셨을 것이다. 나의 유학에 가장 큰 힘이 되어준 부모님과 아내에게 말 못 할 고마움을 글로 대신한다.

중국 생활 중 부모님처럼 보살펴 주신 빠이쩐성(白振聲) 교수님과 사모님, 우타오(吳濤), 쏜퀘이(孫巋), 양지탕(楊積堂), 난콰이(南快), 중량시(仲良喜) 등 중국 친구들과 중국에서 인연을 맺은 후 친가족처럼 지내게 된 서울 중앙대학교 국어국문과 이주행 교수님과 사모님께 깊은 감사의 마음을 전한다. 그리고 나의 졸고가 출판될 수 있도록 물심양면 도와 주신 전병억 선생님과 출판을 기꺼이 맡아 주신 정진출판사 박해성 사장님께도 깊이 감사드린다. 끝으로 이미 성인이 되어 각자의 자리에서 제 몫을 다하고 있는 제자들에게 이 책을 바친다.

2002년 12월 뻬이징 웨이꽁촌(魏公村)에서
심형철

일러두기

1. 본문에 등장하는 중국어 원음 표기 뒤에 병기하는 한자는 각 소제목마다 맨 처음 등장하는 경우에만 표기하였다.
2. 본문에 등장하는 모든 중국의 민족 명칭은 중국어 원음으로 표기하고 괄호 안에 한자를 병기하였다.[예 : 웨이월(維吾爾)어, 하사커(哈薩克)족]
3. 본문에 등장하는 모든 중국어 원음 표기는 경우에 따라 외래어와 혼동을 할 수 있기 때문에 글자체를 달리하여 중국어 원음임을 쉽게 알 수 있도록 하였다.
4. 중국어 원음을 표기할 경우 부득이한 경우를 제외하고 하나의 한자는 1음절로 표기하려고 하였다. 단, 중국어 원음에 가깝게 표기하기 위해 하나의 한자를 두 음절로 표기한 것은 있으나 세 음절로 표기한 경우는 없다.
5. 웨이월족의 인명이나 지명을 병기한 괄호 안의 한자는 웨이월어 원음을 중국어로 음차(音差)한 것이기 때문에 한자

의 뜻과는 아무런 관련이 없다.
6. 전설이나 인용문은 글자 크기를 달리하여 구분하였다.
7. 본문에 등장하는 중국 런민삐(人民幣)와 우리 나라 돈의 비율은 2001년 8월의 시세(약 1:170)를 기준으로 계산하였다.
8. 본문에 등장하는 물건 중 우리가 사용하는 것과 똑같아 굳이 원음으로 표기할 필요가 없는 것은 우리말로 번역하였다.
9. 독자들의 이해를 돕기 위해 필요하다고 판단되는 것은 주(注)를 달아 자세하게 설명하였다.
10. 신장(新疆) 지역의 지리적, 공간적 이해를 돕기 위해 신쟝웨이월(新疆維吾爾)자치구 지도를 수록하였다.
11. 본문과 연관되며 특색 있는 사진을 실어 시각적으로 이해할 수 있도록 하였다.
12. 부록으로 신장 지역의 고대부터 근세까지 역사를 간략하게 정리하였다.

신쟝웨이월(新疆維吾爾)자치구 지도

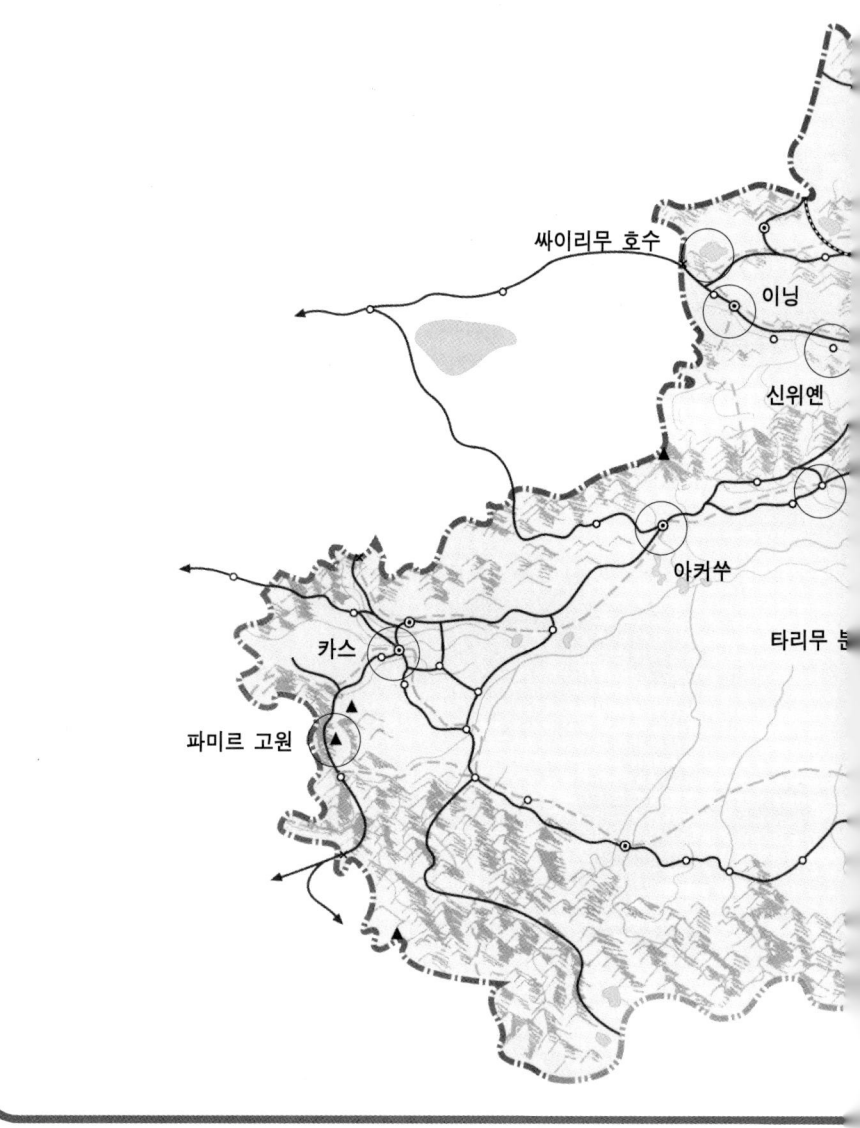

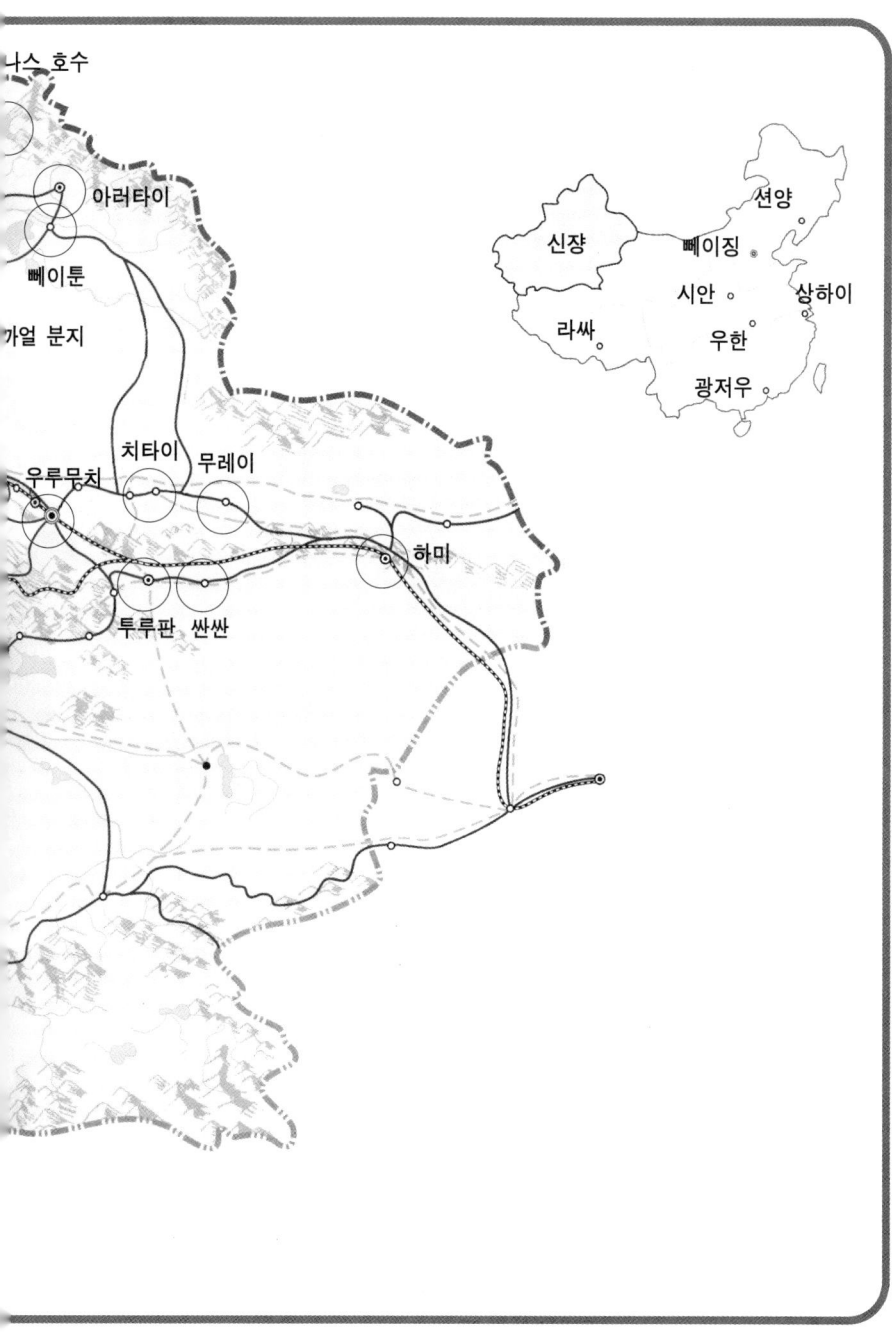

차 례

- 들어가면서 / 4
- 일러두기 / 10
- 신장웨이월(新疆維吾爾)자치구 지도 / 12

답사에 앞서

1. 실크로드를 꿈꾸며 / 19
2. 서부행 기차 / 25

제1부 황사(黃砂)의 고향

1. 아름다운 목장 우루무치 / 35
2. 사막과의 전쟁 / 40
3. 오막살이 집 한 채 / 51
4. 하미꽈(哈密瓜) 이야기 / 58
5. 파도치는 모래 / 63
6. 신장에도 남산과 천지가? / 67
7. 우루무치의 미이라 / 75

제2부 불의 나라 투루판(吐魯番)

1. 불타는 산 / 81

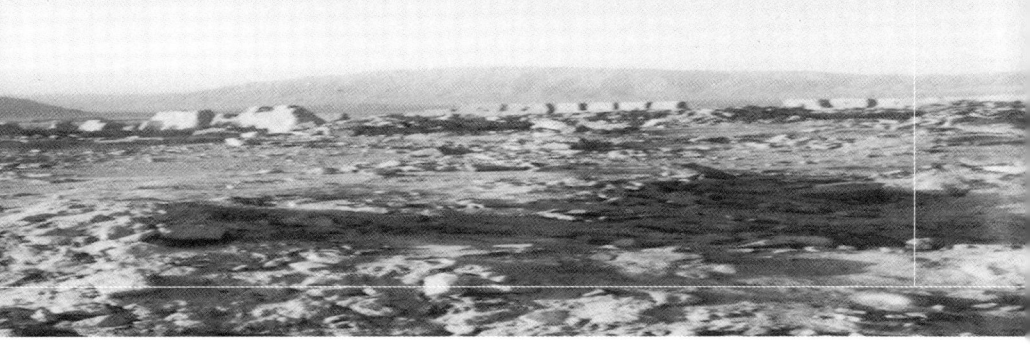

   2. 연둣빛 건포도와 흐르는 우물 / 86
   3. 쟈오허(交河) 고성(古城) / 92
   4. 뻐즈커리커(柏孜克里克) 천불동(千佛洞) / 95
   5. 원님 덕에 나팔 불기 / 100

제3부 머나먼 카나스(喀納斯) 호수

   1. 강가에서의 양고기 바비큐 / 109
   2. 한국은 사회주의다? / 118
   3. 낭만적인 밤 / 122
   4. 나는 투와(土瓦)인 / 129
   5. 상마져우(上馬酒) / 136

제4부 실크로드의 중심지 카스(喀什)

   1. 이슬람의 도시 카스 / 141
   2. 전설의 여인 샹페이 / 147
   3. 총명의 샘 / 152
   4. 아티깔 사원과 똥빠자 / 157
   5. 웨이월족 가정 방문 / 165
   6. 세계의 지붕 / 170
   7. 아투스의 끔찍한 여관 / 180

contents

제5부 눈 내리는 천산(天山)

1. 나의 친구 우타오 / 189
2. 커즈얼(克孜爾) 천불동(千佛洞) / 196
3. 웨이월족과의 기나긴 하룻밤 / 203
4. 별장 같은 호텔 / 218
5. 반란의 땅 / 224
6. 낯선 이와의 동침 / 231
7. 베이징행 기차 / 236

부 록

1. 실크로드 약사(略史) / 243
2. 신쟝(新疆) 약사(略史) / 247
3. 신쟝웨이얼자치구 여행 안내 / 256

답사에 앞서

1. 실크로드를 꿈꾸며
2. 서부행 기차

"그러나 이런 표면적인 이유보다 신장에 꼭 가야만 하는 이유는 이미 마음 속 깊이 자리하고 있었다. 그것은 민족학을 공부하면서 생긴 일종의 열병과도 같은 것이었다. 중국의 55개 소수 민족 중 가장 특색 있는 민족들이 살고 있는 신장에 가서 그들의 숨결을 직접 느껴 보고 싶은 욕망, 안 가면 아니 되고 병이 될 것 같은 강렬한 욕망이었다. 단순한 호기심의 차원이 아니라, 성스러운 의식과도 같은 무언가가 나를 강하게 끌어당기고 있었다."

1 실크로드를 꿈꾸며

나는 중국에 온 후 신장(新疆)[1]이라는 곳에 꼭 한 번 가 보고 싶었다. 그것은 내가 알고 지내는 중국 친구 중 대부분이 신장을 최고의 여행지로 추천했기 때문이다. 그리고 사막에 대한 막연한 호기심과 동경심이 나를 부채질하였고, 지도를 볼 때마다 광활한 사막과 초원의 이색적인 볼거리가 눈앞에 펼쳐지는 듯했다. 중국 정부가 중국의 미래를 걸고 한창 진행 중인 대역사 서부 대개발의 현장이 바로 신장이라는 점도 나를 유혹하고 있었다.

그러나 이런 표면적인 이유보다 신장에 꼭 가야만 하는 이유는 이미 마음 속 깊이 자리하고 있었다. 그것은 민족학을 공부하면서 생긴 일종의 열병과도 같은 것이었다. 중국의 55개 소수 민족 중 가장 특색 있는 민족들이 살고 있는 신장에 가서 그들의 숨결을 직접 느껴 보고 싶은 욕망, 안 가면 아니 되고 병이 될 것 같은 강렬한 욕망이었다. 단순한 호기심의 차원이 아니라, 성스러운 의식과도 같은 무언가가 나를 강하게 끌어당기고 있었다.

중국인들은 '신장에 가 보지 못하면 중국에 와 본 것이 아니다'라고들 한다. 그만큼 중국인들에게도 신장은 매우 매혹적인 곳이다. 그러나 신장이 아무리 매혹적인 곳이라 해도 누구나 쉽게 갈 수 있는 평범한 여행지는 아니다. 뻬이징(北京)에서 신장의 수도 우루무치(烏魯木齊)까지 출발한다면 3,600km의 거리를 꼬박 48시간 동안이나 기차를 타야 하고 비행기를 타더라도 세 시간 이상 소요되는 아주 먼 곳이기 때문에 내지의 중국인들에게는 외국에 가는 것보다 더 멀게 느껴지는 곳이다. 거리가 멀다 보니 경비 또한 만만치 않다. 뻬이징에서 신장성의 수도 우루무치까지 비행기 왕복표가 약 4,000위엔[2](68만 원) 정도인데, 이는 서울과 뻬이징 비행기 왕복 요금(2,500위엔 ; 약 42만 원)보다도 훨씬 비싼 금액이다. 잉워(硬臥)[3] 기차표도 왕복 1,300위엔(약 20만 원) 정도이니 숙박비와 입장료, 신장에서의 교통비, 식비를 최대한 절약한다고 해도 하루 평균 최소 100위엔은 들 것이고, 한 달이면 3,000위엔, 여기에 기타 비용과 차비를 더하면 중국 돈 6,000위엔(약 100만 원)이 더 든다. 유학생에게 6,000위엔은 아무리 물가가 비싼 뻬이징에서도 석 달 정도의 생활비이기 때문에 시간이 있어도 선뜻 나설 수가 없다. 한 달 월급이 평균 1,000위엔 정도인 중국인들에게도 신장은 그저 가 보고 싶은 곳일 뿐 쉽게 떠날 수 있는 여행지가 못 된다. 언젠가 갈 수 있는 기회가 있겠거니 나름대로 막연한 희망 사항을 맘 속에 품고 있을 뿐이다.

중국 땅이 넓다고는 해도 뻬이징의 한 구석에서만 생활하다 보면 그 엄청난 넓이를 피부로 느낄 수 없을 것이다. 일단 여행을 하려고 기차를 타 보라. 중국 땅의 광활함은 정말 우리의 상상을 초월한다. 감탄과 부러움의 연속이다. 지도를 펴놓고 여행 경로를 직접 확인해 보면 우리가 사는 곳이 얼마나 작고 구석진 곳인지 알 수 있을 것이다.

나는 지도 교수님, 그리고 박사 과정에 있는 중국 친구들과 함께 여름 방학을 이용하여 신장 지역으로 답사를 가게 되었다. 단순한 여행이 아니라 중국 중앙정부 국무원의 요청으로 사막의 식수 현황과 현지의 문제점을 조사하기 위한 답사였다. 여름 방학이 다가오자 주변의 중국 친구들마다 방학 계획을 물어 왔다. 그 때마다 나는 교수님과 함께 신장으로 답사를 갈 거라고 얘기했고, 친구들은 모두들 '와!' 하는 감탄사로 부러움을 감추지 못했다. 그리고 꼭 덧붙여 "아주 좋은 기회네요. 여행도 하고 접대도 받고 말이에요."라고 말하는 것이었다. 사실 당시에는 내가 누구에게 무슨 접대를 받는다고 다들 부러워하는지 이해할 수 없었다. 나중에 현지에 도착하고 나서야 이건 답사가 아니라 무슨 접대 행사가 아닌가 할 정도로 계속되는 환영 행사에 놀라게 되었다.

답사 팀은 나의 지도 교수님인 빠이쩐성(白振聲) 교수님과 나, 우타오(吳濤), 양지탕(楊積堂) 이렇게 넷이었고, 그리고 교수님 사모님과 나의 아내는 여행 팀으로 따라 나섰다. 답사 일정은 7월 10일에 뻬이징을 출발하여(단, 교수님과 사모님은 12일 비행기로 이동 후 우루무치에서 합류) 12일 우루무치에 도착, 13일부터 20일까지 투루판(吐魯番), 싼싼(鄯善), 하미(哈密), 무레이(木壘), 치타이(奇臺) 등 신장성의 동부와 북부 지방의 사막을 집중 답사하고, 21일부터 23일까지는 신장성의 최북부 지역에 위치한 카나스(喀納斯) 호수를 여행하기로 하였다. 카나스 호수는 최근 개발된 여행지로 초원지대와 원시림은 세계적으로도 유명하다며 중국 친구들이 침이 마르게 자랑하던 곳이다. 2주 간의 답사 일정을 마친 후에는 우리 부부만 그 곳에 남아 약 한 달 간 더 신쟝의 카스(喀什), 파미얼(帕米爾) 고원, 쿠처, 이리띠취(伊犁地區) 등지를 더 둘러보기로 계획하였다.

▶카스의 상징인 아티깔 이슬람 사원

대강의 일정과 답사 지역이 정해지자 우리는 서둘러 기말 리포트를 제출한 후 신장에 대한 정보를 수집하고, 필요한 것들을 알아보았다. 중국 친구들은 평소 여행 갈 때처럼만 준비하라고 했지만 신장에 다녀온 적이 있는 한국 친구들은 여러 가지 주의 사항을 일러주었다. 40도가 넘는 사막 지역이라 몹시 덥고 뜨거울 테니 햇볕을 막을 수 있는 긴팔 옷을 준비해야 하고, 음식도 모두 양고기 일색이라 느끼할 것이니 고추장과 된장 그리고 볶은 김치를 준비하라고 권하였다. 나는 속으로 '거기도 사람 사는 곳인데 덥다고 못 견디겠어? 중국말에 루샹쉐이수(入鄕隨俗)[4]라는 말이 있으니 현지인과 똑같은 체험을 해보리라'라고 비장한 결심을 하였다. 고추장이나 된장은 아예 준비하지도 않았고 김치는 이틀 동안 기차 안에서 먹을 만큼만 준비하였다. 그리고 간단히 여름옷 몇 벌과 여행에 필요한 기본적인 것들만 준비하였다. 그러나 사막 지역이라 무더워서 못 견딜 거라고 걱정했던 사람들의 말을 비웃기라도 하듯 우리는 그 곳에서 얼어 죽을 뻔한 추위를 겪어야만 했다.

주

1. 정식 명칭은 신장웨이월자치구로 아시아 대륙의 중심부에 위치하고 있다. 동서양 문화 교류의 상징인 실크로드로 널리 알려진 곳이다. 면적은 160만 km²로 중국 전체 면적의 1/6이고, 남한의 약 16배이며, 한반도의 약 7배에 해당한다. 러시아, 아프카니스탄, 인도 등 9개 국가와 국경선을 이루고 있다. 수도는 우루무치이고, 5개 자치주와 8개 지구에 중국 56개 민족 중 47개 민족 약 1,680만 명이 모여 살고 있다. 그 중 대표적인 민족은 웨이월, 한, 하사커, 훼이, 커얼커즈, 멍꾸, 시뻐, 어러쓰, 타지커, 우즈베커, 타타얼, 만, 따우얼 등 13개 민족이다. 농사를 지을 수 있는 녹지

면적은 신쟝 전체 면적의 4.3%에 불과하고, 이 녹지대에 전체 인구의 90% 이상이 거주하고 있다. 자연 환경은 북부에는 아얼타이 산맥이 있고, 중부에는 천산 산맥, 남부에는 곤륜 산맥이 있다. 일반적으로 중부의 천산 산맥을 중심으로 뻬이쟝(北疆)과 난쟝(南疆)으로 구분하고, 투루판, 하미 일대를 똥쟝(東疆)이라 하기도 한다. 뻬이쟝은 준까얼 분지로 꾸얼빤통구터(古爾班通古特) 사막이 있고, 난쟝은 타리무 분지로 타커라마깐(塔克拉瑪干) 사막이 있다. 그리고 세계에서 두 번째로 높은 챠오꺼리(喬戈里) 봉(8,611m)과 세계에서 두 번째로 낮은 아이띵후(艾丁湖 : -154.43m)가 이 지역에 있다. 이 지역의 특산품은 당도가 높은 과일인데, 포도, 하미꽈, 배, 사과, 석류, 호도, 무화과, 살구 등이 유명하다.

2. 중국의 화폐 단위는 위옌(元), 쟈오(角), 펀(分)으로 나눈다. 1위옌은 10쟈오이고, 1쟈오는 10펀이다. 단 구어체로는 쟈오보다 마오(毛)를 더 많이 사용한다.

3. 중국 기차에는 두 종류의 침대칸이 있다. 66개의 침대가 3층으로 나열된 보통 침대칸인 '잉워(硬臥)'와 2층 침대 두 개씩 별도의 방으로 만들어진 고급 침대칸인 '롼워(軟臥)'가 있다. 가격 차이가 약 1.5배 이상 난다.

4. 로마에 가면 로마법을 따르는 것처럼 현지의 풍속에 따라 행해야 한다는 뜻이다.

2 서부행 기차

중국은 철도가 발달한 나라 중의 하나이다. 뻬이징에는 남부와 동북부행 기차가 주로 출발하는 뻬이징짠(北京站)과 서부행 기차가 주로 출발하는 최신식 시크어짠(西客站)이 있다. 두 역에는 전국을 거미줄처럼 이어 주는 기차가 언제나 달릴 태세를 갖춘 채 대기하고 있다.

7월 10일 오후 16시 30분, 나와 아내, 그리고 쏜퀘이, 양지탕은 각자 짐을 가지고 학교 기숙사에 모여 간단히 준비물을 점검한 후 배웅 나온 친구들의 환송을 받으며 비가 부슬부슬 내리는 가운데 시크어짠으로 출발하였다. 기차역에는 어디론가 떠나고 어디에선가 오는 사람들로 벌 떼처럼 붐비고 있었다. 중국에서는 기차역에 들어가려면 입구에 서 있는 꽁안(公安)[5]의 날카로운 눈길을 받아 가면서 짐을 검사대에 통과시킨 후에야 역 안으로 들어설 수 있다. 그리고 열차 번호와 목적지에 맞춰 지정된 대합실로

가 줄을 서서 개찰을 한 후 정해진 풀랫폼에서 자신의 기차표에 명시된 객차를 찾아 타면 된다. 침대칸이 아닌 일반 좌석 중에서 좌석이 지정되어 있지 않은 차표를 산 사람은 서로 빨리 가서 자리를 확보하기 위해 마치 100미터 출발선에 대기하고 있는 사람처럼 기세등등한 자세로 뛸 준비를 하고 있다. 남루한 옷을 입고 어깨엔 짐을 이고 지고, 그리고 양손엔 낡은 가방과 보따리, 마대 등을 들고는 비장한 각오로 검표원의 짜증에도 아랑곳하지 않고 이리 밀리고 저리 밀려도 굳세게 앞으로 전진이다. 이윽고 개찰이 시작되자 줄은 순식간에 무너지고 대기실은 아수라장으로 변하여 한바탕 소동이 일어난다. 우리는 양지탕이 한나절 동안 다리품을 팔아 구입해 온 침대칸 기차표 덕택에 느긋하게 개찰을 하고 객차를 찾아갔다. 찾아간 객차 입구에는 정복 차림의 승무원이 환하게 웃으며 나와 있었는데, 우리의 기차표를 받아 확인한 후 명함꽂이 같은 것에 넣고는 우리 나라 전철표보다 약간 작은 번호표를 건네준다. 이 번호표는 쇠로 만들진 것이 대부분인데 요즘은 신용카드와 같은 플라스틱 표도 등장하였다. 전산망이 제대로 갖추어져 있지 않았던 과거에는 — 지금도 허술하지만 — 승객들이 모두 차에 오르고 나서야 빈 침대를 확인하여 표가 필요한 사람에게 팔 수 있었다. 그리고 오랜 시간 기차를 타고 가다 보면 자다가 역을 지나치는 경우가 발생할 수 있기 때문에 승무원이 표를 가지고 있다가 목적지 도착 전에 승객에게 알려주고 표를 돌려주는 것이다.

드디어 우리는 2001년 7월 10일 시크어짠에서 오후 8시 20분에 뻬이징을 출발하여 우루무치로 가는 기차에 몸을 실었다. 기차는 외관상으로도 아주 훌륭해 보였고 실내 장식도 매우 깨끗하고 쾌적한 분위기였다. 침대마다 시트와 베개, 이불이 잘 정돈되어 있었고 바닥에는 양탄자가 깔려 있어 한층 고급스럽게 보였다. 이 기차 내부의 시설은 최신식이어서 성능 좋은 에어컨은 물론 정차역과 각종 안내 사항을 보여 주는 전광판까지 갖추고 있다. 그리고 미니 모니터와 VCD를 빌리면 자기 침대에 누운 채 영화 감상까지 할 수 있다. 잉워(硬臥) 객차 한 칸에는 모두 66개의 침대가 있어 66명이 정원이지만 우리 객차 안에는 어린아이까지 포함하면 약 70명이 넘어 보였다. 사람마다 침대가 하나씩 배정되어 있지만 2층과 3층 침대는 공간이 좁아 누울 수만 있을 뿐 고개를 들고 앉아 있을 수가 없다. 그래서 2, 3층의 승객은 누워서 쉬거나 잠을 잘 때만 자기 자리를 이용하고 기타 시간에는 모두 내려와 아래층 침대에 함께 앉아 있거나 창 쪽에 붙은 간이용 의자를 이용하게 된다. 중국에서 기차 여행을 하려면 1층 침대는 잠자는 시간 외에는 공용이라는 점을 잘 알아 두어야 한다. 1층 침대의 주인은 나인데 왜 다른 사람들이 맘대로 앉느냐고 눈총을 준다면 오히려 자신이 이상한 사람으로 오해받기 십상이다. 우리 일행은 모두 3층 침대라 할 수 없이 1층 남의 침대에 엉덩이를 붙이고 앉아 농담을 주고받으며 여행의 즐거움을 만끽하였다.

    기차는 네온사인이 번쩍거리는 시내를 빠져 나가 서서히 시 외곽으로 접어들었다. 차창 밖에는 붉은 벽돌집들과 공장들이 늘어서 있고 철로 주변에는 쓰레기가 매우 지저분하게 쌓여 있었다. 시계가 9시를 넘기자 밖은 아무것도 보이지 않고 사람들은 취침 준비를 하느라 세면장으로 몰려들고 있었다. 객차마다 세면장과 화장실, 그리고 온수 공급실이 있었지만 많은 사람이 한꺼번에 몰려 혼잡을 이루었다. 우리는 밤참을 먹으려고 삶아 온 계란과 김밥, 콜라, 맥주 등을 꺼냈다. 아내가 준비한 김밥을 하나씩 입에 넣으며 흔들리는 기차에 몸을 싣고 낯선 곳으로 떠나는 기분은 학창 시절 소풍 가는 기분 이상이었다. 중국 친구들은 김밥을 보면 예쁘다는 말과 함께 어떻게 만든 거냐고 늘 묻곤 한다. 처음 우리 집에 와서 김밥을 먹은 중국 친구들은 김밥이 한국 전통 음식인 줄 알고 있었다. 그래서 나는 그들에게 사실대로 설명해 주었다. 김밥은 원래 일본 음식이지만 한국에 건너온 뒤 한국식으로 변형되어 지금은 일본 김밥보다 한국 김밥이 훨씬 더 맛있다고 일러 주었다. 사실 일본 유학생 중에는 한국 김밥이 일본 김밥보다 훨씬 맛있다고 솔직하게 시인하는 이들도 많다. 우리 과의 중국 친구들은 이미 한국 음식을 많이 접하였기 때문에 감자전, 소꼬리 곰탕, 고사리 등은 우리말로 외우고 있을 정도이다. 그들은 한술 더 떠 김밥을 먹으면서 김치를 찾는다. 그리고는 "김치는 시면 실수록 맛있어! 맞지?" 하며 제법 김치 맛을 아는 것처럼 이야기한다. 준비해 온 김치를 꺼내 탁자에 올려 놓자 중국 친구들은 맵다고 하면서도 계속 맛있게 집어 먹었다. 이제 김치는 더 이상 한국인만의 음식이 아니라 세계인의 음식이 되었다는 것을 다시 한 번 실감했다.

우리가 맛있게 김밥 먹는 것을 보고 다른 중국인들이 신기하게 쳐다보았다. 그 중 어떤 중국인은 베이징의 큰 수퍼에서 스시(일본어를 그대로 음역해서)라는 걸 사서 먹어 본 적이 있는데 우리 김밥이 전에 먹어 본 것보다 훨씬 크고 예쁘다며 칭찬을 늘어 놓앉다. 우리는 김밥을 하나씩 나누어 주며 맛을 보라고 권하였더니 그들은 모두 웃으면서 괜찮다고 사양했다. 중국인들에게 선물을 줄 때에는 보통 세 번 이상 권해야 한다는 걸 잘 알고 있었기 때문에 우리는 계속 맛을 보라고 권했다. 그러자 못 이기는 척 받아들었다. 그러나 그들 대부분은 처음 보는 김밥을 어떻게 먹어야 할지 몰라 한 입에 넣어야 할 김밥을 베어먹고 있었다. 그러니 정작 중요한 단무지와 고기, 시금치, 당근 등의 김밥 속은 바닥에 다 떨어지고 맨밥만 먹는 꼴이 되어버렸다. 우리가 웃으면서 김밥은 한 입에 먹어야 한다고 일러 주자 그들은 무안한 듯 하나를 더 집어 들었다. 김밥 하나를 입 안 가득히 넣고 우물거리며 먹는 모습이 너무 우스워 보였다. 다른 곳에서도 우리를 유심히 관찰하고 있던 승객들이 호기심이 발동하자 기웃거리기 시작하였다. 나와 아내는 '에라 모르겠다. 이 기회에 한국 음식이나 널리 선전하자.'는 심정으로 눈이 마주치는 사람들에게 김밥과 김치를 나누어 주기 시작했다. 그러자 내일 아침과 점심으로 먹어야 할 두 끼의 8인분 김밥이 금방 동나고 말았다. 내일 아침부터는 당장 컵라면을 먹어야 할 판이었다. 그래도 모두 맛있다며 칭찬을 하니 선생님에게 칭찬받은 초등학생처럼 기분이 우쭐해졌다. 외국에 나오면 모두가 애국자가 된다더니 바로 이런 것을 두고 한 말이었나 보다.

배가 부르자 여행 준비한답시고 아침부터 분주했던 탓에 피곤이 슬슬 몰려오기 시작했다. 어차피 잠시 후면 소등을 할 시간이기도 해서 우리 일행은 잠자리에 들 준비를 하였다. 간단히 세면을 한 후 사다리를 타고 각자 3층 침대로 기어 올라갔다. 중국에 온 후 처음 기차를 타 보는 아내가 3층 침대라는 점 때문에 불안해하기는 했지만 여행이라는 생각만으로도 좋은지 즐거운 모습으로 자리에 올라갔다. 사실 작년까지만 해도 뻬이징에서 우루무치까지 가는 기차는 60시간이나 소요됐고 기차 시설도 지금보다 훨씬 못했다고 한다. 그러나 지금은 소요 시간도 48시간으로 12시간이나 단축되었고 기차도 전국에서 가장 신형이라 여행의 시작은 만족감과 기대감으로 행복하였다.

규칙적으로 흔들리는 기차의 침대에 누우니 전신이 기분 좋게 이완되면서 내 몸이 2미터 이상의 높이에 누워 있다는 사실이 실감나지 않았다. 내가 누운 채로 건너편 침대의 쑨퀘이에게 한국에서 유행했던 유머(실은 약간 야한 농담)를 들려주자 그는 끊임없이 킬킬거리며 이야기를 계속해 달라고 졸랐다. 몇 가지 얘기를 더 해 주고 한 시쯤이 되었을까 어느 역인가에 잠시 정차하는 느낌이 들면서 나는 잠에 빠져들었다.

아침이 되자 기차에서는 음악 방송이 흘러나오고 세면실과 화장실에는 사람들이 줄줄이 줄을 서고 모두들 아침 먹을 준비로 부산했다. 신쟝은 웨이월(維吾爾)족[6]의 자치구이기 때문에 모든 안내 방송은 한어(漢語)[7]와 웨이월어, 영어로 방송되었다. 그리고 음악도 경음악은 팝송이, 가요는 웨이월어와 한어로 된 것이 교대로 흘러나왔다. 시계를 보니 아침 8시, 이제 겨우 11시간을 왔으니 아직도 37시간을 더 가야 한다. 어제 김밥을 다 먹어 버려서 아침은 당연히 컵라면으로 해결해야 했다. 한국 신라면을 꺼내 하나씩 배급하고 김치와 중국식 짠지, 그리고 삶은 계란을 꺼내어 간단히 아침 식사를 마쳤다.

중국인들은 기차 안에서 해바라기 씨를 즐겨 먹는다. 길쭉한 해바라기 씨를 앞니로 살짝 깨물어 껍질을 깨뜨린 후 알맹이만 쏙 빼어 먹는다. 그 기술이 기가 막혀 마치 까 놓은 해바라기 씨를 집어 먹는 속도와 비슷한 정도이다. 나도 그들을 따라 해 보았지만 너무 세게 깨물어 씨가 절단 나거나 으스러져 버리고 도무지 힘 조절이 되지 않았다. 중국인들은 그런 내가 우스운지 따라 해 보라며 시범을 보였다. 수십 개의 해바라기 씨를 박살내고 나서야 속도는 느리지만 알맹이를 뽑아 먹는 데 성공할 수 있었다. 내가 열 개를 먹으면 그들은 백 개 이상을 먹었다. 아내는 나보다 쉽게 적응하여 재미있고 맛있다며 잘도 까 먹었다. 어떤 중국인들은 호박 씨를 맛있게 까 먹고 있었는데 이 광경을 보자 '뒤에서 호박 씨 까 먹는다'라는 우리 나라 속담이 생각나서 혼자 키득키득 웃었다. 여럿이 둘러앉아 얘기를 해 가며 씨 까 먹는 재미도 기차 여행의 지루함을 잊게 해 주는 또 하나의 즐거움이었다.

주

5. 우리 나라 치안을 담당하는 경찰과 같은 신분
6. 중국 55개 소수 민족 중 하나로 우리는 흔히 위그르족이라고 부른다. 웨이월(維吾爾)족이 사서에 최초로 등장한 것은 4세기 위서(魏書)에 '위엔허(袁紇)'라고 기재되어 있다. 이후 5~6세기에는 '웨이허(韋紇)', 7~8세기에는 '훼이허(回紇)', 788년~13세기에는 '훼이후(回鶻)', 13세기 이후에는 웨이우얼(畏兀兒), 민국(民國)시기에는 웨이우얼(威武爾)이라고 하였다. 1934년에 현지 정부에서 '웨이월(維吾爾)'이라고 정식으로 사용하기 시작하여 현재에 이르고 있다. 모두가 음을 한자로 표기한 것이고, 현재의 발음 'hui'는 고대에 'wei'와 혼용되었기 때문에 결국 발음으로는 모두 같은 것이 된다. 이슬람교를 신봉하며 중국 문화로 동화되지 않고 자신

들의 독특한 문화를 유지하고 있다. 1990년 인구 조사에 의하면 웨이월족의 총 인구는 7,214,431명이다. 전체 웨이월족 인구의 90%가 신장에 집중 거주하여 신장 전체 인구의 45%를 차지한다. 언어는 알타이어계 돌궐어족(突厥語族) 서흉어지(西匈語支)에 해당한다. 그들은 돼지고기, 동물의 피, 병사(病死) 혹은 노사(老死)한 동물을 먹지 않는다. 특히 난쟝(南疆)에서는 말, 노새, 나귀도 먹지 않는다. 그 기준은 반추동물(낙타, 양, 소 등)을 먹고, 통발굽인 동물(말, 노새, 나귀 등)은 먹지 않는다. 단, 뻬이쟝에서는 말을 먹는 반면 난쟝에서는 낙타도 먹지 않는다. 그리고 낭(馕)을 먹을 땐 반드시 작게 쪼개서 먹어야 하며 하나를 통째로 들고 입으로 베어먹지 않는다. 의복 방면으로는 반바지와 반팔 셔츠를 입지 않는다. 남자는 외출 시 반드시 모자(주로 花帽)를 쓰고, 여자는 결혼 후 머리를 가리는 두건(頭巾)이나 얼굴 전체를 가리는 미옌사(面紗)를 쓴다. 단, 요즘에는 종교적인 색채가 많이 퇴색되어 미옌사의 경우 결혼 후 남편의 요구가 있을 시 착용해야 하지만 두건은 모두 착용해야 한다. 문화대혁명 시 간접적으로 종교를 탄압하였기 때문에 문화대혁명이 끝난 후 80년대부터 신도가 급증하고 종교적 금기가 성행하기 시작하였다.
7. 중국 인구의 절대다수 한족(漢族)이 쓰는 언어를 한어(漢語)라고 한다. 중국에서는 다른 소수 민족의 언어와 구별하여 우리가 흔히 말하는 중국어를 한어라고 한다.

제1부 황사의 고향

1. 아름다운 목장 우루무치
2. 사막과의 전쟁
3. 오막살이 집 한 채
4. 하미꽈(哈密瓜) 이야기
5. 파도치는 모래
6. 신장에도 남산과 천지가?
7. 우루무치의 미이라

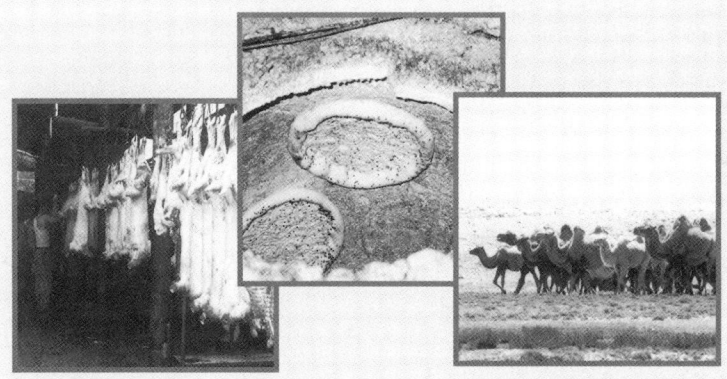

"이 곳에 사는 사람들에게 사막은 지긋지긋한 절망감을 안겨 주겠지만 나 같은 이방인에게는 새로운 경이감 그 자체였다. 모래는 낮은 구릉들을 형성하고 있었는데 우리는 그 중 가장 높게 보이는 언덕으로 올라가 사방이 온통 모래뿐인 모래 세상을 굽어보았다. 그리고 신발과 양말을 벗은 후 모래 능선을 따라 사람의 발길이 닿지 않은 신천지를 개척해 갔다. 발바닥에 와 닿는 모래의 뜨겁고 부드러운 촉감은 이전에 경험하지 못했던 새로운 느낌이었다."

① 아름다운 목장 우루무치

중국 서북부 신쟝(新疆)성의 수도 '우루무치'[8]는 한자로 '烏魯木齊'라고 쓴다. 이 '우루무치'라는 한(漢)어 이름은 음역한 것이므로 한자의 뜻과는 아무런 관계가 없다. '우루무치'의 어원이 몽고어인지 웨이월어인지 아니면 고대부터 전해 오는 이름인지 아직 정확한 결론이 없다. 그 중 몽고어로 보는 견해가 가장 유력한데 몽고어로 '위얼무치'라고 하며 '아름다운 목장'이라는 뜻을 가졌다고 한다. 웨이월어를 어원으로 보는 학자는 '우루무치'가 '건포도를 파는 사람이 모여 사는 곳'이라는 의미의 말이라고 주장하기도 한다.

우리가 탄 기차는 이틀을 꼬박 달려 오후 8시 30분쯤 '우루무치' 역에 정차하였다. 7월의 베이징은 오후 8시가 되면 어둠이 깔리는 시각이지만 우루무치의 8시 30분은 시차로 인해 실제 6시 30분이나 다름없다. 중국 전역은 베이징 시간을 표준시로 사용하고 있기 때문에 지방에서도 베이징 시간을 기준으로 생활한다. 예를 들어 베이징이 아침 8시이면 신장에서는 새벽 6시이다. 상황이 이렇다 보니 베이징에서 신장으로 무슨 연락할 일이 있을 때 예상치 못한 사태가 발생하기도 한다. 한번은 우리가 베이징에 있을 때 우루무치 임업국에 협조 사항을 요청하기 위해 전화를 한 적이 있었다. 임업국 직원들은 출근 후에 외근이 잦다는 사실을 알고 있었기 때문에 우리는 일부러 출근 시간에 맞추어 8시에서 9시 사이에 집중적으로 전화를 했었다. 그러나 아무도 전화를 받지 않았다. 양지탕은 "도대체 공무원이란 사람들이 출근도 제 맘대로 하고 정말 큰일이야. 이래서 지방은 문제라니까!"라고 화를 내면서 지방 공무원에 대한 불평 불만을 늘어놓았다. 하지만 사실은 공무원의 근무 태도에 잘못이 있는 게 아니라 시차를 생각하지 못한 우리의 무식함에 원인이 있었다. 이틀 간 계속 전화 받는 사람이 없자 이상히 여긴 우리들은 곰곰이 생각한 끝에 시차에 문제가 있음을 알게 되었다. 우루무치는 베이징과 두 시간의 시차가 있기 때문에 베이징 시간으로 10시나 되어야 출근한다는 사실을 깨달았던 것이다.

차창 밖에는 누군가를 마중 나온 사람들로 가득했다. 그 중 180cm, 90kg의 덩치 큰 우타오가 우리들의 차창 앞으로 다가왔다. 우타오는 나와 같이 박사 과정에서 공부하는 친구인데 우루무치에서 약 800km 남서쪽에 위치한 쿠처(庫車)의 커즈얼(克孜爾) 천불동(千佛洞) 내의 연구소에 근무하고 있다. 그는 방학을 하자마자 선발대로 먼저 출발해 이 곳 임업국(林業局) 직원들과 우리의 답사 일정을 협의하기 위해 미리 출발했었다. 베이징에서 출발할 때 우타오에게 우리의 객차 번호를 알려 주었기 때문에 그가 틀림없이 마중 나와 있을 거라고 믿었다. 뻬이징에서 늘 보던 얼굴이지만 3,600km라는 먼 거리를 달려와 다시 만나게 되니 마치 아주 먼 외국에서 마주친 고향 친구 같은 느낌이 들었다. 반가운 인사와 함께 짐을 받아 든 우타오는 앞장서서 역사를 빠져 나가 미리 대기하고 있던 차로 안내하였다. 우루무치에 대한 첫인상은 생각했던 것보다 발전된 도시라는 점이었다. 비록 역 앞에는 한창 길을 넓히고 역사를 확장하는 공사 중이어서 혼잡하였지만 차를 타고 시내로 들어오니 중심가는 뻬이징과 별 차이가 없었다. 신장은 전국에서 가장 가난한 곳 중의 하나이기 때문에 이렇게 번화한 곳이라고는 생각지도 못하였었다. 그런데 직접 와서 보니 우루무치는 신쟝의 수도답게 잘 발전되어 있었다.

    우루무치가 뻬이징과 가장 다른 점은 자전거가 거의 눈에 띄지 않았다는 점이다. 뻬이징의 도로는 자동차 주행 도로와 자전거 전용 도로가 구분되어 있는데 이 곳은 자전거 전용 도로가 아예 없었고 오토바이는 뻬이징보다 더 많이 눈에 띄었다. 쏜퀘이의 말에 의하면 신쟝은 겨울이 길어서 자전거 타기에 적합하지 않은 기후인데다가 차들이 너무 급히 달려서 자전거를 탄다는 것 자체가 아주 위험하다고 한다. 그리고 또 하나 특이한 점은, 우루무치에는 한족이 웨이월족보다 많다는 점이다. 신쟝은 웨이월족 자치구이기 때문에 한족보다 웨이월족이 다수여야 하는데 수도 우루무치는 예외였다. 이는 중국 정부에서 정책적으로 한족을 우루무치로 이주하도록 장려하였기 때문인데 현재 신쟝 지역의 인구비례는 소수 민족과 한족이 비슷하다고 한다.

예약된 호텔은 3성급이었지만 실내는 거의 2성급 수준이었다. 우리는 비행기로 먼저 도착한 교수님 내외분을 뵙고 인사한 후 정해진 방으로 가 각자 짐을 풀고 저녁을 먹기 위해 1층 식당으로 내려갔다. 식당에는 이미 우루무치 임업국 실무자 펑(馮) 주임이 우리를 접대하기 위해 기다리고 있었다. 그는 도착 첫날부터 14일간 계속 우리와 함께 이동하며 우리가 답사를 잘 할 수 있도록 각종 편의를 제공하여 주었다. (그는 6개월 후 뻬이징에 출장 왔는데 그 때 제일 먼저 우리에게 전화를 걸어 우리가 당시 그에게 진 신세를 갚을 수 있는 기회를 주었다. 아울러 자기가 임업국 과장으로 승진하였으니 전보다 더 나은 접대를 할 수 있다며 꼭 다시 오라는 당부도 잊지 않았다.) 그와 처음 대면했을 때 나는 그의 말을 반 정도밖에 알아들을 수가 없었다. 그는 원래 상하이(上海) 사람이라 발음이 상하이 말과 보통어의 중간이었고, 신장에 살면서 웨이월어의 영향까지 받아 처음 듣는 이상한 말씨를 구사하였다. 그러나 시간이 지남에 따라 차츰 적응되어 나중에는 그의 말을 알아듣는 데 큰 불편함이 없었다. 그의 말씨 덕분에 우리는 답사를 하는 동안 신장 지역 사람들의 말을 비교적 쉽게 알아들을 수 있었다.

저녁 메뉴는 역시 신장의 특징인 양고기를 주재료로 하였다. 양 갈비구이, 양고기 찜, 양고기 꼬치구이, 양고기탕 등 다양한 양고기 요리가 상을 가득 채웠다. 특히 요리를 다 먹고 난 후 주식으로 먹은 빤미옌(拌面)[9]은 그 맛이 스파게티와 짬뽕을 섞어 놓은 듯한 별미였다. 한족이 빤미옌이라 부르는 것을 웨이월족은 라탸오즈(拉條子)[10]라고 한다. 손으로 뽑은 국수 위에 양고기, 토마토, 양파, 피망, 마늘, 파 등을 볶아 만든 소스를 얹어 비벼 먹는 음식이다. 이탈리아의 스파게티와 신장의 빤미옌 중 어떤 음식의 역사가 오래 되었는지 정확히 고증할 수는 없지만 마르코폴로가 국수 만드는 방법을 유럽에 전했다는 기록이 남아 있는 걸 보면 스파게티의 원조는 바로 빤미옌이 아닐까라는 생각이 들었다.

교수님과 함께 답사를 가면 먹는 것은 절대 걱정하지 않아도 되고 각종 요리를 공짜로 맛볼 수 있다고 하더니 우리는 첫날부터 풍성한 식탁에 눈과 입이 대만족이었다. 식사 후에는 다음 날의 일정을 논의하였다. 내일은 투루판(吐魯番)으로 이동한 후 현지의 임업국 직원 안내로 싼싼(善鄯)현으로 가서 그 곳의 사막화 방지 작업을 둘러보기로 하였다.

주

8. 신장웨이월자치구의 수도. 웨이월족, 한족, 하사커족, 훼이족 등이 거주하고 있다. 세계의 인구 100만 이상의 도시 중 바다에서 가장 멀리 떨어져 있는 도시이다. '우루무치'는 한자로 음역한 것이며 웨이월어로는 '위름치', 몽고어로는 '위얼무치'라고 발음하기 때문에 중국어 발음과 현지인의 발음에는 차이가 있다.
9. 소스를 얹어 비벼 먹는다는 뜻의 의역(意譯).
10. 손으로 직접 국수를 뽑아 만든다는 뜻의 의역(意譯).

② 사막과의 전쟁

신쟝 지역의 사막화 방지 작업을 조사하기 위해 우리는 난쟝의 싼싼현과 뻬이쟝의 무레이(木壘)현, 치타이(奇臺)현 등을 답사하였다. 이 현들은 모두 사막 가운데 위치한 녹지대로 현과 현 사이를 이동하기 위해서는 사막을 통과하거나 황무지를 횡단해야만 한다. 따라서 답사하는 것보다 이동하는 데 시간이 많이 소요돼 세 현의 현장을 보는 데 3일이 걸렸다.

신쟝 지역의 사막화 현상은 생각보다 심각하다. 신쟝은 총 면적이 약 1,660,000km^{2}인데 그 중에서 795,900km^{2}가 사막이다. 이는 신쟝 전체의 47.7%를 차지하는 것으로 중국의 성(省) 중 사막 면적이 가장 넓은 지역이라 할 수 있다. 행정 구역으로 보더라도 전체 85개의 현과 172개의 농장 지대 중 80개의 현과 90여 개의 농장 지대가 사막에 인접해 있어 거의 대부분 지역이 사막화의 위협에 시달리고 있는 실정이다. 현재 약 1,000만 무(畝)[11]의 농지가 사막화의 과정에 있으며 1억 2천 무의 초원이 사막화되어 가고 있다. 또한 사막화는 마을, 철도, 도로, 밭, 초원, 관개 시설을 삼켜 버려 경제 생활에 커다란 영향을 미치고 있으며 약 1,200만 이상의 인구가 사막화의 피해를 직접적으로 입고 있는 상태이다. 이렇게 심각한 영향을 미치는 사막화 현상은 매년 확대되고 있는데 난장에서는 동남 방향으로 5~10m씩, 뻬이장에서는 0.5~2.5m씩 확대되고 있다. 사구(砂丘)의 높이 또한 매년 3~15%씩 높아지고 있다. 정부의 통계에 의하면 매년 사막화로 인한 손실이 자그마치 30여 억 위엔(약 5조원)에 이른다고 한다. 사막화가 중국 경제에 미치는 영향을 고려할 때 시급히 대책을 세우지 않으면 안되는 상황에 이른 것이다. 파괴된 자연은 복구되기까지 매우 많은 시간이 요구되며 인간의 끊임없는 노력과 협력이 전제되어야만 한다. 이런 이유로 우리는 현지에서 직접 보고 들은 내용을 보고서에 담고 좀 더 구체적이고 사실적인 정보를 제공하기 위해 답사를 진행하였다.

　우리가 조사를 위해 각 현에 도착하면 그 현의 사막화 방지 작업 책임자와 주무자는 미리 연락을 받고 대기하고 있었다. 그들은 우리가 오는 것을 보면 즉시 달려나와 반갑게 맞이하면서 더운데 오느라 고생했다며 회의실로 친절하게 안내했다. 물론 회의실에는 에어컨이 없었지만 건물 안은 비교적 서늘하였다. 작은 현의 직원들은 매우 순박하고 친절하여 우리에게 수박과 하미꽈를 썰어 대접하고, 대야에 물을 받아 돌아다니면서 손을 씻으라고 권하기도 했다.

　과일과 차를 먹고 나니 그들은 준비한 유인물을 나누어 주고 그 동안의 성과를 브리핑했다. 브리핑하는 수준이 낮아 설명을 하는 것이 아니라 보고 줄줄 읽기만 했다. 주무자의 브리핑이 끝나면 책임자의 몇 가지 보충 설명이 뒤따르긴 하지만 별로 특기할 만한 사항은 없는 경우가 대부분이다. 이어서 우리가 궁금한 점을 몇 가지 질문하면 그들은 간단하게 답변했다. 그리고 예산도 부족한데 인력마저 부족하여 일하기가 어렵다는 것을 공통적으로 부각시켰다. 그러면서 베이징에 돌아가면 중앙 정부에 보고서를 제출하여 이 곳의 어려운 상황을 잘 전달하고 예산을 더 받을 수 있도록 도와 달라는 당부를 잊지 않았다. 물론 우리에게 그런 대단한 권한도 없다. 뿐만 아니라 중앙 정부도 밑 빠진 독에 물 붓기 식의 예산 집행은 하지 않을 것이며 지방 정부의 사업은 독자적으로 처리하게 한다는 방침을 세워 놓고 있기 때문에 그들의 소망은 쉽게 이루어지지 않을 것 같다.

우리는 현장을 보기 위해 안내 차량을 따라 사막으로 향했다. 일단 사막에 도착하여 차에서 내리니 숨쉬기가 곤란할 정도로 뜨거운 열기가 사방에서 몰려왔다. 내리쬐는 햇볕은 뜨거운 정도가 아니라 살에 내려꽂히는 화살처럼 따끔거린다. 결국 아내와 사모님은 사막 현지 답사를 포기하고 에어컨이 있는 차 안으로 돌아가 버렸다.

사막에 나무를 심고 물을 대 주고 하는 일은 생각처럼 쉬운 일이 아니었다. 우리가 처음 간 곳은 사막에 시험적으로 묘목을 심고 키우는 곳이었는데 기술을 전수받기 위해 이스라엘 기술자를 초빙해 왔다고 한다. 사막에 나무를 키우기 위해서 해결해야 하는 가장 중요한 문제는 물의 공급이다. 그들은 물을 공급하기 위해 전화 케이블 정도 굵기의 관을 수천 미터 연결하고 일정한 간격마다 작은 구멍을 뚫어 놓았다. 하루에 몇 차례 물을 공급하면 수압에 의해 구멍에서 가는 물줄기가 솟아난다. 이 물줄기가 솟아나는 구멍마다 나무를 심어 놓은 것이다. 나무 종류는 주로 사막과 같은 건조한 곳에서 잘 자라는 대추나무, 홍려우(紅柳)나무 등이다. 조금 상황이 나은 곳에는 사과나무와 해바라기를 심기도 한다. 또한 나무가 어느 정도 성장한 후에는 물의 공급 횟수가 적어도 자생할 수 있는 능력이 있다고 한다. 아울러 그들은 물을 최대한 아끼고 효율적으로 사용하기 위해 생활 오수를 모을 수 있는 시설을 건설하고 있었다. 이 시설이 완공되면 생활 오수를 한 곳에 모아 정화한 후 정화된 물을 사막에 공급하는 게 가능해진다고 한다. 사막 주변에는 물을 가두어 둘 넓고 깊은 몇 개의 저수지가 이미 완성되어 있었고 마을부터 사막 주변까지 이어지는 관도 묻고 있었다. 이제는 생활 오수를 정화시키는 기술 설비만 남아 있다고 한다.

사막에 나무를 심는 것만이 사막화 방지 작업의 전부는 아니다. 현지 직원의 말에 의하면 사막화 현상이 매년 빠른 속도로 진행되기 때문에 같은 장소를 찍은 것임에도 불구하고 작년의 사진과 올해의 사진이 확연하게 다르다고 한다. 인간이 저지른 무분별한 자연 파괴의 결과가 결국 인간 스스로에게 돌아오고 있는 것이다. 그 동안 환경의 중요성에 대해 수없이 들어 왔고, 사막화 진행이 인류를 위협하고 있다는 각종 보도도 자주 접해 왔다. 그 때마다 그저 그런가 보다 하는 생각으로 남의 일처럼 여겼는데 오늘 이렇게 직접 현장을 목격하고 보니 사태의 심각성에 대해 다시 생각해 보지 않을 수 없었다.

  중국의 주된 사막화 진행 현장은 신장과 내몽고의 고비 사막이다. 사막화는 북에서 남으로 서에서 동으로 빠르게 진행되고 있다. 그렇다면 이처럼 사막화 현상이 심각해진 이유는 무엇일까? 고비 사막 주변에 사는 사람들은 대부분이 유목 민족이다. 그래서 집집마다 몇십 마리에서 몇천 마리에 이르는 양을 키운다. 어떤 집은 낙타와 말을 대량으로 키우기도 한다. 사막을 지나다 보면 듬성듬성 풀이 난 초원 위에 양이나 낙타가 떼를 지어 풀을 뜯고

있는 광경을 자주 볼 수 있다. 이 광경을 목격하고 신기한 마음에 사진을 찍느라 법석을 떨곤 했는데 바로 이러한 초식 동물들이 사막화의 주범 중 하나라고 한다. 이 동물들이 풀을 먹어치우는 양은 상상을 초월하여 양 떼가 한 번 지나간 자리는 남는 것이 거의 없다고 한다. 극성스러운 메뚜기 떼라도 한 번 지나가면 그 곳은 완전히 황무지가 된다고 한다. 게다가 사람들은 이 곳 식물들을 약초라고 하여 뿌리째 뽑아 파는 경우가 많다고 한다. 결국 정부에서는 초원을 확보하고 사막화를 방지하기 위해 유목 민족들

▶ "예전 같지 않지?" "그러게 말이야, 풀이 점점 없어지니 살기가 힘들어."
— 낙타들의 행진

이 일정 지역에서만 방목을 할 수 있도록 규정하고, 이 규정을 어기면 벌금을 부과하도록 법령을 제정하였다. 그러나 초원을 따라 이동하는 유목 민족에게 일정한 거주 지역이 있을 리가 없다. 누가 이 넓은 사막 지역에서 그들을 따라다니며 정해진 규칙을 지키라고 감시할 것인가? 설사 위반자를 발견하여 벌금을 부과한다고 해도 가난한 유목민들이 못 내겠다고 버티면 어떻게 할 것인가? 이러한 문제를 해결하기 위해서는 주민들의 자발적인 참여를 유도하기 위한 계몽 활동이 우선적으로 전개되어야 하겠지만 아직은 엄두도 내지 못하고 있는 실정이다.

사막화가 진행되는 또 하나의 중요한 원인은 바로 '퉤이껑환린(退耕環林)'이란 문구 속에 들어 있다. 이 말을 풀어 보면 '밭을 숲으로 만들자.'라는 뜻이다. 이런 표어가 등장하게 된 배경은 다음과 같다. '退耕環林'의 반대는 당연히 '숲을 밭으로 만들자.'가 될 것이다. 실제 중국은 개혁 개방 정책이 성공적으로 진행된 지금 13억의 거대한 인구가 하루 세 끼 밥 먹는 문제는 기본적으로 해결되었다고 본다. 그러나 불과 20년 전까지만 해도 식량난에 허덕이고 있었다. 1959년부터 1961년, 이 3년 사이에 굶어 죽은 사람만 최소 2,000만 명이라고 한다. 이와 같은 식량난을 해결하기 위해서는 한 뼘의 밭이라도 늘리는 것이 정부의 당면 과제였다. 한정된 국토에서 밭을 늘린다는 것은 숲을 없앤다는 것을 의미했다. 이에 따라 1960년대에는 전국적으로 삼림의 황폐화가 극심하였다. 나무를 심어 환경을 보호해도 모자라는 상황에서 정부의 묵인하에 전국적으로 무차별적인 벌목이 진행되었으니 그 결과 오늘의 현실에 봉착한 것이다. 당시 무분별하게 숲을 밭으로 만든

대가를 오늘날 톡톡히 치르고 있는 것이다. 그리고 이제는 식량난을 해결했으니 '退耕還林'이라는 글자를 큰 바위에 새기고 '밭을 없애 숲을 늘리자.'라고 주장하는 것이다. 지구촌화 시대에 사막화 문제는 이미 전세계의 문제로 대두되었다. 매년 봄이면 어김없이 찾아오는 불청객 황사도 사막화의 결과로 인한 것이다.

사실 지구의 환경을 보호하는 것은 전 인류의 의무인데 '파괴자 따로, 피해자 따로'라면 문제가 있다. 답사 기간 중 내가 투루판 부시장의 만찬 행사에 참석을 했을 때의 일이다. 서로 명함을 주고받는 자리에서 내가 한국에서 온 유학생이라는 것을 알게 된 투루판시의 임업국 책임자는 이렇게 말하였다. "얼마 전에 한국 정부의 아무개 씨가 방문한 적이 있는데 사막화의 현장을 둘러보고 그 심각성을 우려하여 우리에게 투자를 하겠다는 뜻을 밝혔는데 아직 소식이 없다."고 했다. 나는 기분이 좀 상해서 "기부면 기부지 투자라는 게 뭐냐?"고 물었다. 그는 "사막에 심는 나무와 방사림으로 심는 나무는 모두 유실수이기 때문에 몇 년이 지나면 열매를 따서 팔 수 있을 것이다. 그렇게 해서 남은 이익금은 투자액에 비례하여 분배하므로 장기적으로 보면 이익이 되는 일이다."라고 하였다. 나는 속으로 그게 정말 수지맞는 투자라면 나라도 당장 하겠다고 생각하였다. 그런데 갑자기 예상치 못한 돌발 사태가 발생하였다. 그들이 신장 지역 사막화 방지 작업의 투자 설명서 문건을 나에게 주면서 간곡하게 한국어로 번역해 줄 것을 부탁하는 것이 아닌가. 그리고 부시장까지 나서서 중국과 한국의 우호 증진을 위해 건배를 하자고 제안하며 다시 한 번 정중하게 부탁을 하였다. 번역만 해 주면 자기네들이 한국 대사관에 문건을 보내 협조를 구하겠다고 하면서 간곡하게 부탁하였다. 일이 이렇게까지 되자 나도 매정하게 거절할 수가 없었다. 마지못해 문건을 받아 들기는 했지만 마음이 영 찜찜했다. 우리 나라가 왜 중국에 나무 심는 돈까지 대 줘야 하는지 이해되지 않았다. 물론 나무를 심고 숲을 가꾸는 일은 장려할 만한 일이고 거시적인 안목에서도 지구의 환경을 지키는 일이다. 그러나 막대한 외환 보유고를 자랑하는 중국이 자신의 영토에서 발생하는 문제 하나 해결하지 못하고 주변 국가에 손을 벌리려고 하는 게 무척 불쾌했다. 만약 투자한다고 해도 투자 금액이 전부 나무를 심고 가꾸는 데 쓰인다는 보장도 없기 때문에 모든 게 영 못마땅한 기분이 들었다. 하지만 일단 수락한 일이라 약속을 지켜야 하므로 하룻밤을 새워 번역해 주긴 했지만 끝까지 마음이 개운하지 않았다.

그리고 몇 개월이 지나서 12월 초 펑 주임이 출장차 **베**이징에 들렀다. 그 때 그는 나에게 연락해 "당신 덕에 일이 잘 되었다는 소리를 들었습니다."라고 하였다. 나는 영문을 몰라 "뭐가요?"하고 묻자, 그는 "지난번 투루판시에서 부탁한 투자 계획 문건 말예요. 덕분에 잘 되었다는군요."라고 대답하는 것이 아닌가. 나는 우리 나라에서 정말 투자를 했는지, 했으면 얼마를 했는지, 조건은 무엇인지 등등 궁금한 것들이 너무 많았지만 갑자기 화제가 바뀌는 바람에 더 이상 물어 볼 수가 없었다. 만약 투자한 것이 사실이라면 높으신 분들이 어련히 알아서 잘 했겠지. 몇 년 후에 대추값이 많이 떨어지면 그 때 가서 대추나 사 먹으면 될 일이고, 사실 나도 번역을 해 준 장본인이니 할 말이 없는 것 아닌가. 나는 그 때 그들을 도와 준 일이 잘한 일인지 못한 일인지 지금까지도 판단이 서지 않는다.

　얼마 전 보도를 들으니 현재 중국은 전국의 27.3%가 사막이고, 매년 2,460km²가 사막으로 변하고 있어 최근 20년간 황사(黃砂) 현상이 급속도로 심해지고 있다고 한다. 이것은 우리가 해마다 피부로 느낄 수 있는 일이다. 내가 어릴 때는 황사라는 단어도 모르고 살았는데 언제부터인가 황사가 아주 익숙한 단어가 되었다. 제12회 국제토양보호회의에서는 우리 나라도 사막화 방지를 위해 12억 달러를 투입하기로 결의했다고 한다. 지구를 보호하는 것은 우리 모두의 의무이지만, 중국 당국과 국민이 적극적으로 사막화 방지를 위해 노력하도록 전 세계가 관심을 갖는 것이 더욱 중요하다고 생각한다.

　사막화 방지책은 결국 예산의 확보가 관건이다. 중앙 정부에서 얼마나 지원해 줄 수 있느냐가 문제인데 그 지원금은 해가 갈수록 오히려 줄어들고 있는 실정이라고 한다. 정부에서는 서부 대개발이 국가의 운명을 건 정책이라고 매스컴을 통해 그 중요성을 대대적으로 선전하면서도 사막화 방지 작업에 대해서는 예산 부족을 이유로 소극적인 태도를 보이고 있다. 투자 가치가 있는 서부 개발 단지 건설에는 적극적인 태도를 보이지만 경제적 이윤이 없는 사막화 방지 작업에 대해서는 수수방관하고 있는 듯하다. 우리가 답사한 현지의 임업국 관리자들은 모두들 예산과 인력 부족을 호소하며 중앙 정부에 자신들의 어려움을 알려 달라고 간곡히 부탁하였다. 내가 보기에도 현지의 사정은 절박하다. 예산이 있어야 정책을 집행할 수 있지 않은가?

　그리고 지방 공무원들의 업무 태도도 달라져야 한다고 생각된다. 신쟝성의 시골 공무원은 아직도 대부분 따꿔판(大鍋飯)[12]을 먹고 있다. 도시의 개혁은 그들에게 아직 먼 나라 이야기이다. 그들은 업무 시간 중 일하는 시간보다 그저 잡담하고 쉬는 시간이 더 많다. 뿐만 아니라 전문적인 자질도 부족하다. 우리가 만나 본 담당자 중에서 단 한 사람을 제외하고는 모두들 비전문가이었다. 공무원들의 업무 태도가 개선되고, 사막화 방지 작업이 효율적으로 이루어지기 위해서는 업무에 맞는 전문가가 투입되어야 할 것이다. 그리고 유목민을 중심으로 자연 보호에 대한 범국민적인 의식 개혁이 선행되어야 할 것이다.

주

11. 토지 면적의 단위로 1무(畝)는 6.667a의 면적으로 약 200평에 해당함.
12. 공산주의 사회의 상징적인 표현으로 큰솥에 밥을 하여 고르게 나누어 먹는다는 뜻. 그러나 현재는 능력 위주의 사회에 적응하지 못하고 구태의연하게 사는 방식을 비유함.

3 오막살이 집 한 채

사막화 방지 작업 현장과 사막화 진행 지역을 답사하던 중 안내자가 사막 식물원에 가 보자는 제안을 하였다. 사막 속에 식물원이 있다는 다소 믿기지 않는 제안에 잠시 어리둥절했지만 차는 이미 모래밭을 가로질러 사막 식물원을 향해 가고 있었다. 도착해 보니 엉성한 간판에 식물원이라는 표지가 있기는 한데 내가 상상하는 식물원과는 거리가 멀었다. 이 곳은 사막의 넓은 지역에 각종 나무를 심어 어떤 나무가 사막 기후에 잘 적응하는지를 연구하는 곳이라고 한다.

비교적 나무가 촘촘하게 심어진 길을 따라 안으로 들어가니 높은 철탑이 하나 나타났다. 우리는 철탑에 올라가 사방을 둘러보기로 하였다. 약 10미터 높이의 철탑에서는 조성해 놓은 식물원이 한눈에 들어왔다. 푸른 나무만을 보면 마치 보통 들판 같지만 아래를 보면 완전히 고운 모래이다. 사막의 모래 위에 이렇게 많은 나무가 숲을 이루고 있다는 사실이 믿기 어려웠다. 이 곳 나무들의 특징은 대체로 키가 작다는 것이다. 최소한의 수분만 가지고도 생존할 수 있도록 자연 환경에 맞게 적응했기 때문일 것이다. 그 중 가시나무, 버드나무, 대추나무 등은 우리 나라에도 있는 것들이고 쉬쉬나무, 피파나무, 후양나무, 홍려우나무 등은 한 번도 본 적이 없는 사막의 나무들이었다.

철탑 아래를 보니 몇몇 하사커족 부녀자들과 아이들이 모래에 하반신을 파묻은 채 찜질을 하고 있었다. 관절염으로 고생하는 사람들이 주로 이용하는 자연 치료법을 그들도 알고 있는 모양이다. 우리는 내려가 그들과 인사를 나누고 사진을 함께 찍으면서 모래찜질의 효과가 어떠냐고 물어 보았다. 그들은 한결같이 매우 효과가 좋다며 나에게도 한 번 해 보라고 권하였다. 모래가 곱고 뜨거워서 찜질의 효과도 그만일 것 같았다.

이 식물원에 있는 나무의 종류는 수십여 종에 이른다고 한다. 연구원들은 그 중 어떤 식물의 적응이 뛰어나고 생존율이 높은지 조사하여 각 지역에 적절한 품종을 추천해 준다고 한다. 그리고 전문적으로 식물을 연구하여 사막에 잘 적응할 수 있는 새로운 품종을 개발하기도 한다고 하였다. 그러나 무조건 잘 적응한다고 되는 것이 아니라 장기적 안목으로 투자한 금액을 회수하고 이윤까지도 기대할 수 있는 유실수를 개발하고 있다고 한다. 그 날이 언제일지는 모르겠지만 사막에도 나무가 잘 자라고 있다는 것을 눈으로 직접 확인하고 나니 사막화 방지 작업의 성공 가능성을 엿볼 수 있었다.

식물원을 참관한 후 사막화가 가장 빠르게 진행되고 있다는 곳으로 이동하였다. 아무 것도 없는 사막 위를 달리면서 똑같은 모래 벌판에 슬슬 싫증나기 시작할 무렵 우리는 높은 모래 언덕 앞에 도착하였다. 그 지역은 사막화가 급속히 진행되는 곳이라 철조망으로 사람과 동물의 접근을 철저히 막아 놓았다. 지금은 철조망 안에 나무를 심은 덕에 사막화 진행 속도가 현격히 줄고 있다고 한다. 주위를 둘러보니 500여 미터 앞에 외딴집이 있고, 집 문 앞에는 꼬마들이 놀고 있었다. 아무도 살지 않는 곳인 줄 알았는데 사막의 한가운데에서 뜻밖에 아이들을 만나니 참으로 반가웠다.

여자아이가 머리엔 깃 달린 빨간 모자를 쓴 것이 영락없는 하사커족이었다. 아이들은 전통 복장까지 입고 있어 마치 "우리는 하사커족입니다."라는 이름표를 달고 있는 것 같았다. 우리는 반갑게 인사를 했지만 그들은 웃기만 할 뿐 입을 열지 않았고, 가장 어린 녀석은 울려고까지 하였다. 집 안에서 무슨 기척을 들었는지 엄마로 보이는 여자가 나왔다. 그녀는 우리를 보자마자 놀라는 표정으로 아이를 안고 경계의 눈빛을 보였다. 우리가 웃으면서 인사를 하고 함께 사진을 찍자고 하자 그들은 어정쩡한 표정으로 동의를 한 후 약간 어색한 포즈를 취하였다. 그리고 큰 녀석이 안으로 뛰어들어가 낮잠을 자고 있던 아빠를 깨워 끌고 나왔다. 그들 가정은 아빠(31세)와 엄마(29세), 딸(9세), 큰아들(5세), 작은아들(2세) 모두 5명으로 양을 키우는 것을 생업으로 하고 있었다. 집 뒤에는 50여 마리의 양이 있었는데 더위에 몹시 지쳐 보였다. 방 안은 예상 외로 매우 깨끗하게 잘 정돈되어 있었다. 캉(炕)[13] 위에는 색색의 카펫이 곱게 깔려 있었으며 벽에도 장식용 카펫이 예쁘게 걸려 있었다. 그리고 한쪽 구석에는 이불이 가지런히 개어져 있었

▶이런 게 가족 사진이라는 거유? — 사막 가운데에서 만난 하사커족 일가족

다. 캉 위에 놓여 있는 광주리에는 그들이 주식이자 간식으로 먹는 밀가루 튀김 과자가 가득 담겨 있었다. 사막 한가운데의 집이었지만 방 안은 제법 서늘한 느낌이 들어 선풍기나 에어컨 없이도 견딜 만하였다. 그들이 한어를 잘 하지 못해 의사 소통에 약간의 어려움이 있었지만 9살짜리 딸이 학교를 다닌 덕에 대화가 가능했다. 우리가 베이징에서 왔다고 하자 여자 아이는 얼굴이 밝아지며 부러운 듯 자기도 베이징에 꼭 한 번 가 보고 싶다는 말을 잊지 않았다. 비록 언어는 통하지 않았지만 친절하고 소박한 그들의 모습 속에서 현대인들이 잃어버린 무언가를 찾아볼 수 있었다. 그들은 한참 동안을 그 자리에 서서 우리에게 손을 흔들며 잘 가라는 인사를 하였다. 내가 교수님께 "주소라도 물어 보아 나중에

과자라도 보내 줄 걸 그랬어요."라고 하자 교수님은 "저 사람들은 유목 민족이라 거주 지역이 일정하지 않아 주소라는 것도 아무 소용없을 거야."라고 하셨다.

마지막으로 손을 한 번 흔들어 주고 우리는 차에 올랐다. 그런데 갑자기 문제가 생겼다. 하사커족 유목민의 집을 구경하느라 차를 모래 위에 너무 오래 세워 놓아서인지 지프차 바퀴가 반이나 모래에 잠겨 버렸다. 차는 제자리에서 헛바퀴만 돌고 바퀴 타는 냄새만 진동하였다. 다행히 차 두 대는 모래 구덩이를 탈출했지만 나머지 한 대는 아무리 밀고 당겨도 소용이 없었다. 주위에는 구덩이를 메울 만한 돌이나 나무 조각도 없어 더욱 난감하였다. 이 때 멀리서 하사커족 유목민이 로프를 들고 우리 쪽으로 뛰어오고 있었다. 우리는 다른 차에 로프를 연결하여 간신히 모래 구덩이를 빠져 나올 수 있었다. 낯선 이방인을 위해서 대가도 없는 일에 자발적으로 도와 준 그에게 고맙다는 말을 하자 그는 계면쩍게 웃으면서 빨리 가라고 손짓을 하였다.

돌아오는 길에 우리는 타타얼족[14] 자치 마을과 우즈비예커족[15] 자치 마을을 들렀다. 그들은 웨이월족과 한족, 하사커족, 훼이족 등의 영향을 받아 동화되어 자신들의 고유한 언어도 잃어버린 채 지금은 한어와 웨이월어 혹은 하사커어를 사용하고 있었다. 외모상으로도 주위의 한족이나 하사커족과 크게 다르지 않아 겉모습만 보고는 타타르족과 우즈비예커족을 구분하기도 힘들었다. 소수의 이민족이 다수 민족 틈에 끼여 살다 보니 생존의 법칙에 의해 동화된 모양이다.

주

13. 주로 북방 민족이 흙벽돌을 1m 정도 높이로 쌓아 만든 것으로 그 위에 천을 깔고 잠을 자거나 식사를 한다. 속은 대개 비어 있어 불을 땔 수도 있다. 그러나 웨이월족의 캉은 불을 피울 수 없게 되어 있다.
14. 중국 소수 민족 중의 하나이다. 1990년 인구 조사에 의하면 4,873명이다. 주로 신장 지역에 거주하고 있다. 고유 문자(아라비아)와 언어는 모두 소실되어 웨이월어, 하사커어를 사용하고 있다. 상업 위주이며 농업과 유목을 하기도 한다. 10세기부터 이슬람교를 신봉하기 시작하였다. 현재의 타타얼(塔塔爾)족의 명칭은 자칭으로 몽고족에 대한 두려움과 혈연 관계를 극복하기 위하여 정하였다. 러시아에서 이주하여 정착한 타타얼족도 다수 포함되어 있다. 이들은 주로 세 부류로 나뉘는데 첫째는 19세기 초 러시아의 농노 제도가 붕괴될 때 세금과 병역을 기피하여 중국으로 도망하여 하사커족으로 위장하고 살았고, 둘째는 20세기 초 러시아의 침입 시 군대와 상인을 따라 이주하였다. 셋째는 러시아 혁명 이후 1920~30년대에는 경제 생활이 어려운 농민, 상인, 노동자 등이 신장으로 이주하였다.
15. 중국 소수 민족의 하나로 근대에 전입한 외래 민족이다. 인구는 14,522명으로 신장의 북부(이닝, 타청, 우루무치)와 남부(카스)에 주로 거주한다. 언어는 알타이어계 돌궐어이다. 장기적으로 다른 민족과 접촉하여 본 민족의 언어는 소실하여 도시와 농촌에 사는 우즈비예커(烏孜別克)족은 웨이얼어를 사용하고, 유목 지역에 사는 우즈비예커족은 하사커어를 사용한다. 전통적으로 상업을 위주로 하며, 농업과 유목을 하는 사람은 소수이다. 또한 교육 수준이 높아 이슬람 성직자가 많은 편이다. 18세기 청이 신장을 통합한 이후 우즈비예커 상인들이 신장에 와서 영업하다가 정착하여 살기 시작하였다. 19세기 이전에는 중앙아시아와 신장을 왕래하며 장사를 하다가 19세기 말부터 신장 지역에 상품 경제가 발달하자 우즈비예커족은 상점을 개설하여 정착하였다. 그리고 당시 영국과 러시아 대자본에 의해 파산한 상인은 농업 혹은 유목으로 생업을 바꾸었다. 그들은 이슬람교를 믿으며 교회 안에 종교 학교를 병설하여 모든 어린이(취학 시 연령에 제한이 없고 능력에 따라 결정)를 교육하였다. 교육 내

용은 종교 의식 및 예절→아라비아 문자→코란경 일부→코란경 전체로 단계화되어 있으며 총 10년이 소요된다. 이 학교는 이슬람교 보급과 교직자를 양성하였다. 현재는 국가에서 관리하고 있으며 우루무치와 뻬이징에만 종교 학교가 있다.

4 하미꽈 이야기

여름날 베이징 시내를 돌아다니다 보면 대나무 꼬치에 주황색 수박을 꽂아 1위엔이나 2위엔에 파는 사람들을 볼 수 있다. 그들은 큰 소리로 "하미꽈! 하미꽈!"를 외치는데, 이것이 바로 주황색 수박의 이름이다. 하미꽈는 럭비공하고 너무나 흡사하게 생겼다. 색깔까지 조금만 진하다면 영락없는 럭비공이다.

하미꽈 껍질을 벗겨 보면 속은 호박 같기도 하고 커다란 참외 같기도 하다. 한 입 베어 물면 사각사각하고 향기로운 느낌에 수박, 참외, 메론 등 여러 가지 과일 맛이 동시에 느껴진다. 이름하여 전국적으로 명성이 높은 신장의 하미꽈! 이 하미꽈의 고향이 바로 싼싼(鄯善)이다.

중국어로 수박은 시꽈(西瓜)이기 때문에 수박이 서쪽에서 왔다는 것을 누구나 알 수 있다. 이처럼 하미꽈는 하미(哈密)에서 왔다고 생각하기 쉽지만 사실 하미꽈의 원산지는 하미가 아니라 싼싼이다. 그렇다면 이 과일의 이름이 왜 싼싼꽈가 아니라 하미꽈일까?

　청나라 건륭제 때 신쟝 지역의 크고 작은 반란을 모두 평정한 후 중앙 정부에서 이 지역을 관장하는 관리를 파견하였다. 당시 하미 지역의 지방관이 황실로 공물을 보냈는데 지금의 하미꽈를 끼워 보냈다. 하미꽈를 처음 먹어 본 건륭 황제는 맛이 너무 좋다며 옆에 있는 신하에게 이름이 무어냐고 물었다. 그런데 옆에 있던 그 신하도 처음 보는 과일이라 이름을 몰라 한참을 망설였다. 그러다가 하미에서 진상한 과일이니 그냥 생각나는 대로 하미꽈라고 하였다. 이후 이 과일의 이름을 하미꽈라고 부르게 되었다고 한다. 사실은 싼싼꽈라고 해야 맞는 일인데 당시의 그 신하가 모르고 그냥 한 말이 지금까지 내려와 굳어진 셈이다.

　싼싼 지역의 사막에 나무 심는 공정을 답사하고 돌아오는데 수레에 수박과 하미꽈를 쌓아 놓고 파는 상인이 있었다. 우리는 잠시 쉴 겸 산지에서 바로 딴 싱싱한 과일을 먹어 보기로 하였다. 차에서 내려 수박과 하미꽈를 두 통씩 주문하자 상인은 신나서 식칼로 과일을 조각조각 잘랐다. 수박은 뻬이징에서도 실컷 먹을 수 있는 과일이라 우리는 주로 하미꽈를 먹었다. 중국 친구들이 하미꽈는 너무 많이 먹으면 상훠(上火)의 부작용이 있을 수 있으니 적당히 먹으라고 당부했다. 친구들 말에 의하면 하미꽈는 열을 내는 작용을 하기 때문에 많이 먹게 되면 입 안과 목 안이 헐기도 하고 심하면 코피까지 난다고 한다. 수박은 열을 내려 주는 과일인데 그 사촌 과일인 하미꽈는 열을 내는 과일인 것이다. 어제부터 입 안이 따끔거려 피곤한 탓인 줄 알았는데 하미꽈를 지나치게 많이 먹은 탓이었나 보다. 아름다운 꽃에 가시가 돋듯이 이처럼 맛있는 과일도 너무 많이 먹으면 독이 될 수 있는 모양이다. 달콤한 과일에 인간이 지나치게 욕심내지 못하도록 신의 섭리가 작용한 건 아닐까.

하미꽈를 먹고 나서 주위를 보니 포도밭 옆에 평상을 놓고 과일을 파는 어린이들이 눈에 띄었다. 호기심에 다가가 몇 살이냐고 물어 보자 아이들은 수줍어하면서 서로 얘기하라고 미루고는 살살 피하는 눈치다. 그 중 덩치가 가장 큰 녀석이 "나는 5학년이고, 얘는 3학년이고, 쟤는 2학년이에요." 하였다. 하미꽈를 가리키며 얼마냐고 물으니 한 개에 무조건 5마오(80원)란다. 베이징에서는 최소 20위엔(3,400원)은 줘야 하는데 이건 거저나 다름없는 가격이다. 염증 생긴다고 그만 먹자던 생각은 어디로 가고 욕심이 나서 2원을 주고 4개를 사서 차에 실었다. 이 광경을 목격한 우리 차 기사는 차에서 자루를 꺼내더니 가득가득 두 자루를 사고 10위엔을 꼬마에게 주었다. 만면에 만족한 웃음을 띠고 낑낑거리며 차에 싣고는 "이건 정말 싸다, 싸! 집에 가져다 서늘한 곳에 두면 겨울까지 먹을 수 있거든. 베이징에서 온 양반들도 더 사 가지고 베이징으로 가지고 가세요."라고 말하였다. 옆에 있던 우타오는 포도에 욕심이 났던지 "우리 포도나 조금 살까?" 하고는 꼬마에게 1위엔을 주며 밭에 가서 싱싱한 포도를 따 오라고 시켰다. 꼬마는 신나게 밭으로 달려가더니 런닝 셔츠 앞자락에 가득 포도를 담아 왔다. 우리는 속으로 1위엔에 맛 좋은 청포도가 저만큼이면 농사 헛지은 거나 다름없다고 생각하고 있는데 우타오는 한술 더 떴다. "무슨 1위엔어치가 요거밖에 안 되냐?"라고 아이를 나무라자 아이는 "잠깐만요." 하고는 냉큼 달려가 다시 또 그만큼의 포도를 따와 우리에게 주었다. 아이들이 장사를 하고 있는 건지 손님 접대를 하고 있는 건지 헷갈릴 정도였다. 어디 가나 농촌 아이들은 맑고 순박하며 인정이 넘치는 모양이다.

이 아이들은 해가 뜨면 밭에 나와서 언제 지나갈지도 모르는 행인들을 기다리며 해질 때까지 평상 근처를 맴돌고 있을 것이다. 배고프면 수박과 하미꽈, 포도를 먹고 졸리면 포도밭 그늘에서 잠자고, 하루 종일 신선 같은 생활을 하고 있는 건지도 모르겠다. 도

▶너무 맛있어요! ─ 하미꽈를 파는 아이들의 밝은 모습

시의 아이들이 컴퓨터와 영어, 스포츠 등 과외 활동을 하는 동안에도 이들은 먹고 자고 놀면 그만인 생활을 반복할 뿐이다. 이 지역 관리에게 물어 보니 부모들의 교육 수준도 낮고 아이들도 학습에 열의가 없어 초등학교를 졸업한 뒤에는 집에서 농사일을 거드는 아이들이 대부분이라고 한다. 중학교에 입학해도 대학을 간다는 보장이 없을 뿐만 아니라 돈도 많이 들어 일찍부터 먹고 살 길을 찾아 나서게 된다고 한다. 한창 꿈 많고 호기심 많은 나이에 매일 포도 따고 하미꽈 먹고, 저 아이들은 무슨 꿈을 꾸며 살까? 농부의 자식답게 돈을 많이 벌어 넓은 밭을 사들이고 과수원을 크게 가꾸는 꿈을 가지고 있을지도 모를 일이다.

5 파도치는 모래

싼싼현에서 사막 방지 작업 현장을 둘러본 다음, 숙소로 돌아가는 길에 '사산꽁위엔(沙山公園)'에 들렀다. 입구에는 천막들이 죽 늘어서 있었는데 하사커족들이 천막에서 빤미엔과 양고기 꼬치구이, 맥주 등을 팔고 있었다. 우리는 잠시 앉아 음료수를 마시면서 양고기 꼬치구이를 먹기로 했다. 아직 점심 먹은 것도 소화되지 않은 상태인데 간식으로 또 양고기를 먹자니 조금 부담스러웠다. 저녁에는 또 싼싼현 임업국에서 주최하는 만찬에 참석해야 하기 때문에 나는 먹는 척만 하고 음식 만드는 과정을 눈여겨보았다.

양고기 꼬치구이라는 게 먹을 때는 한 입에 쏙 넣으면 그만인데 만드는 과정은 생각보다 복잡했다. 우선 양고기 중 주요 부위를 제외한 자투리 부분을 큰 깍두기만큼 잘라 참기름과 소금 등을 약간 넣고 무친다. 그 다음 긴 꼬챙이에 고기를 꿰는데 보통

한 꼬치에 일곱 내지 여덟 개의 고기 조각을 꿴다. 꿸 때는 반드시 고기 토막 세 개 그리고 기름덩어리 하나 다시 고기 토막 세 개의 순으로 한다. 이렇게 해야만 먹을 때 고기 맛이 뻑뻑하지 않고 부드럽다고 한다. 그리고 나서는 숯불에 고기를 구우면서 후추와 고춧가루 등을 뿌려 가며 골고루 익힌다. 양고기 꼬치구이는 전국적으로 사랑 받는 간식거리인데 바로 신쟝의 양고기 꼬치구이가 전국 꼬치구이의 원조라 할 수 있다. 그래서 신쟝 지역의 양고기 꼬치구이는 고깃덩어리가 타 지역보다 훨씬 클 뿐만 아니라 값도 싸다.

간식거리를 파는 상점 뒤로는 계단이 있고 계단 위에는 '沙山公園'이라고 쓰인 간판이 아치형으로 걸려 있었다. 나무 한 그루 없는 사막에도 공원이라는 이름을 붙이고 입장료를 받는다는 것이 재미있게 느껴졌다. 계단을 올라가니 우리 나라 동해안 해수욕장의 백사장보다 훨씬 고운 모래가 부드러운 융단처럼 깔려 있었다. 그 안으로 깊이 들어갈수록 깨끗한 모래는 바다처럼 출렁이고 있었다.

이 곳에 사는 사람들에게 사막은 지긋지긋한 절망감을 안겨주겠지만 나 같은 이방인에게는 새로운 경이감 그 자체였다. 모래는 낮은 구릉들을 형성하고 있었는데 우리는 그 중 가장 높게 보이는 언덕으로 올라가 사방이 온통 모래뿐인 모래 세상을 굽어보았다. 그리고 신발과 양말을 벗은 후 모래 능선을 따라 사람의 발길이 닿지 않은 신천지를 개척해 갔다. 발바닥에 와 닿는 모래의 뜨겁고 부드러운 촉감은 이전에 경험하지 못했던 새로운 느낌이었다. 우리는 모래 언덕에 앉아 불어오는 바람을 맞으며 사막의 노을을 감상하였다. 모래는 바람이 지시하는 대로 우리들의 맨발을 간지럽히면서 사막의 느낌을 온몸에 전달해 주었다.

눈싸움하듯 서로 모래를 뿌리면서 친구들과 장난을 치고 있었는데 돌연 한 친구의 카메라가 작동하지 않았다. 미세한 모래가 카메라의 줌 사이에 끼어 고장이 난 모양이다. 예상하지 못한 돌발 사태가 발생하자 나와 다른 친구들은 재빨리 카메라를 케이스에 담았다. 하지만 이미 고장 난 카메라는 결국 뻬이징으로 돌아올 때까지 고치지 못했다. 그리고 나서야 눈에 보이지는 않는 모래가 그렇게 바람을 타고 어디든지 쉽게 날아갈 수 있으리라는 사실을 실감했다. 바람이 조금만 더 세게 불었다면 하늘에서 모래가 쏟아진다고 했던 친구의 얘기도 그대로 실현되었을 것이다. 이 방인에게 사막과 모래는 이색적이고 아름다운 경이감을 선사하지만 이 곳 주민에게는 단절을 의미한다. 건물의 곳곳에는 물론, 잠자는 이불 위에도, 심지어 음식에도 모래는 늘 빠지지 않는 존재라고 한다. 게다가 1년에 2미터씩 늘어나는 사막화 현상으로 인해 인간의 삶은 더욱 위협받고 있는 상황이라고 한다. 그저 여행자의 기분으로 사막에서 낭만과 볼거리만을 찾으려 한 것이 이 곳 주민들에게 얼마나 사치스러운 일인가를 생각하니 미안하고 부끄러운 마음이 밀려왔다.

친구인 양지탕은 내게 "내 고향 닝샤(寧夏) 지방의 사막은 이 곳보다 훨씬 모래가 고와. 그래서 사막을 경험해 보지 못한 사람들은 관광 와서 하루 동안 모래를 밟으며 너무나 좋아하지만, 정작 그 곳에 살고 있는 사람들에게 사막은 가난과 체념일 뿐이야." 라며 한숨을 쉬었다. 내가 현지인이 아닌 이상 진정으로 그들의 삶을 이해할 수는 없었지만 친구의 한숨 속에서 반농 반목(半農半牧)의 농민들이 얼마나 힘겹게 살아가는지를 느낄 수 있었다.

6 신장에도 남산과 천지가?

사막화 현장과 방사림(防沙林) 조성 현장 등을 답사하고 다시 우루무치로 돌아온 우리는 다음 답사를 위해서 하루를 쉬기로 하였다. 그러나 48시간 동안 기차를 타고 이 곳까지 와서 호텔에 가만히 앉아 시간을 보낸다는 게 너무나 아까운 생각이 들었다. 그 동안 황량한 사막을 보러 다니느라 마음까지 황폐해진 것 같아 녹색 빛깔을 찾아 남산 목장과 천지에 가기로 하였다.

새벽 시장에서 아침 식사를 한 후 포도, 복숭아, 수박 등의 과일과 갓 구워낸 따끈따끈한 낭[16], 그리고 물, 음료수 등을 사 가지고 남산 목장을 향해 출발하였다.

남산 목장은 우루무치 근교에서 가장 유명한 목장으로 초원과 산의 계곡이 잘 어우러져 뛰어난 자연 풍광을 자랑하는 곳이다. 우리는 개울을 따라 끝까지 올라가면 폭포가 있다는 말을 듣고 즐거운 마음으로 산행을 시작하였다. 그 동안 물에 너무나 굶주려 있었던 차라 폭포라는 소리만 들어도 반가운 마음이 앞섰다. 오솔길을 중심으로 왼쪽은 숲이고 오른쪽은 계곡 물이 흘러 아주 쾌적하고 시원한 느낌이 들었다. 그러나 잠시 후 말을 타고 달리는 하사커족과 5위엔 내고 말을 빌려 타고 달리는 관광객, 1위엔씩 내고 마차로 오르내리는 사람들로 늘 앞뒤를 살펴야 하고 그들이 지나가고 나면 뿌연 먼지를 마셔야 했다. 어디든 인간이 많이 모이는 곳은 편히 쉴 곳이 못 되는가 보다.

▶갓 구운 낭 향기가 정말 좋아요!
― 검은 깨를 듬뿍 뿌려 화덕 안벽에 붙여 놓고 굽고 있는 낭

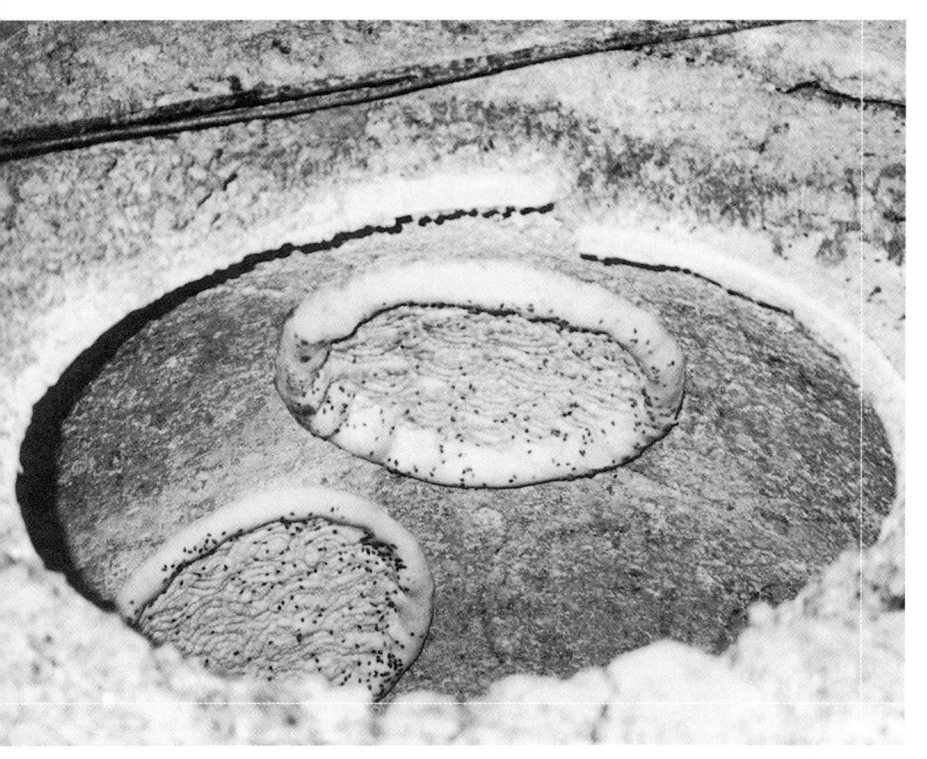

중국의 관광지는 어디를 가든 빠지지 않는 것이 있다. 바로 소수 민족 복장을 걸어 넣고 손님을 기다리는 것이다. 소수 민족의 전통 의상을 입고 사진을 찍는데 요금은 보통 20위엔이다. 그러나 흥정을 잘 하면 10위엔 혹은 5위엔으로 깎을 수도 있다. 전통 복장이라는 것도 자세히 살펴보면 나일론 같은 천으로 조잡하고 엉성하게 만든 것이 대부분이다. 여러 사람의 손을 타서 꾀죄죄하고 지저분해 보인다. 그래도 막상 사진을 찍어 현상해 놓으면 매우 그럴듯한 모습으로 보여 좋은 추억거리로 남겨 둘 수 있다.

두런두런 얘기를 나누면서 걷다 보니 어느새 폭포에 이르렀다. 폭포는 특별히 아름답거나 웅장하지 않아 새로울 것도 없었다. 그저 시원하게 물소리나 들으며 잠시 쉴 수 있는 것으로 만족했다. 오랜만에 푸른 숲에 앉아 있으니 사막으로 시달린 눈의 피로가 다 가시는 듯했다. 상쾌해진 몸과 마음으로 산을 내려오는데 하사커족 소년 한 명이 계속 따라 오면서 말을 타고 내려가라고 졸랐다. 아내는 처음에는 호기심을 보이다가 겁이 나는지 자꾸 머뭇거렸다. 결국 소년에게 말고삐를 잡은 채 내려가겠다는 약속을 받고 10위엔을 주기로 하였다. 아내는 말을 처음 타 보는 것이어서 약간 긴장을 하는 듯했지만 잠시 후에는 웃으며 손도 흔드는 여유까지 보였다. 우리 일행은 그 뒤를 따라 천천히 내려갔는데 입구에 도착하니 아내와 소년이 한참 실갱이를 하고 있었다. 아내는 나를 보자 "이 애가 20위엔을 내라고 하잖아. 아까 분명히 10위엔이라고 했는데 말야."라고 자초지종을 이야기했다. 소년은 우리를 보더니 꼬리를 내리고 "10위엔만 줘요." 하고는 달아나 버렸다. 나는 속으로 '녀석 참 답답하기도 하군. 더 받지도 못하고 그냥 갈 거면서 다른 손님이나 더 태우지.'라는 생각이 들었다.

입구로 나오니 100여 개의 장펑(帳篷)[17]에서 호객 행위를 하느라 시끌벅적하였다. 우리는 그 중 한 곳을 골라 간단한 점심을 먹기로 하였다. 필요한 만큼의 양고기 꼬치구이와 나이차(奶茶)[18]를 주문하고 미리 준비해 온 낭과 과일을 꺼내 배불리 먹었다. 화장실을 가려고 밖으로 나오는데 바로 앞에서 양을 잡고 있었다. 껍질을 다 벗긴 양을 기름과 겨자, 향료 등이 섞인 걸쭉한 노란색 액체에 흠뻑 적셔 꺼낸 다음 통째로 굽기 시작했다. 아마 어떤 손님이 양 바비큐를 주문한 모양이다. 나는 양을 잡아 요리하는 과정을 자세히 지켜보고 싶었지만 다음 일정으로 천지에 가야 했기 때문에 시간을 지체할 수 없었다.

티옌산 산맥의 산허리에 천지라는 거대하고 아름다운 호수가 있다는 소리는 예전부터 들어 왔다. 이 천지는 해발 1,980m의 높이에 가장 깊은 곳의 수심이 105m나 된다고 한다. 백두산의 천지와 이름이 같아 언젠가 한 번 꼭 가 보고 싶다는 생각을 오래 전부터 하고 있던 참에 좋은 기회를 맞이한 것이다. 차를 타고 산을 올라가서 드디어 천지 입구에 도착했다. 역시 입장료는 상상을 초월할 정도로 비싸다. 뻬이징에서도 시간당 아르바이트비가 5위엔밖에 되지 않는데, 자연 호수 입장료가 60위엔이라니! 여행지를 찾은 관광객 대부분이 '입장료가 아무리 비싸도 언제 다시 올 수 있겠어? 이왕 왔으니 보고 가자!'라고 생각하는 걸 미리 예상했기 때문일까? 중국 관광지의 입장료는 대부분 중국인들의 임금에 비해 터무니없이 비싸다. 너무 비싸다는 생각이 들었지만 안 들어갈 수도 없는 노릇이다. 중국에 온 후 여러 지방을 다녀 보았지만 대부분 입장료가 비싼 곳은 볼거리가 더 없어 항상 사기당한 기분이 들곤 했었다.

입구를 지나 십여 분쯤 올라가니 호수가 보였다. 나의 불안한 예감이 맞아 떨어졌다. 이 곳의 천지는 백두산의 천지와 근본적으로 다르다. 마치 댐과 같은 규모에 신비감이라고는 전혀 없다. 유람선이 오가고 모터보트가 왔다 갔다 하는 그저 그런 호수였다. 호수도 산 정상에 있는 것이 아니라 산봉우리와 봉우리 사이에 깊은 계곡이 형성되면서 만들어진 것이었다. 백두산 천지보다 훨씬 못하다는 생각에 실망스러웠지만 호수를 이루고 있는 산비탈을 따라 눈을 들어 보니 하얗게 눈 덮인 높은 봉우리가 우뚝 서 있다. 이 봉우리가 바로 해발 5,445m의 뻐꺼따(博格達) 봉우리이다. 천지는 뻐꺼따 봉우리의 허리를 끌어안고 있는 형상으로 웅장한 맛은 있었지만 신비한 아름다움은 별로 느껴지지 않았다. 호수는 더 이상 볼 것도 없고 하여 산행을 하기로 하였다. 한 시간 정도 올라가면 하사커족 유목민이 살고 있다고 하는데 그들의 사는 모습을 둘러보려는 생각에서였다. 반 시간쯤 올라갔을까? 도중에 갓난아이를 업고 올라가는 하사커족을 만나게 되었는데 그녀는 친절하게 자기 집으로 가자고 우리를 청하였다. 의사 소통이 가능하여 이런저런 얘기를 주고받으며 그녀의 집으로 향했다. 한참을 올라가니 비탈진 초원이 나타나고 몇 개의 장펑이 나타났다. 하지만 그 장펑들은 모두 손님들에게 음식을 파는 식당 같은 곳이었다. 하사커 유목민의 생활상이 그대로 보존되어 있는 순수한 의미의 장펑이 아닌 것이다. 물론 밤에는 그들의 잠자리로 바뀌겠지만 주된 용도는 낮에 손님들을 맞아 양고기나 나이차 등을 파는 곳이었다. 당연히 값도 비싸고 맛도 떨어지는 관광지의 한 식당이나 다름없었다. 올라오면서 우리가 당신 집을 구경하고 싶은데 괜찮겠냐고 물었을 때 그녀는 아마 '오늘 재수가 좋으려니 손님이 제 발로 걸어오네. 좀 멍청해 보이는데 잘 되었군.'이라고 생각하며 쾌재를 불렀을 것이다. 일단 그녀의 내심을 간파한 이상 우리도 순순히 당할 수는 없었다. 그녀에게 손님이 쉬며 식사하는 방 말고 당신이 생활하는 방을 보자고 청하였다. 그러자 그녀는 먼저 음식을 시키면 요리를 하는 동안 천천히 구경할 수 있으니 빨리 음식부터 시키라고 속내를 드러내기 시작했다. 드디어 그녀와의 잔머리 싸움이 시작된 셈이었다. 중국 친구들은 여행 경험이 별로 없기 때문에 값도 깎을 줄 모르고 속기도 잘하는데 이런 경우 어떻게 해야 할지 몰라 난감해 했다. 나는 그녀에게 아이가 너무 예쁘니 함께 사진을 찍었으면 좋겠다는 말로 먼저 호감을 표시한 후 그녀의 방으로 가 아이와 그녀의 엄마와 함께 사진을 찍었다. 그리고 나이차를 주문해 놓고 식사는 천천히 하겠다고 말한 다음 하사커족 생활상을 관찰하러 이곳 저곳 살폈다. 마침 가까운 곳에서 하사커족이 말을 묶어 땅에 뉘인 채 편자를 갈고 있는 중이었다. 다가가 유심히 관찰하다가 사진을 찍으려고 카메라를 꺼내 드니 그들은 갑자기 소리를 치며 "뭐 좋은 구경이라고 사진을 찍어? 찍으려면 돈 내."라고 소리를 지르는 것이었다. 나는 속으로 '참! 기가 막혀서. 자기들이 무슨 모델이라고 돈을 내라니? 인심 한 번 고약하군! 그래 더러워서 안 찍는다.' 생각하고 뒤로 물러나서는 줌으로 당겨 찍었다. 더 이상 구경거리가 없어 나이차값 10위엔을 치르고 뒤에서 "왜 구경만 하고 그냥 가냐?" 소리치는 그녀의 앙칼진 목소리를 들으면서 산을 내려왔다.

　내려오는 도중에 몇 개의 상점을 지나치는데 갑자기 양지탕이 없어진 것이다. 한참을 두리번거리며 찾고 있는데 양지탕이 한 아가씨와 우리를 불렀다. 그러더니 우리를 향해 오라는 손짓을 하였다. 양지탕은 아가씨를 가리키며 "이 아가씨는 아르바이트 학생인데 자기네 상점에 가서 양 꼬치구이 열 개를 먹으면 장평에 들어가 전통 의상을 입고 공짜로 사진을 찍어도 된대. 우리 거기 가서 양 꼬치 먹고 사진도 찍자."라고 제안하였다. 양지탕은 여자에게 약하기 때문에 아가씨가 호객 행위를 하면 거의 넘어간다. 하지만 셈이 정확해 바가지 쓰는 경우가 많은 편은 아니었기 때문에 우리도 안심하고 그를 따라 나섰다. 이윽고 주문한 양고기 꼬치구이 열 개가 나오고 서비스로 나이차도 나왔다. 그러나 역시 문제가 발생하였다. 이건 양고기가 아니라 고무였다. 씹어도 씹히지 않는 질긴 양고기 꼬치에 나이차 또한 맹숭맹숭한 것이 형편없는 맛이었다. 그래도 다행인 것은 장평 안이 비교적 깨끗하게 잘 정돈되어 있는데다가 전통 의상도 양호한 상태였다는 점이다. 아내에게 하사커족 전통 복장을 이것저것 갈아입게 하고는 맘대로 사진을 찍어 주었다. 역시 공짜는 좋다. 사진을 다 찍고 나가려고 하는데 그들이 앞을 가로막으며 열 개의 꼬치구이값 외에 나이차값까지 청구하는 것이었다. 그들은 시키지도 않은 나이차를 갖다 주면서 서비스라고 하더니 가려고 하니까 시치미 뚝 떼고 다 계산을 해야 한다고 우겼다. 나는 속으로 '그러면 그렇지. 지탕아! 아줌마가 꼬실 땐 모른 척하고 아가씨가 꼬실 땐 잘도 넘어가더니 안 됐다.'라고 생각했다. 그리고는 양지탕에게 "네가 벌인 일이니 네가 알아서 해결해."라고 놀려 주고 먼저 내려왔다. 뒤돌아보니 꼼짝없이 그들이 요구하는 대로 돈을 지불하고 있었다. 이런 일은 중국의 관광지 어디에서나 볼 수 있는 흔한 풍경이다. 멀리서 온 손님의 주머니를 '어떻게 하면 효과적으로 빠른 시간 내에 털어 낼 수 있을까?'를 연구하고 노리는 사람이 많다는 사실을 명심하고 자나깨나 조심할지어다.

주

16. 웨이월족과 하사커족 등이 주식으로 먹는 음식이다. '낭'이라는 발음은 원래 이란계 어휘를 웨이월족이 차용한 것으로 이를 한자로 음역하여 '馕'으로 표기한다. 만드는 과정을 간단히 소개하면, 우선 밀가루를 반죽하여 쟁반처럼 둥글고 납작하게 만든 후 여러 가지 꽃무늬를 넣는다. 그 위에 깨를 뿌린 후 화덕의 벽 안쪽에 붙여서 굽는다. 갓 구워 낸 낭은 냄새가 향긋하고 맛도 고소하지만 하루 이틀 지나면서 돌덩이처럼 딱딱해진다. 딱딱한 낭은 보통 차에 담근 후 부드러워지면 먹는다.
17. 하사커족이 방목을 하면서 이동에 편리하도록 지은 텐트형 집. '짠팡(氈房)'이라고도 한다.
18. 유목 민족이 즐겨 마시는 차로 찻잎을 끓인 물에 우유를 타서 만든다.

7 우루무치의 미이라

우루무치에 도착한 후 사막 지역을 답사하고 우루무치에서 휴식을 취하던 어느 날 우리는 쏜퀘이 집으로 짐을 옮기기로 결정하였다. 처음에는 쏜퀘이 부모님이 초대한 만찬에 참석하고 이후의 여행 일정을 상의할 예정이었으나, 자신의 집에 머물기를 바라는 쏜퀘이의 간곡한 청을 받아들여 그의 집으로 거처를 옮기기로 결정한 것이다. 사실 우리는 호텔비를 절약하기 위해 그 전부터 내심 친구의 집에 머물게 되기를 바라고 있던 참이었다. 이런 것을 중국인들은 '꽁징뿌루총밍(恭敬不如從命)'이라고 한다. 즉, 상대방의 도움을 내심 바라고 있었으면서도 마치 어쩔 수 없이 응하는 것처럼 근사하게 표현하는 말이다.

쏜퀘이의 아버지는 현재 신장 의과대학 교수로서 1960년 자원하여 이 곳에 왔다고 한다. 당시 마오(毛) 주석은 중국의 변경을 개발하고 발전시키기 위해 한족이 변경 지역으로 이주하는 것을 정책적으로 장려하였다. 그래서 쏜퀘이의 아버지는 상하이의 좋은 조건을 마다하고 당시 오지인 이 곳으로 왔다고 한다. 젊은 시절 마오 주석의 한 마디에 자신의 인생을 걸 만큼 그의 눈빛은 매우 정열적이고 의지가 강해 보였다. 호랑이의 눈빛을 연상할 정도로 대단히 인상적이었다. 평소 아버지를 두려워한다는 쏜퀘이를 이해할 수 있을 것 같았다. 그의 아버지는 술 잘 먹는 사람이 공부도 잘 한다는 이상한 논리를 펴면서 맥주잔에 독한 술을 가득 채우고 건배를 제의하였다. 우리는 술을 못한다고 극구 사양하였으나 그는 술을 마시지 않으면 노래라도 부르라고 강요하였다. 그의 강요에 못 이겨 결국 식당에서 노래를 부르는 촌극이 벌어졌다.

식사를 마치고 우리는 쏜퀘이 집으로 갔다. 친한 친구를 사귀려면 역시 함께 생활하는 방법 이상이 없을 듯하여 이틀 간 신세를 지기로 하였다. 쏜퀘이 아내와는 이미 뻬이징에서 몇 번 만난 적이 있어 금방 친해질 수 있었다. 그의 집은 아주 깔끔하고 세련된 분위기였다. 우리에게 내준 방도 마치 신혼방같이 잘 꾸며져 있었다. 호텔에 있지 말고 진작에 이리 올 걸이라는 생각마저 들었다. 우리는 쏜퀘이의 결혼 사진과 학창 시절의 사진을 보며 이야기를 나누다가 새벽녘이 되어서야 잠이 들었다.

이튿날 아침 우루무치에서 전통 상품을 파는 곳으로 가장 유명하다는 얼따오챠오(二道橋) 시장을 구경하였다. 이 시장은 웨이월족의 전통 상품들이 주를 이루고 있는 재래 시장이라 좁은 골목을 따라 작은 가게들이 즐비하게 늘어서 있었다. 양탄자, 모자, 건포도, 호도, 약재, 칼 등과 파키스탄에서 들여온 구리 장식품, 벽걸이용 꽃쟁반 등 모든 것이 이국적이었다. 특히 웨이월족, 하사커족 등 유목 민족이 허리에 차고 다니는 작은 칼은 손잡이에 각종 무늬가 새겨져 있어 매우 아름다운 공예품으로도 손색이 없었다. 시장을 지키는 가게 주인이나 손님들은 거의 웨이웰족이었다. 간혹 서양 사람들이나 관광객들도 눈에 띄었다. 우리는 뻬이징에서 볼 수 없는 맛 좋고 빛깔 좋은 건포도를 1kg당 30원에 10kg을 샀다. 건포도를 사기 위해 흥정하고 포장하는 동안 계속 건포도를 집어 먹었으니 그냥 먹은 것만도 족히 1kg은 될 것이다.

▶**옷 벗고 대기 중입니다.** — 얼따오차오 시장 내의 양고기 판매

우리는 시장을 돌아보고 나온 후 우루무치 시내에서 우타오를 다시 만났다. 우타오는 우리를 우루무치 박물관으로 안내했다. 박물관은 소련식 건물이었는데 새로 고치는 중이라 겉모습은 문자 그대로 공사판이었다. 우루무치 박물관의 최대 특징은 무나이이(木乃伊)가 많다는 것이다. 무나이이는 우리가 흔히 말하는 미이라의 중국식 표기이다. 신장 지역은 기후가 워낙 건조하여 시체를 매장하고 나면 썩지 않고 말라 버리기 때문에 도처에서 고대인의 미이라를 발굴할 수 있다고 한다. 유리관 안에 누워 있는 미이라는 지금부터 약 4,000년 전 이 지역 원주민의 모습이라고 할 수 있다. 무나이이의 옷은 보기에도 매우 아름다워 4,000년 전 원시 시대의 것이라고는 믿어지지 않았다. 세밀하게 가공한 장신구들도 현대 유행하는 장식품에 결코 뒤떨어지지 않는 예술적인 것들이었다. 그러나 당시 이 지역에 살던 사람들은 한족 또는 웨이월족 등과는 분명히 다른 종족임을 한눈에 알 수 있었다. 머리카락은 금발이고 키도 크며 코도 뾰족하고 눈도 깊은 것이 아리안족이나 유럽인종에 가까운 모습이었다. 화려한 옷차림과 세련된 장신구들을 통해 이 지역의 고대 문명이 상당히 발달했음을 엿볼 수 있다. 이것은 중국의 문화가 중원의 황허(黃河) 유역에서 발생하여 각지로 퍼져 나갔다는 학설을 정면으로 부정하는 좋은 예이다. 과거에는 중국의 문명이 황허(黃河) 유역에서 발생하여 각 지로 전파되었다는 주장이 지배적이었다. 그러나 중국 전역에서 고대 문명이 발굴됨에 따라 이 학설은 이미 학계에서 부정된 사실이다. 다소 꺼림칙하고 무서운 모습의 무나이이를 한꺼번에 40여 구나 보고 나니 꿈 속에 나올까 은근히 걱정되었다.

제2부 불의 나라 투루판

1. 불타는 산
2. 연둣빛 건포도와 흐르는 우물
3. 쟈오허(交河) 고성(古城)
4. 삐즈커리커(柏孜克里克) 천불동(千佛洞)
5. 원님 덕에 나팔 불기

"훠옌산! 신라의 혜초도 이 곳을 지났으리라. 자동차를 타고도 건너기 힘든 이 험난한 길을 두 다리에 의지한 채 한낮의 불볕을 온몸으로 받아 가며 서로 서로 한 걸음씩 옮겨 갔을 불심이 새삼 위대하게 다가왔다. 사막 한가운데 그저 민둥산일 뿐 풀 한 포기조차 생존할 수 없는 황량한 곳. 차를 타고 멀리서부터 보아도 붉게 보이는 산. 몇천 년 동안 이 곳에 서서 사막을 지킨 황토산. 사막의 태양이 그를 비추면 황토빛 산은 태양의 애무를 받아 몸이 온통 빨갛게 변하여 글자 그대로 훠옌산. 불덩이가 되고 만다. 그 때 그에게 친구가 있었다면 그것은 오직 바람뿐이었으리라."

1 불타는 산

지방의 사막화 방지 작업 답사를 위한 여정이 다시 시작되었다. 필요한 짐만을 챙겨 밖으로 나오니 펑 주임이 우루무치 임업국에서 제공한 두 대의 지프차를 대동하고 우리를 기다리고 있었다. 우리 일행 7명은 차에 분승하고 마치 야유회를 떠나는 기분으로 선글라스를 착용한 채 '룰루랄라' 투루판을 향해 출발하였다.

투루판은 우루무치에서 약 180km 동남쪽에 위치하고 있다. 투루판으로 가는 고속도로는 몸으로 느낄 수 없을 정도로 미세한 내리막길이 계속되었다. 이것은 투루판이 티옌산 산맥의 줄기 사이에 형성된 낮은 분지여서 북쪽과 남쪽의 해발 차이가 나기 때문이다. 고속도로는 좁은 협곡을 따라 건설되었는데 양쪽 산은 투루판에 가까워질수록 민둥산으로 변해 갔다.

교수님은 신쟝 지역의 지리에 워낙 밝기 때문에 시간이 좀 걸리더라도 가능한 한 우리에게 많은 것을 보여 주려고 노력하셨다. 덕분에 우리는 그 유명한 훠옌산(火焰山)을 구경할 수 있었다.

훠옌산은 삼장법사(三掌法師)가 손오공(孫悟空)과 저팔계(猪八戒), 사오정(沙悟淨)을 데리고 서역으로 불경을 구하러 가는 길에 지났다는 산이다. 차에서는 에어컨 덕분에 더운 줄 모르고 호강하며 왔는데 막상 차 문을 열고 밖으로 나오니 한증막으로 들어가는 것과 다름이 없었다. 기온은 42도, 난생 처음 경험하는 더운 날씨였다. 그래도 다 사람이 살게 마련인지라 그늘에만 들어가면 제법 시원한 것이 견딜 만했다.

훠옌산! 신라의 혜초도 이 곳을 지났으리라. 자동차를 타고도

▶중국에서 가장 더운 지방인 투루판의 훠옌산

건너기 힘든 이 험난한 길을 두 다리에 의지한 채 한낮의 불볕을 온몸으로 받아 가며 西로 西로 한 걸음씩 옮겨 갔을 불심이 새삼 위대하게 다가왔다. 사막 한가운데 그저 민둥산일 뿐 풀 한 포기조차 생존할 수 없는 황량한 곳. 차를 타고 멀리서부터 보아도 붉게 보이는 산. 몇천 년 동안 이 곳에 서서 사막을 지킨 황토산. 사막의 태양이 그를 비추면 황토빛 산은 태양의 애무를 받아 몸이 온통 빨갛게 변하여 글자 그대로 훠옌산, 불덩이가 되고 만다. 그 때 그에게 친구가 있었다면 그것은 오직 바람뿐이었으리라.

지금은 관광객을 의식하여 간이 매점과 간단한 기념품 코너를 마련해 놓았고, 기념사진을 찍을 수 있도록 훠옌산이란 글자를 커다란 돌에 붉게 새겨 놓았다. 넋 놓고 훠옌산을 보고 있자니 삐끼가 낙타를 몰고 관광객을 따라다니며 사진을 찍으라고 수작을 걸어 온다. 흥정하면 할수록 값은 내려가 결국 5위엔에 아내는 낙타를 타고 기념사진을 찍었다. 처음 낙타를 타는 아내는 호기심이 동한 듯 보였지만 혹 낙타가 물지는 않을까, 낙타에서 떨어지면 어떡하나, 몹시 긴장하였다. 주인의 도움을 받아 아내가 올라타자 엎드려 있던 낙타가 몸을 일으켰고, 동시에 아내는 마구 비명을 질러 댄다. 인간의 키높이에서만 바라본 세계와 낙타 위에서 바라본 세계는 분명 차원이 다른 것. 낙타의 눈높이에서 바라본 경이감에 서서히 적응된 듯 아내는 이내 즐거운 표정으로 낙타 등 위에서 여유 있는 웃음까지 지어 보이며 포즈를 취한다. 주인의 서비스로 근처를 한 바퀴 돌고 온 아내는 낙타의 순하고 맑은 눈빛이 예쁘다며 칭찬까지 늘어놓았다. 자신에게 먹이를 주는 인간을 주인이라고 믿고 따라다니면서 남 돈벌이만 시켜 주는 낙타가 안

쓰러워 보였다.

원래 훠옌산은 하나의 산을 가리키는 것이 아니라 동서로 길게 100km나 늘어서 있는 산들을 다 이르는 말이다. 붉은 돌가루가 산을 이루고 있는데 산 표면에는 많은 주름이 있다. 그래서 츠스산(赤石山)이라고도 한다. 약 1억 년 전에 해저에서 돌출한 후 지층 운동을 거치면서 지금과 같은 독특한 모습을 하게 되었다고 한다. 산의 평균 높이는 해발 500m로 그다지 높지 않지만 폭은 10km에 이른다.

민간 전설에 의하면 훠옌산에는 다음과 같은 이야기가 전해져 온다.

"옛날 티옌산(天山)에 아주 고약한 용이 살고 있었는데 수시로 투루판에 날아와 밭을 뭉개고 가축을 죽이고 사람을 해쳤다. 사람들은 재앙을 피하기 위해 매년 소년 소녀를 한 명씩 제물로 바쳐야 했다. 이 때 한 용감한 청년이 용과의 결투를 신청하고 3일 동안 싸운 끝에 용의 허리를 두 동강 내었다. 잘려진 용의 몸뚱아리는 지금 이 지역에 떨어져 피를 뿌리며 다시 살아나려고 발버둥쳤다. 청년이 다시 용의 몸을 십여 동강으로 자르자 용은 죽었고 용의 몸 조각이 하나씩 산으로 변해 지금처럼 붉은 산이 되었다."

그러나 훠옌산이 실질적으로 유명해지게 된 동기는 바로 명나라 때 오승은(吳承恩)의 소설 "서유기(西遊記)"를 통해서이다. 손오공(孫悟空)이 철산 공주(鐵扇公主)와 싸우던 이야기의 배경이 바로 지금의 훠옌산이다. 그래서 신장을 여행하는 사람은 꼭 한 번 찾아오는 곳이다.

② 연둣빛 건포도와 흐르는 우물

신쟝의 투루판(吐魯番)시는 인구가 약 24만 정도인 작은 도시이다. 연 강수량은 15ml에 불과한데 증발량은 2,714ml나 되어서 극심한 물 부족 현상에 시달리고 있다. 여름에는 고온 현상이 지속되어 '화주(火州)'라고 불릴 정도로 몹시 더운 고장이다. 그러나 티옌산(天山) 산맥의 만년설이 녹아 냇물을 이루는 5월부터 결빙이 되는 10월까지는 물줄기를 따라 농사를 지을 수 있다. '투루판'이라는 이름의 뜻은 '비옥한 땅'이라고 한다. 여기서 '비옥하다'라는 말은 절대적인 개념이 아니라 상대적인 개념이다. 사막의 삭막한 자연 환경에 비해 상대적으로 비옥하기 때문에 붙여진 이름이다. 이 곳에는 한족과 웨이월족, 하사커(哈薩克)족[19], 훼이(回)족[20] 등이 주로 살고 있는데 그들은 밭농사와 목축을 생업으로 한다.

도시의 중심가를 벗어나면 한족보다 소수 민족이 더 많아 마치 중국 아닌 다른 나라에 와 있는 느낌이다. 길에서 마주치는 사람들 중에서 모자를 쓴 남자와 얼굴을 가린 채 긴치마를 입은 여자는 모두 소수 민족인데 이들의 얼굴 생김새는 한족과 판이하게 다르다. 도로가 포장이 제대로 되어 있지 않아 자동차가 지날 때마다 메마른 흙먼지가 뿌옇게 날린다. 그 뒤로 온통 먼지를 뒤집어쓴 채 유유히 나귀를 몰고 갈 길을 가는 사람들과 길옆으로 걸어가는 사람들은 서로 별로 개의치 않는 모습이다.

▶이랴! 어서 가자! — 나귀가 끄는 수레를 타고 여유 있게 지나가는 웨이월족 노인

뭐니 뭐니 해도 이 곳의 특산물은 포도인데 집 안의 정원은 물론 가는 곳곳마다 포도 넝쿨이 있어 시원한 그늘을 만들어 준다. 투루판의 포도는 중국 내에서도 가장 유명하다. 싱싱한 포도 맛도 다른 곳에서는 경험할 수 없는 아주 탁월한 맛이지만 사막의 바람을 통해 말려 만든 건포도 또한 단연 세계 제일이라 하기에 손색이 없다. 이 곳의 포도는 사막 기후의 특성상 당도가 높고 병충해가 거의 없으며 밭에서 방금 딴 포도를 물에 한 번 헹구는 정도로 씻은 후 껍질까지 씹어 먹는다. 우리는 자투리 시간을 이용하여 포도원에 들렀다. 포도원 입구의 다리 밑으로는 티옌산의 눈이 녹으면서 생긴 얼음같이 찬 물이 흘러내리고 있었다. 하늘이 안 보일 정도로 온통 포도 넝쿨로 뒤덮인 길을 산책하였다. 머리 위에는 싱그러운 청포도가 주렁주렁 열려 있었다. 우리는 연못가의 평상에 앉아 웨이월족 전통 복장의 아가씨들이 쟁반에 내오는 탐스러운 포도를 실컷 먹었다. 신장에 와서 웨이월족의 생활 습관대로 바닥에 상을 펴고 앉아 포도를 먹고 있자니 마치 여름밤 시골 마당에서 멍석을 깔고 앉아 수박을 먹는 기분이었다.

투루판 포도원의 포도 전시관에는 재배되고 있는 포도 100여 가지가 소개되어 있었다. 포도의 종류에 따라 가공하는 방법도 각각 다른데, 그 중 이 곳의 특산물로 널리 알려진 건포도는 우리가 흔히 먹는 머룻빛 색깔이 아니라 속이 투명한 연둣빛이다. 적당히 건조된 건포도는 색깔이 마치 봄날 나뭇가지에 움튼 새싹처럼 색깔도 예쁘지만 맛도 쫄깃쫄깃하고 달콤한 것이 환상적이다. 가격은 상품(上品)이 한 근(500그램)에 20위엔 정도이다. 물론 뻬이징의 도매 시장의 것은 세 배 이상의 비싼 가격일 뿐만 아니라 신선

도나 질도 현지의 것에 훨씬 못 미친다.

집 근처나 포도밭 주변에 광활한 황무지 위에는 흙으로 지어 놓은 창고가 즐비하게 서 있다. 이 창고는 포도를 자연 건조시키기 위한 곳으로 격자무늬 모양의 구멍이 촘촘하게 나 있다. 창고 안에는 특별한 설비가 되어 있지 않고 포도를 넝쿨째 걸 수 있는 막대기가 중간 중간에 놓여 있을 뿐이었다. 사막이라는 황무지에서 이렇게 거대한 포도 농장을 일구어 낸 이 곳 사람들의 애환과 고통이 바로 포도송이로 영글어 가는 것은 아닐까. '내 고장 7월은 청포도가 익어 가는 계절/이 마을 전설이 주저리주저리 열리고……' 라는 시 구절이 떠오른 것도 그 때문인 것 같다.

포도를 배불리 먹고 난 후 우리는 이 지역 최고의 명물인 칸얼징(坎爾井)을 보기 위해 서둘렀다. 칸얼징은 일종의 우물이라고 할 수 있는데 특이한 점은 우물이 길가로 흐른다는 점이다. 우선 지하의 물길을 찾아 일정한 간격으로 우물을 판다. 그리고 파 놓은 우물을 도랑으로 연결하여 우물물이 흘러갈 수 있도록 길을 만들어 준다. 당연히 자연적으로 샘솟는 지하수이기 때문에 사용자가 두레박을 이용할 필요가 전혀 없다.

1991년 국제 칸얼징 회의에서는 투루판 이외에 하미(哈密) 등지에도 칸얼징이 적게나마 존재한다고 보고되었다. 이 칸얼징은 기후가 매우 건조하고, 토양 조건이 비슷한 이라크, 터어키, 아프카니스탄, 파키스탄 등 중동 지방에서 주로 발견되는 것으로 자연과의 투쟁에서 인간이 창조해 낸 걸출한 작품 중의 하나로 평가된다. 전문가들의 분석에 의하면 중국에는 이미 한 대(漢代)부터 칸얼징의 흔적이 발견되고 있다고 한다. 그러나 현존하는 칸얼징은 대부분 청 대(淸代)에 보수된 것으로 물길만 해도 2,000여 개이고, 그 총 길이는 5,000여 km에 이르는 아주 길고도 정교한 구조라고 한다. 요즈음은 환경이 파괴된데다가 인구의 증가로 물의 소비가 급증하여 지하수가 점점 고갈되고 있기 때문에 보존을 위한 대책이 시급한 상태이다. 언젠가는 물이 말라 버린 칸얼징도 유적지로 변해 버리고 안내판에는 '과거에 사막의 젖줄이었으나 인간의 무분별한 자연 파괴로 더 이상 물이 흐르지 않게 되었다'는 기록만 남게 될지도 모른다.

주

19. 중국 소수 민족 중의 하나로 대다수가 전형적인 유목 민족이다. 하사커 족이란 명칭은 15세기 초에 처음으로 출현하였다. 족명의 뜻은 '백조'라는 뜻과 '자유인(自由人)', 혹은 '전사(戰士)'라는 의미를 지니고 있다. 1589년 3개 부족 즉, 따위쯔(大玉玆 : 현재의 하사크스탄 동부), 쫑위쯔(中玉玆 : 현재의 하사크스탄 중부), 샤오위쯔(小玉玆 : 현재의 하사크스탄 서부)로 나뉘었는데 복장과 언어에 약간의 차이는 있지만 기본적인 생활은 모두 같다. 이들은 17세기 초까지 몽고족의 침입으로 계속 서로 이동하였다. 1759년 청나라 건륭 때에 준까얼(準噶爾) 반란을 평정한 후 중국의 변방 이리(伊犁), 타청(塔城), 아러타이(阿勒泰) 지역에 정착하였다. 이슬람교를 믿지만 샤머니즘이 잔존하고 있다. 농업 민족에 비해 종교 규율이 엄하지 않으며 마오라(毛拉 : 성직자)의 지위도 그다지 높지 않다. 그리고 민족 내의 종교는 같은 교파이기 때문에 종교적 갈등이 없다. 가죽옷, 넓고 긴 옷을 주로 입는다. 남자는 옷깃이 높은 옷을 입고 허리띠를 착용하며 왼쪽에 작은 칼을 휴대한다. 부락에 따라 약간씩 다른 모자를 쓰기도 한다. 여자는 원피스형의 긴 옷을 입고 안에 긴 바지를 입는다. 신발은 부츠형 신발이고 결혼 전에는 색깔 있고 새 깃털을 꽂은 모자를 쓰고 결혼 후에는 미옌사(面紗)를 착용한다. 음식은 주로 양고기와 우유

를 먹는다. 육식의 경우 '서우파러우(手抓肉 : 통째 삶아 손으로 뜯어먹음)' 와 가을에 말려 겨울에 먹는 방법 등이 있다. 특히 '마창(馬腸 : 말 창자에 피, 기름, 향료, 고기 등을 넣고 훈제하여 만든 식품)'과 '마나이져우(馬奶酒 : 말 젖을 2~3일 정도 발효시켜 만든 음료)'는 하사커족의 특산물이라고 할 수 있다. 이 외에 소의 위장에 보관하는 황여우(黃油)와 수시로 마시는 나이차(奶茶)는 하사커족의 생필품이다. 가옥 구조는 여름에는 '짠팡(氈房 : 텐트형 집)', 겨울에는 나무나 흙으로 만든 핑팡(平房 : 단층집), 또는 토굴에서 생활한다.

20. 중국 소수 민족 중 하나이다. 1990년 인구 조사에 의하면 총인구 약 860만 명이다. 닝샤(寧夏)자치구 외 2개 자치주, 7개 자치현에 집중 거주한다. 농업과 가축 사육, 목축 위주의 농업, 상업(양고기, 식품류)을 위주로 생활한다. 한어는 물론 각 지역의 소수 민족 언어에 능통하다. 훼이족의 선조에 대한 학설은 여러 가지가 있지만 그 중 가장 유력한 학설은 원 대(元代) 동으로 이주해 온 아랍인이 선조라는 것이다. 중앙아시아, 아라비아, 페르시아 인들이 포로로 끌려와 남송(南宋)을 멸할 때 군대로 동원되었고, 후에 전국 각지에 이주되었다. 훼이족은 평시에는 농업과 목축에 종사하고 전시에 군인으로 동원되었고 현지의 한족 여자와 결혼하여 정착하였다. 복장은 한족과 대동소이하지만 종파에 따라 흰색, 청색, 흑색 모자를 쓴다. 음식은 이슬람 교리에 따라 동물의 피, 돼지고기, 죽은 동물은 먹지 않는다. 훼이족의 사원은 한족의 건축 구조와 비슷하여 이슬람교를 믿는 타민족의 사원과는 차이가 있다.

③ 쟈오허 고성

신장으로 답사를 온 후 가장 뜨거운 날에 우리는 쟈오허(交河) 고성을 둘러보게 되었다. 나무 한 그루 없는 지역을, 땡볕에, 그것도 43도의 날씨에 걷는다는 것은 극기 훈련 이상의 고역이었다. 역시 30위엔 하는 입장료도 우타오가 해결하고 우리는 다음 일정을 위해 바삐 걸어야 했다. 쟈오허라는 이름에서도 알 수 있듯이 이 성은 강의 가운데에 위치해 있다. 우리 나라 여의도의 축소판 정도로 생각하면 알맞을 것 같다. 이러한 지형은 외적의 침입에 대비하기에는 좋지만 장기간 고립이 되면 멸망할 수밖에 없는 형세이다.

쟈오허 고성은 한 대(漢代) 처스치옌(車師前)국의 도읍지로 투루판시의 서쪽 10km 지점에 위치해 있다. 6세기 초 이 지역에 성을 짓기 시작하였는데 지금 현존하고 있는 성의 흔적은 당나라 때의 건축물이라고 한다. 이 곳에 사람이 살기 시작한 것은 역사상 매우 오래 전 일로 당시 원시인들은 동물의 습격과 부락 간의 전쟁을 피해 야얼나이즈 강 가운데 있는 버들잎형의 녹지대를 선택하였다. 길이는 1,650m이고 폭 300m의 섬은 폭 100m, 깊이 30m의 강물로 에워싸여 있다. 섬의 주위는 모두 절벽이기 때문에 천연 요새로서의 특성을 고루 지니고 있는 셈이다. 강물은 이 섬을 기점으로 두 갈래로 갈라졌다 다시 만나게 되기 때문에 이 섬에 지은 성을 쟈오허 고성이라고 이름지었다.

성곽의 둘레는 1km이고, 성 내의 가장 높은 곳은 해발 300m에 이른다. 성내로 들어서면 폭 3m의 도로가 남북으로 350m 곧게 뻗어 있다. 오랜 세월이 흐른 지금까지도 흙으로 쌓은 성터가 원형을 보존할 수 있는 이유는 비가 오지 않는 그 곳의 건조한 기

▶쟈오허 고성 — 세월의 무게를 고스란히 간직한 쟈오허 고성

후 때문이다. 성 안에는 강물을 퍼올리는 우물도 있고 사원, 불탑, 그리고 행정 기구, 상점들의 흔적까지 고스란히 남아 있다. 주거 방식은 흙으로 된 언덕에 굴을 파고 거주하는 형식이다. 이는 무덥고 건조한 날씨에 가장 효율적으로 대처하는 방식인데 지금도 굴 안에 들어가 보면 내부 구조가 상당히 짜임새 있게 설계된 것을 알 수 있다.

지금으로부터 1300여 년 전에 지은 토성은 원(元)나라 때 전쟁으로 거의 부서졌지만, 기본 토대는 세월에 비해 보존 상태가 양호한 편이다. 흙으로 지은 성이라 그 모습이 찬란하거나 화려하지는 않지만 성의 위치도 절묘하고 건축물의 내부 구조를 볼 수 있어 고대 건축 양식을 연구하는 데 큰 도움이 된다고 한다. 세월에는 장사가 없는 법, 고성은 화려했던 과거를 역사 속에 묻고 지금은 편안히 누워 바람의 위로를 받으며 휴식을 취하고 있다. 그리고 현재는 고성 주변의 강물도 다 말라 버려 쟈오허 고성이라는 이름 자체가 무색하게 되어 버렸다. 기록에 의하면 과거에는 고성 주변으로 폭 100m, 깊이 30m나 되는 거대한 물줄기가 흐르고 있었다고 하는데, 지금은 허연 바닥을 드러낸 채 몹시 목말라 하는 것이 세월의 덧없음을 증명해 주는 듯하였다.

4 베즈커리커 천불동

중국에는 천불동이라는 동굴이 적지 않다. 불상이 안치돼 있거나 불교 벽화가 그려져 있는 동굴이 밀집되어 있는 지역을 흔히 천불동이라고 한다. 물론 '천불동'은 동굴이 꼭 천 개인 것을 의미하는 것이 아니라 그만큼 동굴이 많다는 것을 강조하기 위해서 붙여진 이름이다.

천불동이라는 것은 거의 같은 크기의 동굴 수백 개가 절벽이나 산을 가득 메우고 있는 것이라 생각하면 된다. 동굴의 정가운데에는 불상이 모셔져 있고 천장과 벽에는 그림이 그려져 있다. 그림의 내용은 주로 불경의 내용을 해석해 놓은 것이거나 불교의 전파 과정을 보여 주는 것 등이 있다. 멀리서 보면 촘촘하게 만들어진 굴의 모습이 마치 작은 구멍들 같아 절벽의 전체적인 모습이 벌집처럼 느껴진다. 수백 년 동안 끊임없이 이어져 내려온 불심이 장관을 이루어 놓은 것이다.

▶뻐즈커리커 천불동
— 깎아지른 절벽의 허리를 따라 불상이 안치된 동굴이 조성되어 있다.

    흙과 모래가 단단히 굳어진 산에 동굴을 파고 안을 다듬고 벽화를 그리는 과정은 말로 표현할 수 없을 정도로 고단하고 어려운 작업이었을 것이다. 동굴을 만들 때는 우선 동굴을 조성할 위치를 선정하는 것이 중요하다. 내가 가 본 천불동 지역은 모두 물이 가까이 있는 곳이었다. 동굴을 등지고 보면 멀고 가까운 차이는 있지만 모두 앞에 계곡이 흐르고 있다. 연중 내내 물이 고르게 흐르는 것은 아니지만 식수와 필요한 물을 공급하기에는 충분할 정도의 물이 있다. 우리의 전통적 가옥 구조인 배산임수의 구조라고 생각하면 된다. 다음으로 굴을 아치형으로 낸 후 벽면과 바닥을 고르게 한다. 그리고 고운 황토에 마른 풀을 섞어 잘 반죽하여 벽에 바른 다음 그 위에 회칠을 한다. 옛날 우리 나라 농가에서도 흙벽을 만들 때 볏짚을 잘게 다져 흙에 섞는 방법을 이용했는데 이는 오랫동안 집의 원형을 유지하고 좀 더 견고하게 하기 위한 것이다. 하얗게 회칠한 것이 다 마르고 나면 그 위에 그림을 그리는데 지역에 따라 주로 사용하는 색깔이 다르다.

　나는 신쟝 지역에서 학술적으로 연구 가치가 높다고 판명된 천불동 두 곳을 모두 가 볼 수 있는 행운을 누렸다. 그 중 처음 간 곳은 투루판 교외의 뻐즈커리커(柏孜克里克) 천불동이었다. 이 천불동은 훠옌산(火焰山) 줄기에 조성된 불교 유적지로 훠옌산을 직접 밟아 볼 수 있는 좋은 기회이기도 했다.

　중국은 관광지든 유적지든 어디를 가나 입구에 서면 입장료가 괴롭힌다. 특히 대학원 학생증은 아무런 도움이 되지 않는다는 것이 더욱 억울하게 느껴진다. 이 곳도 당연히 입장료 20위옌을 내야 하지만 우리의 우타오가 — 신쟝에 온 후 참 쓸모가 많다. — 휴대폰으로 이 곳에 근무하는 친구를 불러내어 모두 공짜로 들어갈 수 있었다. 하여간 중국은 '꾸안시(關係 : 인간 관계)'가 최고라니까!

　뻐즈커리커 천불동은 계곡을 끼고 있는 절벽에 동굴을 파고 불교의 성지를 조성한 곳이다. '뻐즈커리커'란 웨이월어로 '산허리'라는 뜻이다. 즉 산허리에 동굴을 파고 만들었다는 뜻에서 붙여진 이름이다. 수십 미터의 절벽 아래로 티엔산의 눈이 녹아 내려 계곡이 흐르고 있었다. 계곡의 물은 깊지 않았지만 폭이 제법 넓고 수량도 많은 편이었다. 절벽은 원래 흙과 모래가 딱딱하게 굳어 만들어진 것인데 지금은 보수를 하여 군데군데 시멘트를 발라 놓았다. 좀 더 세심하게 보수하였으면 좋았을 텐데 원형을 훼손시킨 듯해 아쉬움이 남았다.

　고증에 의하면 이 석굴들은 6세기 까오창(高昌) 왕국 때에 조성되기 시작하여 당, 5대, 송, 원에 이르기까지 부단히 증가하였다고 한다. 결국 15세기 무렵 신장의 전지역이 이슬람교의 영향권 내에 들어가면서 역사가 중단되었다고 볼 수 있다. 뻬즈커리커 천불동은 석굴이 모두 83개로 그 중 40여 개의 석굴에 벽화가 그려져 있지만 대부분 심각하게 훼손되어 있다. 오늘날 천불동의 훼손 정도가 이처럼 심각한 이유는 다음과 같다고 한다.

첫째, 오랜 시간이 지나면서 자연적인 풍화 작용에 의해 훼손된 것이다. 그러나 훼손 정도가 매우 심하다는 점에서 자연 현상만이 주된 이유는 아닌 듯하다.

둘째, 가장 중요한 훼손의 이유는 이슬람 교도들의 고의적인 파손이다. 불로 검게 그을려 놓았거나 그림 위에 흙을 짓뭉개 놓기도 했고, 벽에 그려져 있는 부처마다 눈과 코, 입 등을 후벼 놓아 아주 흉물로 바꾸어 놓았다. 심지어 주존 불상의 목을 잘라 문화적 가치를 없애 버린 것도 있다. 물론 이런 행위는 무지에서 기인한 것으로 타종교에 대한 무조건적인 파괴 행위이다. 이슬람에서는 우상 숭배를 철저히 금지하기 때문에 불교의 그림이나 불상은 모두 우상이 되고 파괴의 대상이 되었다. 7세기 말부터 서서히 진행된 이슬람의 점진적인 동진은 불교와의 전쟁을 일으켰고 이 과정에서 동굴의 파괴는 필연적인 것이었다. 10세기 이후 신장 지역이 이슬람화되기 시작하면서 불교는 서서히 자리를 감추고 15세기에는 불교를 거의 찾아볼 수 없게 되었다.

셋째, 서양인들에게 도둑맞아 훼손된 것도 적지 않다. 19세기 말 서양 강대국들은 보존 상태가 양호하고 연구 자료로 가치가 있는 동굴 내의 벽화를 중간 중간 도려 내어 훔쳐 갔다. 그래서 지금도 일부 동굴은 가로 세로 몇 미터에 이르는 크기로 벽화는 사라지고 날카로운 칼자국만 남은 채 마치 동물이 내장을 드러내고 있는 것처럼 흉하게 흙벽을 드러내고 있다. 그들의 훔쳐 가는 기술도 보통이 아니다. 훔쳐 갈 부분을 정교하게 가로 세로로 자르고는 원래의 동굴 벽과 진흙 바른 틈새를 이용하여 기술적으로 통째 뜯어 갔다. 이만한 약탈 기술이 있기에 그들의 대영 박물관, 루브르 박물관 등은 세계적인 문화재의 보고가 되었을 게다. 그들은 문화 보호라는 어이없는 미명 아래 이러한 문화 약탈을 부끄럽게 여기지 않는다. 즉 자신들이 그 때 가져가지 않았으면 지금까지 그 문화재들은 보존되지 않았을 것이라고 뻔뻔하게 주장하면서 반환할 생각조차 하지 않는 것이다.

　사실 신장 지역의 동굴 벽화에 대한 연구는 중국보다 독일이 더 앞서 있다고 한다. 그래서 그런지 신장 지역에는 독일 관광객이 많다. 그들은 버스를 타고 유럽에서부터 파키스탄을 거쳐 이곳까지 온다고 한다. 내가 갔을 때도 영화에서나 보던 숙식을 모두 차 안에서 해결할 수 있는 여행용 버스를 타고 한 무리의 독일 사람들이 참관을 왔었다. 여행 가이드가 자신들의 조상이 도굴해 간 곳을 가리키며 그 사연을 설명했을 때 도굴당한 벽화의 흉터가 그들에게 아픔과 반성으로 다가왔을지 아니면 훈장처럼 여겨졌을지는 알 수 없는 일이다. 문화도 국력이 강해야 지킬 수 있고 발전시킬 수 있다는 진리를 다시 한 번 깨우칠 수 있었다.

5 원님 덕에 나팔 불기

사막화 방지 작업 답사를 하는 과정에서 나는 재미있는 사실 한 가지를 발견하였다. 우리는 가는 곳마다 현지의 임업국 직원들로부터 환대를 받았다. 그들은 식사 때마다 환영회라는 명목으로 근사한 식사를 대접했는데 우리는 그 때마다 신장의 별미와 색다른 음식에 매우 행복해 하였다. 아침 식사는 주로 죽, 떠우장(豆漿)[21], 빠오즈(包子)[22], 우유 등이어서 베이징과 별 차이가 없었지만 점심 식사와 저녁 식사를 할 때는 풍성한 요리를 맛볼 수 있었다.

특히 신장은 유목 민족이 많이 거주하는 지역이라 모든 요리가 양고기 일색이었다. 양고기 뼈를 삶아 우려낸 국에, 양고기를 넣고 볶은 볶음밥, 양의 내장과 고기를 이용해 만든 각종 요리는 한 가지씩만 맛보아도 배가 불러서 더 이상 먹을 수가 없었다. 양갈비를 바비큐한 것은 고소하면서도 기름기가 적어 담백했고, 좌판(抓飯)[23] 위에 얹어진 양고기도 부드럽고 쫄깃쫄깃하여 맛이 일품이었다. 웨이월족의 영양식인 좌판의 역사는 생각보다 길었다. 약 1000년 전에 아뿌아이리·이삐시나(阿布艾里·依比西納)라고 하는 학자가 노년에 몸이 허약하여 많은 약을 먹어 보았지만 효과가 없었다. 그래서 음식으로 치료하기로 하고 연구를 거듭하여 마침내 당근, 양파, 쌀, 양고기 등으로 밥을 짓는 방법을 창조하였다. 좌판에 들어가는 재료는 모두 영양이 매우 풍부하다. 당근은 중의학에서 '작은 인삼'이라 불리며 기를 보충하고 조혈 작용, 해갈 작용 그리고 정신을 맑게 하는 오묘한 효능이 있다고 한다. 양파는 비타민 B1, B2, C와 칼슘, 마그네슘, 철분 등의 성분이 다량으로 함유되어 있으며 살균 작용을 한다고 한다. 이렇게 좋은 재료를 넣어 만든 음식이니 가히 '십전대보밥'이라고 할 수 있다. 이 음식을 먹은 후 아뿌아이리·이삐시나는 원기를 회복하였다고 한다. 그러나 좌판이 아무리 좋은 음식이라고 해도 보통 농민들에게는 일종의 사치품이다. 그것은 많은 양의 식용유와 양고기가 필요하기 때문이다. 그들에게 있어서 좌판은 평상시에 마음대로 먹을 수 있는 음식이 아니다. 설날이나 명절 같은 특별한 날에만 먹을 수 있는 음식이기 때문에 '좌판'에는 '축제와 성대함'의 뜻이 내포되어 있는 것이다.

뻬이징의 양고기 요리는 특유의 노린내와 향신료 냄새가 너무 강해 맛있다는 생각을 한 번도 해 본 적이 없었다. 그러나 신장에서 양고기를 먹어 본 후 비로소 양고기의 참 맛을 알 것 같았다. 내가 가장 좋아하는 양고기 요리는 적당히 삶아 소금에 찍어 먹는 수육이다. 고기가 신선해서인지 양고기 특유의 노린내도 나지 않을 뿐만 아니라 입 안에서 살살 녹는 맛이 기가 막힌다. 고기를 덩어리째 손으로 들고 뜯어 먹으면 향기도 좋고 촉감도 좋아 양고기의 진미를 맛볼 수 있다.

　신장 요리의 별미 중 마창(馬腸)이란 것이 있었는데 이것은 우리 나라 전통 순대와 비슷한 것으로 말 창자에 고기와 야채를 넣고 훈제한 음식이다. 다른 음식에 비해 매우 비싸기 때문에 귀빈 접대 시에만 먹는 요리이며 베이징의 고위 관리들이 비행기로 공수해서 먹는 음식이라고도 한다. 이 지역의 특산품이라는 설명에 나도 먹어 보기는 하였지만 생각보다 그다지 맛있지 않았다. 그 외에 특이한 음식으로는 '낙타 발바닥 요리'가 있었다. 중국 요리 중에서 '곰 발바닥 요리'가 천하 제일의 음식이라고 들은 적은 있지만 낙타 발바닥 요리라는 것은 처음 들어 보았다. 우선 질감은 물렁물렁하고 흐물흐물한 것이 묵하고 비슷하다. 다만 색깔이 거무틱틱하여 그다지 맛있어 보이지는 않았다. 귀한 음식이라고 먼저 맛을 보라는 권유에 한 조각을 먹어 보기는 했지만 별다른 맛은 없고 양념에 섞인 마늘 맛만 진하게 느껴졌다. 그리고 양의 생식기를 굽거나 삶은 요리가 있었는데 이 요리들은 강정제로 인기 높은 음식이라 한다.

　그들의 접대는 보통 점심때보다 저녁때가 더 융숭했는데, 식사를 하러 예정된 장소에 가면 대접을 받는 우리 일행보다 접대하는 직원들이 훨씬 많았다. 예를 들어 우리가 한 테이블에 앉으면 그들은 두세 테이블을 꽉 채우고 앉았다. 대표자의 환영사와 답사가 있은 후 건배를 제창하고 나면 정식으로 음식을 먹기 시작한다. 적당히 배를 채우고 나면 슬슬 자리를 바꿔 가며 술을 권하기 마련인데 이 술을 권하는 정도가 적극적이다 못해 다소 강압적이다. 나는 원래 맥주든 소주든 한 잔이면 취하는 체질이라 다른 사람이 술을 권할 때 가장 난처해진다. 답사 중 내내 나를 괴롭힌 것도 더위나 피곤함이 아니라 바로 술이었다. 베이징에서는 처음 만나는 중국 친구가 술을 권해도 가볍게 사양하고 맥주 한 잔으로 고사 지내면 그만이었는데, 여기서는 그런 방법이 통하지 않았다. 신쟝의 권주(勸酒) 방법은 매우 특이하고 집요하다. 접대자는 소주잔만한 술잔 2개에 보통 50도가 넘는 지방 특산주를 가득 채운 후 쟁반에 받치고 와서 손님이 마실 때까지 서서 기다린다. 손님이 잔 1개를 비우면 접대자가 나머지 한 잔을 비운다. 이와 같은 권주 방법은 이 지역의 특징이다.

　이들은 서로 술을 권하고 함께 마시는 것을 접대의 기본으로 여기기 때문에 손님이 적당히 취해야 접대를 잘했다고 생각한다. 술을 권하는 것은 손님에 대한 존경과 친밀감의 표시이다. 만약 권주를 거절하면 그들은 호의를 무시했다고 생각하기 때문에 분위기가 어색해질 수도 있다. 나도 처음에는 술을 전혀 못한다고 한사코 거절했지만 술잔을 들고 옆에 서 있는데야 버틸 재간이 없었다. 그래서 딱 한 잔만 먹겠다며 건배를 하자 기다렸다는 듯이 다른 사람이 와서 또 술을 권한다. 만약에 거절을 하면 왜 다른 사람 술은 받고 자기 술은 안 받느냐고 따지면서 막무가내로 권한다. 하는 수 없이 두세 잔을 마시고 나면 얼굴은 물론 머리에서 발끝까지 모두 새빨갛게 변하고 맥박이 빨라지면서 몸에 힘이 빠지기 시작한다. 그러면 나는 화장실 간다는 핑계를 대고 밖으로 도망 나가 잠시 피해 있는다. 에어컨이 없는 바깥은 더위와 모기 때문에 숨이 차고 성가시다. 잠시 후면 중국 친구들 중에서 술이 제일 약한 양지탕이 어슬렁거리며 나온다. 나를 찾아온다는 핑계를 대고 그 역시 도망 나온 것이다. 우리 둘은 밖에서 한참을 서성거리다가 모두들 취할 무렵 다시 식당으로 들어가곤 했다. 나는 그 때 술을 잘 하지 못하는 것이 그렇게 불편한 일인 줄 처음 알았다.

2001년 7월 24일 저녁은 드디어 중국이 오매불망 그리던 올림픽 유치가 성공하는 날이었다. 그 날 우리는 투루판에서 임업국 직원의 초대로 식사를 하고 있었는데 공교롭게도 식사 시간 중에 올림픽 유치 성공의 소식이 날아들었다. 그 순간 한국인인 나와 내 아내를 제외한 모든 중국인이 자리를 박차고 일어나 만세를 부르며 환호했다. 나중에 보도를 보니 이 날 대도시에서는 시민들의 자발적인 시가 행진이 있었다고 한다. 시민들은 웃통을 벗고 각종 세숫대야와 양동이 등을 들고 나와 두드리며 올림픽 유치를 자축했다고 한다. 그런데 그 날의 문제는 베이징 올림픽의 성공이 아니라 술이었다. 그 때까지 나는 한 잔의 술로 잘 버티고 있었는데 갑자기 흥분한 중국인들이 큰 잔에 술을 따르고는 잔을 돌리기 시작하는 것이 아닌가. 그들은 중국의 올림픽 성공을 진심으로 기뻐한다면 무조건 원샷해야 하고 기뻐하지 않는다면 마시지 않아도 된다는 등 거의 협박(?)에 가까운 이상한 방법으로 술을 권하였다. 상황이 이렇게 되자 안 마시고 버틸 수도 없는 노릇이라 56도 독주를 여덟 잔이나 마시게 되었다. 갑자기 '아이고, 머리야! 천장이 빙빙 도네' 이런 생각도 잠시, 일어나 보니 다음 날 아침이었다.

우리 일행 중에서 술을 가장 잘 하는 우타오는 우리를 대표해서 점심이고 저녁이고 독주를 마셔대느라 하루도 제정신으로 다니는 날이 없었다. 매일 뻘겋게 충혈된 눈으로 술 냄새를 푹푹 풍기며 차만 타면 잠을 자는 것이다. 불쌍한 우리의 술상무 우타오! 그리고 더 대단한 사실은 우리 교수님이 끝내 한 잔의 술도 마시지 않고 신장 답사를 무사히 마쳤다는 것이다. 그들의 한결같은 공세에도 굴하지 않고 처음부터 끝까지 웃음과 콜라 한 잔으로 버티신 '의지의 중국인'이다. 물론 그들도 교수님의 연세와 권위를 고려하여 나에게 한 것처럼 협박조로 술을 권하지는 않았지만 어쨌든 콜라 한 잔으로 2주일을 버티신 교수님도 참으로 대단하시다.

신장 지역의 접대 행사는 술을 막무가내로 권한다는 것 말고 또 하나의 공통점이 있었다. 그것은 우리를 초대한 식사 자리에 그들 전 직원이 참석한다는 사실이다. 우리식으로 생각하면 대표자와 실무자 또는 술상무(?) 정도만 참석하여 손님 접대를 하는 게 일반적인데 비해 이들은 전 직원은 물론 경우에 따라서는 직원의 가족까지 모두 참석하여 한 테이블을 차지하고 식사를 한다. 그래서 때로는 우리를 위한 접대인지 자신들을 위한 회식인지 헷갈릴 때가 더 많았다. 마치 그들의 회식 자리에 우리가 덤으로 끼어 앉아 있는 느낌이 들 때가 많았다. 이런 상황을 내가 의아하게 생각하자 중국 친구는 "원래 다 그래. 베이징도 그렇지만 지방일수록 더 심하지. 공무원 월급 뻔하잖아. 언제 좋은 식당에서 귀한 요리에 고급술을 먹어 보겠어. 이런 기회에 모두 영양 보충하고 덤으로 가족도 먹이고. 원님 덕에 나팔 부는 격이지."라고 하였다.

물론 열악한 환경에서 박봉에 고생하는 그들의 처지가 이해 안 되는 것은 아니지만 주객 자체가 전도된 상황은 납득하기 어려웠다.

대개 한 시간쯤 식사하고 나면 우리는 쉬고 싶은 마음에 슬슬 그들의 눈치만 살피게 된다. 더구나 우리는 하루종일 차 안에 쭈그리고 앉아 먼길을 달려온 처지이기 때문에 그저 쉬고 싶은 마음뿐인데, 그들은 우리를 테이블에 앉혀 놓은 채 자기네들끼리 잔치를 벌이느라 정신이 없었다. 우리를 접대한다고 같이 테이블에 앉아 있던 현지 직원들도 아예 다른 테이블로 자리를 옮겨 그들과 함께 먹고 마시며 즐기고 있었다. 연세가 많으신 교수님도 연일 계속되는 강행군으로 얼굴에 피로한 기미가 역력했고, 여행인 줄 알고 신나서 따라 온 사모님은 매일 사막만 다닌 탓에 별로 흥이 나지 않는 듯했다. 이런 우리 생각과는 아무런 상관없이 그들은 먹고 마시며 노래까지 부르며 행사를 끝낼 기미를 보이지 않았다. 도대체 손님을 위한 접대인지, 자기들을 위한 회식인지 분간할 수 없는 상황이 매번 연출되었다.

주

21. 중국인이 아침에 주로 먹는 콩국.
22. 고기와 각종 야채를 넣고 만든 것으로 우리 나라 통만두와 비슷하다.
23. '수저를 사용하지 않고 손으로 먹는 음식'이란 뜻으로 한어로 의역한 명칭.

제3부 머나먼 카나스 호수

1. 강가에서의 양고기 바비큐
2. 한국은 사회주의다?
3. 낭만적인 밤
4. 나는 투와(土瓦)인
5. 상마져우(上馬酒)

"아름답다는 호수, 그러나 내게는 무지하게 먼 호수였다. 아침 8시가 되자 어제의 그 무식한 과장이 술 냄새를 풀풀 풍기면서 아침을 먹으러 가자고 찾아왔다. 함께 식사를 하고 차에 필요한 물과 간식을 실은 후 카나스 호수를 향해 출발했다. 얼마간의 평지를 지나고 나자 그 때부터는 계속 산길이었다. 우리 나라의 미시령이나 한계령 같은 산길을 열 개 정도 넘어갔는데 비포장이어서 도로 사정이 나쁘기도 했지만 폭이 좁아 마주 오는 차가 있으면 비껴가기도 매우 위험할 정도였다. 높고 험한 산길을 넘어가면서 보니 초원과 원시림이 번갈아 나타나는데, 맑고 푸른 하늘과 신선한 공기까지 더해 자연 풍광이 매우 아름다웠다."

1 강가에서의 양고기 바비큐

드디어 열흘 간의 사막 답사를 마무리하고 처음으로 여행다운 여행을 가기로 하였다. 이번 여행의 목적지는 중국 최서북부 지방의 아얼타이 산맥[24]에 있는 천연 호수 카나스(喀納斯) 호수[25]이다. 관광객의 발길이 뜸한 지역이라 자연 보존 상태가 뛰어나고 원시림과 아름다운 호수의 조화가 세계적으로 유명하다고 양지탕이 입이 마르게 칭송한 곳이다. 교수님도 소수 민족 답사로는 신장의 대부분 지역을 둘러보았지만 관광지인 카나스 호수는 가 본 적이 없다며 동행하자고 하셨다. 나는 솔직히 자연 풍광보다는 아얼타이(阿爾泰)산이라는 이름에 호기심이 발동했다. 초등학교 때부터 들어 온 아얼타이산이 어떤 곳일지 너무 궁금했다. 그래서 아얼타이산이 마치 우리 나라 산 이름 같다는 착각을 하기도 했고 오래 전부터 꼭 한 번 가보고 싶은 곳이었기 때문에 선뜻 동의할 수 있었다.

그런데 가는 여정이 문제였다. 다른 일정에 맞추려면 3박 4일의 여정으로 그 곳을 다녀와야 하는데 거리가 만만치 않은 것이다. 우루무치에서 카나스 호수까지 쉬지 않고 꼬박 하루를 가야 하고 다시 돌아오는 데에도 하루가 소요된다. 두 대의 지프차를 제공받았기 때문에 이동 방법에는 문제가 없었지만 안전한 여행을 위해 무리한 강행군을 할 수도 없는 노릇이었다. 그래서 우리는 중간 목적지를 아러타이(阿勒泰)시로 정해 아러타이시에서 하루를 자고 이튿날 일찍 카나스 호수로 떠나기로 하였다.

아얼타이산은 북으로 카자흐스탄, 동으로 몽고와 국경을 접하고 있기 때문에 우리는 출발 전 변방 통행증을 만들어야 했다. 펑주임이 모든 수속을 끝내고 나서 우리 부부에게 "카나스 호수 입구에 도착하면 검문을 할 텐데 절대로 외국인 티를 내면 안 됩니다. 외국인의 변방 통행증은 만들기가 골치 아파서 중국인 통행증을 만들었거든요."라고 하였다. 이 말을 들으니 마치 다른 사람은 갈 수 없는 금지 구역이 우리에게만 허락된 느낌이 들었다. 그러나 그건 펑 주임이 몰라서 한 소리이고 외국인은 여권만 있으면 변방 통행증이 필요 없다. 중국인인 경우에만 10위앤을 내고 1회용 변방 통행증을 만들어야 하는 것이다. 법이 바뀌고 사회가 빠르게 변화하고 있는데 대개의 중국인은 자기와 상관없는 일에는 무관심하게 지내고 있기 때문에 오히려 외국인보다 상황을 잘 모르는 경우가 종종 있다.

이른 새벽 아침을 간단히 먹고 우리는 설레는 마음으로 출발하였다. 시내를 벗어나 외곽의 공장 지대를 통과한 후 탁 트인 벌판을 계속해서 달렸다. 얼마 후 엉성한 바리게이트가 나타났고 그 옆에 도로 보수 공사를 알리는 너덜너덜한 안내판이 있었다. 앞서 가는 차들은 길에서 벗어나 뿌연 먼지를 내며 사막 위를 질주하고 있었다. 우리 차가 지프차였으니 다행이지 승용차였으면 오던 길을 되돌려야 했을 것이다. 도로를 벗어 난 지프차는 특별한 길도 없는 모래 벌판 위를 그야말로 맘대로 달리기 시작했다. 비가 내린 뒤 물이 고인 지역을 통과할 때, 물이 차 지붕 위까지 튀기는 것을 본 적은 있지만 모래가 차 지붕까지 튀어 오르는 것은 처음 보았다. 차가 심하게 흔들리거나 모래가 차 지붕을 덮을 때마다 우리는 소리를 질렀고, 그 때마다 기사는 신이 났는지 더욱 거칠게 운전을 하였다. 그러나 신기함도 잠시, 꼭 닫은 창문 사이 어디론가 모래가 들어와 머리며 얼굴이 온통 누렇게 변했다. 말을 할 때마다 입 안으로 모래가 들어가서 입 전체에서 꺼끌꺼끌하고 버석버석한 모래가 씹혔다. 차 시트와 짐들도 모두 모래로 뒤덮여서 세상이 온통 노란색 천지였다. 이렇게 한 시간 정도 달리고 나서야 정상적인 길로 접어들 수 있었다. 차에서 한참을 뛰었더니 목과 허리가 뻐근했다. 잠깐 차를 세우고는 온통 모래로 가득한 차 안을 정리하느라 먼지를 털고 청소하고 한바탕 난리를 친 후 다시 출발하였다. 벌써 네 시간을 달리고 있는데 창 밖의 풍경은 똑같은 그림의 반복이다. 모래, 도랑, 약간의 나무와 밭, 그리고 다시 모래, 이게 전부였다. 지루하기도 하고 배가 고파서 우리는 출발할 때와는 다르게 천천히 몸이 늘어지고 있었다.

　이 때 반가운 소식이 날아왔다. 잠시 후 차커투(恰克圖) 마을에 도착하면 점심을 먹는다는, 자다가도 눈이 번쩍 뜨일 뉴스였다. 미리 연락을 받았는지 순찰 오토바이가 우리를 기다리고 있다가 앞

서서 에스코트하며 우리를 강가의 하사커족 장펑으로 안내했다. 장펑 입구에는 챠커투현의 현장이 우리를 기다리고 있었다. 시원한 강가에 자리 잡고 있는 장펑은 전문적으로 손님들에게 하사커 음식을 대접하는 식당 겸 방갈로식이었다. 식당 주인과 그의 가족은 음식 준비에 분주하게 움직이고 있었다.

우리는 뜨거운 햇볕을 피해 장펑 안으로 들어갔다. 장펑의 높이는 약 4~5m이고 바닥은 원형으로 지름이 7~8m 정도이다. 안에는 바닥에 양탄자가 깔려 있고 벽면에도 장식용 양탄자가 걸려 있었다. 그리고 가장자리 쪽은 침구가 가지런히 정돈되어 있었다. 겉으로는 전통적인 장펑의 양식을 갖추고 있었지만 이미 상업화된 곳이기 때문에 유목민의 전형적인 장펑 구조와는 약간의 차이가 있었다. 우리는 신발을 벗고 넓은 양탄자 위에 둥글게 둘러앉았다. 하사커족은 손님을 접대할 때 귀한 사람일수록 출입문으로부터 먼 곳에 앉게 한다. 장펑의 바닥이 원형이기 때문에 출입문에서 가장 먼 곳은 바로 출입문의 정반대가 된다. 그들의 전통에 따라 정가운데는 교수님이 앉으셨고, 그 좌우로 펑 주임, 현장, 나, 우타오, 양지탕, 그리고 사모님과 아내는 문 쪽 끝자리에 앉게 되었다. 플라스틱 접시에 하사커족이 직접 만든 황여우(黃油)와 낭, 발효 음료, 과자, 나이차 등이 들어왔다. 이 음식들은 일종의 애피타이저인데 주식이 나올 때까지 담소를 즐기면서 간단히 입맛을 돋우는 것이다. 그 중에서 그들이 손수 만든 황여우는 버터와 같은 것으로 맛이 기가 막혔다. 아내도 태어나 이렇게 부드럽고 향기로운 버터는 처음이라고 하며 다른 음식은 거들떠보지도 않고 계속 갓 구운 낭에 황여우만 발라 먹었다.

이 때 문이 열리면서 조금 전에 오토바이를 타고 우리를 안내했던 경찰이 살아 있는 작은 양 한 마리를 오른쪽 옆구리에 끼고 들어왔다. 오늘의 주빈이고 소수 민족 문화의 전문가인 교수님이 고개를 끄덕이자 그는 다시 양을 데리고 나갔다. 이것은 양이 손님 맘에 드는지를 묻는 것이었지만 내게는 양에게 이 손님들을 위해 기꺼이 한 목숨 바치겠는가 하고 동의를 구하는 것으로 여겨졌다. 말로만 듣던 양고기 바비큐를 하는 모양이다. 한 시간이 지나서 그는 큰 쟁반을 들고 들어왔는데 밑에는 잘게 썰어 놓은 양고기가 깔려 있었고 그 위에 양머리가 통째로 올려져 있었다. 가장 상석에 앉은 교수님 앞으로 가서 양 얼굴의 볼에 붙어 있는 살을 칼로 베어 공손히 내밀었다. 교수님이 받아 드시고 흡족한 표정으로 고개를 끄덕이자 그는 좌중에 있는 사람들에게 같은 방법으로 양의 볼 살을 권하였다. 이것은 손님에 대한 존경의 뜻으로 행하는 의식이기 때문에 나도 신기하고 감사한 마음으로 받아 먹었다. 그러나 솔직히 양의 볼 살이라고 해서 특별히 맛있거나 한 것은 아니었다. 남자들의 양고기 시식이 끝나자 이번에는 여자들의 양고기 시식 차례가 되었다. 사모님과 아내에게는 귀를 먹으라고 잘라 주는 것이 아닌가. 원래 여자와 어린아이에게는 귀를 잘라 주는 것이 전통이라고 한다. 성인 남자는 존엄성을 인정받지만 여자나 아이는 사회적으로 홀시당하는 전통이 반영된 것이다. 어쩌면 한정된 양의 볼 살을 모두에게 나누어 줄 수 없기 때문인지도 모르겠다. 아내와 사모님은 뚝 잘린 귀가 앞 접시에 놓이자 놀란 표정으로 먹지도 못하고 그저 쳐다보기만 하였다.

드디어 식사가 시작되었다. 부위별로 잘린 양고기와 함께 각종 채소를 곁들이니 고기 맛이 배가되었다. 원래 하사커족은 유목민족이기 때문에 야채를 거의 먹지 않지만 한족과 접촉하면서 야채를 즐겨 먹게 되었다. 이것은 그들이 유목 위주의 생활에서 농업 위주의 생활로 전환되는 과정이라는 것을 잘 보여 주는 예이다. 그러나 이것도 농업 지역의 하사커족에게서만 볼 수 있는 일이고 다른 유목 지구에서는 야채를 구경하기도 힘들다. 식사 시에는 역시 술이 빠질 수 없기에 우리의 술상무 우타오 교수님을 대신하여 계속해서 현지인들과 건배를 하고, 나는 여느 때와 마찬가지로 슬그머니 빠져 나와 장펑 주위를 구경하였다.

   장펑 뒤쪽으로 돌아가니 하사커족 젊은 여자 하나가 아이들의 간식용이자 손님 접대용인 여우뼹을 튀기고 있었다. 얼핏 보기에 그녀는 서른 살이 넘어 보였지만 나중에 알고 보니 스물 둘밖에 안 된 젊은 새댁이었다. 그것은 사막의 건조한 기후와 열악한 생활 환경 때문인 듯했다. 나는 여우뼹을 만드는 과정을 자세히 관찰하면서 그 여자와 이야기를 나누게 되었다. 그녀는 매일 도시에서 찾아오는 관광객에게 음식을 팔아 생활을 유지하고 있지만, 도시인들을 고운 시선으로 바라보지는 않았다. 자신들은 이렇게 고생하면서 어려운 생활을 하고 있는데 도시 사람들은 행복하게 여행이나 다니는 것을 불공평하다고 생각하고 있었다. 그래서 처음 내가 말을 걸었을 때는 쌀쌀한 표정으로 귀찮게 굴지 말라는 듯이 눈도 마주치지 않았다. 내가 뻬이징에서 왔지만 중국인이 아니라 한국 사람이라고 하자 그녀는 "외국인이라면서 왜 중국인과 비슷하게 생겼고 중국말을 하느냐?"고 물었다. 나는 그녀가 한국을 모르고 있는 것 같아 "조선족 알아요? 조선족이 우리와 같은 민족이에요."라고 설명을 하니 그녀는 그제야 고개를 끄덕이며 관심을 나타내었다. 이어서 그녀는 "당신들은 돈이 많아 여행도 다니고 좋은 옷도 입고 구경도 많이 할 수 있지만 나는 시골에서 매일 똑같은 일만 반복하고 있다. 이젠 지겨워서 도시로 가고 싶은데 방법이 없다."는 등등의 하소연을 늘어놓기 시작하였다. 그녀와의 대화를 통해 그 곳 하사커족의 생활에 대해 자세히 알 수 있었다. 그 곳의 하사커족은 여름에 강을 건너와 장평을 짓고 관광객이나 주민들을 상대로 음식을 팔아 생계를 유지한다고 했다. 그리고 겨울에는 다시 강을 건너가 생활하는데, 강 건너에는 100여 호의 집이 있고 대부분 농사를 위주로 하면서 양도 기르고 있다고 했다. 마을에는 초등학교가 있어 어린아이들은 집에서 통학할 수 있지만 중학교는 멀리 떨어져 있어 학교를 보내는 데 돈이 많이 든다고 했다. 어차피 공부를 해도 생활에 별 도움이 되지 않기 때문에 많은 아이가 초등학교만 졸업하고는 집에서 가축을 돌보거나 농사일, 장사 등을 돕는다고 했다. 이 더운 여름날 매일 불 옆에서 튀기고 굽고 고단한 삶을 사는 그녀에게도 희망은 있었다. 남편이 돈 벌러 도시에 나가 장사를 하고 있는데 장사가 잘 되어 돈을 많이 벌면 자기와 아이를 데리러 올 거라며 은근히 자랑하였다. 행복이나 불행이라는 것도 다 마음먹기 나름인데, 희망이 있으니 그래도 행복할 것이라는 생각이 들었다. 나는 그녀의 두 돌 된 아이를 한 번 안아 주고 강가로 향했다.

강가에 서니 시원한 물줄기가 제법 빠른 속도로 흘러가고 있었다. 물은 그다지 깊지 않아 투망을 던지는 사람들도 보였다. 멀리서 "한국 친구, 들어와요."라는 소리가 들려 바라보니 운전기사

둘이 옷을 홀딱 벗고 물놀이를 하고 있었다. 손을 흔들어 아는 체를 하니 들어오라고 난리다. 그냥 흐르는 물만 보아도 마음이 시원해져 강가를 배회하고 있는데 뒤에서 교수님이 다가와 나를 불렀다. 교수님도 술자리가 길어지자 피하여 나온 눈치였다. 교수님은 강을 바라보며 이 지역의 역사를 옛날 이야기하듯 설명해 주셨다. "이 강은 어얼지스(額爾齊斯)[26]라고 하는데 역사적으로도 아주 유명한 곳이지. 고대부터 이 강을 차지하려고 부족 간, 민족 간에 전쟁이 끊이지 않았어. 흉노, 선비, 유연, 돌궐, 몽고 등 각 민족이 운명을 걸고 싸운 곳이지. 이 지역을 잃은 민족은 결국 시간이 얼마 지나지 않아 역사에서 사라지곤 했어. 내륙 지방의 강에 비하면 넓은 시냇물 정도에 지나지 않지만, 이 지역에서는 매우 중요한 수자원인 셈이지. 이 강의 연안을 따라 마을이 형성되고 농사를 짓게 되었거든. 그래서 이 지역 하사커족은 이동을 하지 않고 흙으로 집을 짓고 정착 생활을 하게 된 거야. 저 강 건너 집들 보이지? 저게 바로 그들이 사는 집이야."라고 보충 설명을 해 주셨다. 조금 전에 하사커족 여자에게 들은 내용에 교수님의 설명을 더하니 이 지역의 특징을 쉽게 이해할 수 있었다.

   점심 식사는 이미 세 시간째 계속되고 있었다. 한번 앉아서 먹기 시작하면 보통은 두 시간, 길면 다섯 시간까지도 이어졌다. 갈 길은 먼데 반도 못 와서 밥 먹는 일로 너무 많은 시간을 낭비한다는 생각이 들었다. 그렇다고 접대하는 사람의 성의를 무시하고 먹자마자 일어설 수도 없는 노릇이어서 인내심을 갖고 기다리는 수밖에 없었다. 드디어 술에 취한 불쌍한 우타오가 장평을 나오더니 그 뒤를 따라 한족 현장과 하사커족 경찰이 나왔다. 이로써 하사커족의 점심은 거의 네 시간이 돼서야 마무리되었다. 아내와 사모님은 이미 차에 탄 채 졸고 있었다. 시계는 이미 오후 다섯 시가 다 되어 갔다. 지금부터 다섯 시간을 더 달려야 아러타이시에 도착하니 그 동안 푹 쉬라는 기사의 말에 우리는 한숨을 쉬며 차에 올랐다. 호수가 얼마나 아름다운지 기필코 보고야 말겠다는 오기까지 생겼다.

주

24. 신장 최북부에 위치하고 있으며 서고동저(西高東低)의 형세로 평균 높이는 해발 3,000m이고, 총 길이는 4,000여 km에 이른다.
25. 아얼타이산 남부에 위치하며 해발 1,370m, 길이 25km, 폭 1.6~2.9km, 총 면적 37km², 수심 177m이다.
26. 신장 지역에 흐르는 강 중에서 유일하게 바다로 이어진다. 아얼타이산 동남부에서 시작하여 북극해까지 총 길이는 2,696km이고, 그 중 약 600km는 신장 지역을 통과하고 있다.

2 한국은 사회주의다?

다시 카나스 호수를 향해 출발하려고 차에 타자마자 우리는 식곤증으로 서로의 어깨에 머리를 기대고 저절로 잠이 들었다. 한숨 자고 일어나니 창 밖의 경치가 많이 변해 있었다. 이제는 황량한 모래 벌판이 아니라 황토흙도 나타나고 초원과 크고 작은 녹색 산들이 멀리 보였다. 피부에 와 닿는 공기도 선선해지고 있는 것으로 보아 우리가 상당히 북쪽으로 이동했다는 것을 알 수 있었다. 아러타이시는 작은 규모의 시라 높은 건물은 없었지만 비교적 깨끗하였다. 그리고 국경선이 가까운 지역이라 곳곳에 군부대가 많았다. 줄을 맞추어 구보하는 군인들과 트럭을 타고 이동하는 군인들도 자주 볼 수 있었다. 드디어 우리의 중간 목적지인 아러타이시의 한 호텔에 도착하였다. 시계는 이미 밤 10시를 가리키고 있었지만 이 곳 시간으로는 8시밖에 안 돼 하늘은 어두워지는 중이었다. 방에 짐을 풀고 나니 만찬이고 뭐고 다 그만두고 잠이나 잤으면 좋겠다는 생각만 간절하였다. 그러나 그럴 수도 없는 노릇. 우리 입장에서는 매일 반복되는 부담스런 식사 자리였지만 접대하는 사람들 입장에서는 일 년에 몇 번 되지 않는 호화스러운 회식 자리였기 때문이다. 10시 30분부터 저녁 식사가 시작된다고 하니 언제쯤 끝날 수 있으려나? 마지못해 끌려가는 기분으로 호텔 2층 식당에 들어섰다.

아러타이시 시장, 임업국 국장, 과장 등이 예정보다 늦게 도착한 우리를 기다리고 있었다. 먼저 간단하게 포도주 한 잔씩 건배한 후 식사가 시작되었다. 서로 생면부지의 낯선 이들과 함께 식사를 하다 보면 초반에는 긴장감과 숙연함이 감돌기 마련이다. 어색한 분위기를 부드럽게 하기 위해 과장이 일어나서 모두에게 술을 따라 주며 우스갯소리를 늘어놓았다. 그는 생긴 것도 완전히 술고래처럼 생긴데다가 그의 코는 딸기코였다. 술잔이 몇 잔 오가면서 우리가 한국인이라고 하자 그는 한국이 어디에 있는 나라냐며 갸우뚱거렸다. 그의 옆에 앉은 다른 직원이 한국은 남조선을 가리키는 것이라고 귀띔해 주자 그는 잘 알고 있다는 듯이 고개를 끄덕이더니 벌떡 일어났다. 그리고는 나를 향해 건배를 제의하면서 "남조선은 우리와 같은 사회주의 국가니 우린 형제나 다름없지요. 반갑습니다. 동지!"라고 하는 것이 아닌가! '앗! 동지라니? 한국이 언제부터 사회주의 국가였지? 이게 무슨 김밥 옆구리 터지는 소리냐?' 나는 웃음이 터져 나오는 걸 억지로 참으며 한 모금 마시고는 술잔을 내려놓았다. 그러자 그는 내가 술잔을 다 비우지 않은 것을 보고 "중국이나 조선이나 일본은 다 같은 민족이고 형제인데 어째 술을 안 마시느냐? 얼굴 생김새도 같고 한어를 사용하니 우리는 같은 민족이다. 자 마시자!"라고 큰 소리로 떠들어 댔다. 일이 이쯤 되자 무식도 도가 지나치다는 생각이 들었다. 실제 중국에 온 후로 우리 나라를 마치 중국의 소수 민족쯤으로 여기고 있는 중국 사람을 간혹 보았기 때문에 더욱 불쾌한 생각이 들었다. 점점 흥이 오르는 그와 반대로 나는 점점 화가 치밀기 시작했다. 그래서 "중국 공무원은 시험도 안 보고 뽑나 보지? 매일 술만 마시니 사회주의와 자본주의도 헷갈리나 보구나."라고 일침을 가했다. 순간 분위기가 썰렁해지면서 묘한 시선이 오가고 잠시 어색한 침묵의 시간이 흘렀다. 이 때 교수님이 일어나 건배를 제안하며 환대해 주어서 감사하다는 말로 그 분위기를 수습했다. 좌중은 다시 화기애애해진 모습으로 돌아갔으나 나는 그 친구를 곱지 않은 눈빛으로 응시했고 그는 나와 눈이 마주치지 않으려고 계속 딴청을 부렸다. 결국 나는 친구들과 교수님의 체면을 생각해서 참기로 하고 담배를 피우러 밖으로 나갔다. 그러자 양지탕, 우타오, 나중에는 교수님까지 따라 나와서는 나에게 그가 무식해서 한 말이니 개의치 말라고 하였다. 아울러 우타오도 '88 올림픽' 전까지는 한국이란 단어를 들어보지도 못하였으며 남조선은 미제국주의하에서 고생하며 살고 있는 줄 알았다고 하였다. 사실 그의 무식이 지나쳐 화가 난 것은 사실이지만 사람들이 따라 나와 심각하게 얘기하니 내 입장이 더 난처해져 버렸다.

그 날 저녁도 결국 우타오만 남아 술 상대를 해 주고 나와 아내, 그리고 교수님과 사모님은 피곤하다는 이유로 먼저 자리를 떴다. 방에 들어가니 특이한 유리창이 눈에 들어왔다. 유리와 유리의 사이가 20cm 정도씩 간격을 두고 3중으로 되어서 추운 겨울 강한 바람을 효과적으로 막을 수 있도록 설계되어 있었다. 유리창만 보아도 이 곳이 겨울에 얼마나 추운지 상상할 수 있었다. 피곤이 몰려오고 술기운이 퍼지면서 나는 침대에 고꾸라져 그대로 잠이 들어 버렸다. 그 날 밤 꿈 속에서 무식한 아러타이시 임업국 과장이 인민군 복장을 하고 나타나 사사건건 나에게 시비를 거는 바람에 다음 날은 하루종일 머리가 지끈거렸다.

3 낭만적인 밤

아름답다는 호수, 그러나 내게는 무지하게 먼 호수였다. 아침 8시가 되자 어제의 그 무식한 과장이 술 냄새를 풀풀 풍기면서 아침을 먹으러 가자고 찾아왔다. 함께 식사를 하고 차에 필요한 물과 간식을 실은 후 카나스 호수를 향해 출발했다. 얼마간의 평지를 지나고 나자 그 때부터는 계속 산길이었다. 우리나라의 미시령이나 한계령 같은 산길을 열 개 정도 넘어갔는데 비포장이어서 도로 사정이 나쁘기도 했지만 폭이 좁아 마주 오는 차가 있으면 비껴가기도 매우 위험할 정도였다. 높고 험한 산길을 넘어가면서 보니 초원과 원시림이 번갈아 나타나는데, 맑고 푸른 하늘과 신선한 공기까지 더해 자연 풍광이 매우 아름다웠다. 언덕 너머 하사커족 유목민들이 지은 장펑이 보이기도 하고 소 떼와 양 떼, 말 떼가 평화롭고 자유롭게 노니는 모습도 보였다. 오랜만에 건조한 지역을 탈출하여 느껴 보는 향긋한 풀 냄새와 촉촉한 공기는 상쾌함 그 자체였다. 창문을 열고 시원한 바람을 온몸으로 맞으며 하루종일 산 속을 달렸다.

가는 길에 간단히 점심을 먹고 차 안에서 한숨 자고 있는데 펑 주임이 우리를 깨우더니 입구에 도착해서는 절대 한국어를 하지 말라고 당부하였다. 사실, 큰 소리로 한국 노래를 불러도 아무 상관없는 일이었지만 모르는 척 그의 말을 따르기로 하였다. 시계를 보니 이미 오후 다섯 시를 가리키고 있었다. 이윽고 카나스 호수의 입구가 나타나고 펑 주임이 우루무치 임업국에서 발급한 협조 공문을 보여 주자 우리는 모두 무사히 공짜로 들어설 수 있었다. 맑은 급류가 흐르는 계곡을 건너자 풀 냄새, 나무 냄새, 흙 냄새에 말똥 냄새까지 섞인 촉촉한 공기가 원시림의 느낌을 한층 더해 주었다. 우리는 갑자기 추워진 날씨 때문에 우루무치에서 쏜퀘이에게 빌려 온 겨울옷을 하나씩 꺼내 입어야 했다. 베이징에서 출발할 때 내가 두꺼운 옷 한 벌 정도는 준비해야 하지 않겠냐고 물어 보니까 한여름 그것도 사막으로 가는데 무슨 겨울옷이 필요하냐고 큰소리치던 양지탕은 베시시 웃으며 잠바 하나를 꺼내 입었다.

산으로 들어서서 30분 정도 달리자 산봉우리에 뿌연 안개가 자욱하더니 빗방울이 떨어지기 시작하였다. 산과 산 사이에 넓은 초원이 펼쳐져 있고 그 위에 빨간색, 파란색 지붕의 예쁜 통나무 집이 보였다. 통나무로 지어진 2층집들은 매우 이색적인 정취를 느끼게 해 주었는데, 주로 여름 관광객이 자고 가는 여관이었다. 가격은 보통 1인당 100위엔이지만 현지 직원의 도움으로 할인을 받아 70위엔에 묵기로 하였다. 이 지역에서는 하나밖에 없는 여관이라 비싸도 어쩔 수 없이 이용해야 했다. 겉모습과는 달리 방의 시설은 형편없었다. 난방 시설이 전혀 되어 있지 않아 시트와 이불은 습기로 축축했고 실내 화장실은 고장이라 200m 밖에 있는 공중변소를 이용해야 했다. 하루종일 차를 타고 달려왔기 때문에 따뜻한 물로 목욕도 하고 피곤도 풀고 싶었는데 온수는 기대할 수도 없었고 그나마 냉수도 양치질이나 겨우 할 정도만 공급되고 있었다. 추워서 목욕은 엄두도 내지 못하고 세수만 한 다음 저녁을 먹기 위해 정해진 식당으로 갔다. 풀밭길 위에는 여기저기 소똥과 말똥이 널려 있어 이를 밟지 않고 피해 가는 고난도의 기술이 필요했다.

이 곳의 식당은 장평 형식의 건축 구조로 되어 있어 이색적인 정취를 더했다. 식당은 음식을 먹으면서 소형 무대 위에서 공연되는 하사커족의 춤과 음악을 감상할 수 있도록 되어 있었다. 손님용 테이블이 원형 천막의 테두리를 따라 가장자리로 둥글게 배치되어 있기 때문에 가운데 공간에서는 손님들이 흥겹게 춤을 출 수 있었다. 관광지라 음식값이 좀 비싸기는 하였지만 이색적인 공연을 감상할 수 있어 좋았다. 이윽고 음악이 연주되고 배꼽이 드러난 옷을 입은 무희가 하사커족과 웨이월족 전통 춤을 추기 시작했다. 적당히 분위기가 무르익자 무대 위의 무희들이 홀로 내려와 춤을 추면서 주위 손님들을 손짓하여 불러내었다. 결국 좁은 홀 안에 70여 명의 남녀가 뛰어나와 춤을 추어 발 디딜 틈조차 없게 되었다. 어떤 이는 웨이월족의 춤을 신나게 추고 어떤 이는 정체 불명의 춤을, 또 한쪽에서는 디스코 파티가 벌어져 각양각색의 춤판이 어우러졌다. 빠른 춤곡이 끝나고 느린 춤곡이 흘러나오자 이번에는 쌍쌍이 나와서 사교춤을 추기 시작했다. 사모님도 교수님에게 춤을 추자고 계속 졸라 대자 교수님은 쑥스러워하며 사모님에게 끌려 무대로 나가셨다. 우리는 호기심에 두 분의 춤 추는 모습을 주시하였다. 놀랍게도 교수님의 춤솜씨는 대단하였다. 품위와 격조를 지닌 자세로 음악에 맞춰 날렵하게 춤을 추었다.

중국인들은 춤을 생활의 일부라고 생각한다. 어려서부터 무용 배우는 것을 아이와 부모가 다 같이 좋아한다. 실제 베이징 중앙 민족대학 무용과와 무도 학원에는 무용을 배우기 위해 찾아오는 사람들이 줄을 선다. 그것도 면접을 통해 다리가 길고 예쁜 사람만을 선발하기 때문에 떨어지면 줄을 대서라도 뒷문으로 입학시키려고 한다. 새벽에 공원이나 동네 공터를 가 보면 늘 춤추는 사람들이 가득하다. 하지만 우리는 춤에 대한 좋지 않은 선입견을 갖고 있기 때문에 아침부터 공원에서 남녀가 쌍쌍이 춤을 춘다면 뉴스거리가 되기에 충분할 것이다. 물론 나도 춤은 전혀 못 추기 때문에 배우고 싶은 마음은 있지만 선뜻 실천에 옮기지 못하고 있는 것도 따지고 보면 우리 문화 때문이 아닌가 생각한다.

저녁을 먹고 공연도 구경하고 춤판도 끝나고 나니 10시가 다 되었다. 슬슬 따분해지기 시작할 무렵 양지탕이 2차를 가자고 제안했다. 어디에선가 들은 바에 의하면 야외 무대에서 가수와 무용수들이 공연을 하는데 관람도 하고 같이 참여할 수도 있다고 한다. 밤에 특별히 할 일도 없고 주위가 너무 어두워 산책도 할 수 없으니 가서 구경이나 해 보자며 야외 무대를 찾아 나섰다. 알고 보니 그 야외 무대는 원래 소를 가두는 둥근 울타리였다. 손님이 많은 여름밤에는 간단하게 개조해 야외 무대로 쓰는 모양이었다. 울타리 안에서 소수 민족의 전통옷을 입고 춤을 추는 무희들이 보였다. 물론 이 곳도 입장료만 20위엔이었다. 그러면 그렇지 중국에 공짜가 어디 있을라고? 안으로 들어가니 정면에는 출연자들이 노래도 하고 연주도 할 수 있도록 높은 무대가 있었고 아래에는 둥글게 나무를 이어 만든 단상이 있었다. 그리고 둥근 단상 중앙에는 장작불을 피워 놓았는데 새까만 밤하늘에 새빨간 불꽃이 대조를 이루어 축제 분위기를 고조시키고 있었다. 높은 무대 위에서는 무희들이 음악에 맞춰 춤을 추고 사람들은 자유롭게 단상에 올라가 장작불을 빙빙 돌며 춤을 추었다. 흘러나오는 음악에 따라 모두들 흥겹게 춤을 추기도 하고 무대 위의 무희들을 따라 소수민족 춤을 흉내내기도 하였다. 우리는 춤을 추는 것이 어색했지만 추워서 가만히 서 있을 수만은 없었기 때문에 무대 위에 올라가 체조를 하였다. 춤은 안 되고 춥기는 한데 불 가까이 가려면 그 방법밖에 없었다. 이 때 아주 서정적이고 아름다운 선율의 음악이 흘러나왔다. 나는 처음 듣는 음악이지만 단번에 음악 소리에 빠져버렸고 노래를 아는 사람들은 조용히 따라 불렀다. 애잔하고 감미롭기도 한 선율이었다. 알고 보니 '모스크바 교외의 밤'이라는 음악이었다. 그 음악의 선율이 너무나 인상적이어서 베이징에 오자마자 CD를 구입하여 가끔 듣곤 하는데, 지금도 눈을 감고 들으면 아얼타이산의 촉촉하고 싸늘한 밤공기와 빨갛게 타오르는 장작불, 무희들이 아름답게 춤추는 장면이 선명하게 떠오른다.

축제는 밤새 계속되는 것 같았지만 우리는 내일의 일정을 위해 새벽 1시쯤 숙소로 돌아왔다. 대충 씻은 후 쉬고 있는데 우타오와 양지탕이 밖으로 불러냈다. 밖에 나가 보니 어둠 속에 셋이 서 있었는데 다른 한 명은 하사커족 아가씨였다. 그녀는 한어가 아주 유창하여 한족으로 착각할 정도였다. 그녀는 자신의 장펑에서는 숙박비가 10위엔이고 아침 식사도 제공한다며 손님을 모으고 있는 중이었다. 우리는 이미 여관을 정했기 때문에 그녀의 장펑으로 갈 수는 없었다. 그러나 현직 변호사인 양지탕의 언변에 넘어간 그녀가 적극적으로 차를 대접하겠다고 하여 우리 셋은 다른 사람 몰래 잠시 그녀의 집으로 놀러 갔다. 산쪽으로 20여 분을 올라가니 넓은 풀밭 위에 지은 장펑이 하나 나타났다. 안으로 들어가니 늑대 가죽이 중앙에 걸려 있고 바닥에는 양탄자가 깔려 있었다. 비교적 깨끗하고 아름답게 꾸며져 있었다. 물론 전기가 없어 석유등을 켜고 있었지만 충분히 실내를 관찰할 수 있었다. 그녀는 우리에게 과자와 나이차, 빵, 꿀 등을 접대하였다. 알고 보니 그녀는 신장사범대학을 한 달 전에 졸업했고 가을부터는 아러타이시의 중학교에 부임할 예정이라고 했다. 부임을 기다리며 잠시 아르바이트를 하는 중이라고 설명해 주었다. 그녀는 중앙민족대학에서 왔다는 소리에 친근감을 느껴서 우리를 특별히 초대하였노라고 말하였다. 중앙민족대학은 소수 민족의 최고 학부이기 때문에 지방의 소수 민족들은 중앙민족대학을 대단하게 생각한다. 한번은 농촌에서 만난 어떤 소수 민족에게 우리가 중앙민족대학 박사 과정에서 공부하는 학생이라고 소개하자 그는 학교는 알겠는데 박사 과정이 뭐하는 데냐고 되물어 우리를 황당하게 만든 적도 있었다. 이들은 학부 이상의 대학원 과정이 있다는 것조차 모르고 있는 경우가 허다했다. 한밤의 대화는 유쾌하고 때로는 진지하게 이어졌으며 우리는 가을에 꼭 발령을 받아 좋은 선생님이 되기를 기원한다는 말과 함께 작별 인사를 하고 숙소로 돌아왔다.

이튿날 아침 일어나 보니 수도꼭지에서 물이 나오지 않았다. 할 수 없이 밖으로 나와 차디찬 개울물에 세수를 하고 아침 안개가 서서히 걷히는 장관을 여유 있게 바라보았다. 그리고 아침을 먹은 후 드디어 최종 목적지인 카나스(喀納斯) 호수를 보러 갔다. 카나스 호수는 최근 5년 사이에 개방되었고 교통도 불편하고 찾는 사람도 그다지 많지 않아 아직 오염되지 않은 지역이다. 신장성 정부에서는 앞으로 우루무치에서 카나스 호수로 직행하는 헬기 항로를 개설하여 관광 수입을 늘리겠다는 계획을 하고 있다. 지도책과 현지의 안내판에는 '카나스'라고 분명히 쓰여 있지만 현지인들은 모두 '하나스'로 발음하였다. 이 지역 언어를 한자로 음역하는 과정에서 'h'와 'k'의 중간 발음을 표기할 수 없어 편의상 '카나스'라고 한 것이다.

호수는 매우 깨끗하고 맑아 물 속의 손바닥만한 고기 떼들까지 선명하게 보였다. 모터보트를 타고 호수를 구경하는 이들도 있었지만 1인당 100위엔씩이나 들여 가며 보트를 타고 싶지 않았다. 그래서 우리는 근처의 산으로 올라가 넓게 펼쳐진 호수를 바라보며 시원한 바람도 쐬면서 들꽃을 꺾어 화관도 만들고 모처럼 여유 있는 시간을 즐겼다. 호수와 주변 경관은 자연 그대로의 모습을 간직하고 있어 매우 아름다웠지만 하루 이상의 시간을 투자해 꼭 가야 할 곳은 아닌 듯하다. 나는 신장을 여행하는 사람에게 각 지역의 문화를 보는 데는 시간과 경비를 아끼지 말라고 조언하고 싶지만 카나스 호수를 보기 위해서는 무리하게 시간과 돈을 투자하지 말라고 당부하고 싶다.

❹ 나는 투와인

산행을 마치고 일행들이 점심을 먹는 동안 교수님과 나, 우타오, 양지탕은 이 곳에 살고 있는 소수 민족의 집을 방문하기로 하였다. 집이 보이는 곳까지는 차를 이용했지만 차가 들어갈 수 없는 곳에서부터는 걸어가야 했다. 한 시간을 걸어가니 일렬로 늘어선 통나무집 16채가 있었다. 이들은 대부분 몽고족이라고 하였다. 첫 번째 들어간 집에는 어른들이 모두 일을 나가 아이들밖에 없었다. 우리는 아이들과 친해지기 위해 사진도 찍어 주고 이런저런 얘기를 나누며 낯을 익혔다. 집 안 중앙에는 여우 가죽이 걸려 있고 나무 바닥과 의자, 침대 위에는 모두 양탄자가 깔려 있었다. 벽에는 쟝쩌민(江澤民) 주석과 칭키스칸의 사진이 나란히 걸려 있어 그들이 중국인이지만 동시에 몽고족이라는 것을 시위하고 있는 것처럼 보였다.

두 번째 방문한 집에는 마침 노인 3형제와 며느리, 딸이 있었다. 노인과 딸은 술을 마시고 있었으나 며느리는 혼자 빨래를 하고 있었다. 며느리는 매일 집에서 2km 떨어져 있는 개울에서 물을 길어 와 식사를 준비하고 집안일을 해결한다고 하였다. 며느리와 얘기하고 있는 소리를 들었는지 방 안에서 노인들이 나와 우리를 친절하게 맞이하였다. 그 중 맏형인 노인이 자기 집으로 가자며 손을 잡아끌었다. 세 노인 형제 중 막내는 향장(鄕長)을 하다 퇴직했다고 하며, 다른 두 형제는 현재까지 방목과 농사일을 하고 있다고 했다. 그들은 대낮인데도 술이 얼큰하게 취해 얼굴은 물론 코끝까지 벌개져 있었다. 변방의 소수 민족들은 대체로 술을 매우 좋아하여 하루종일 취한 채로 지낸다고 하더니 지나친 과장은 아닌 듯싶다.

▶나는 중국인이자 자랑스런 몽고족!
— 장쩌민 주석과 칭기스칸의 사진이 나란히 걸려 있는 투와인의 가정

맏형 노인 집으로 가서 이 지역의 소수 민족에 대해 한창 이야기하고 있는데 갑자기 막내 노인이 일어나서 무언가를 한 아름 들고 왔다. 그리고는 책상에 늘어놓은 채 하나씩 집어 들면서 이건 언제 무슨 일로 받은 상장이고 이건 언제 무슨 공로로 받은 훈장이고 하는 등의 자랑을 늘어놓기 시작하였다. 소수 민족 지역을 많이 답사해 보신 교수님은 그가 집어 드는 상장을 하나씩 큰 소리로 읽으면서 모두 훌륭하다고 크게 칭찬을 하셨다. 신이 난 노인은 자신이 상하이(上海), 난징(南京)에도 다녀왔으며 홍콩과 마카오가 중국에 반환되어 근심이 줄었지만 자기 생전에 대만까지 통일했으면 좋겠다고 이야기하였다. 아울러 우리를 뻬이징에서 온 간부들로 착각하고 공산당의 영도하에서는 모든 일이 잘 될 거라는 얘기도 잊지 않고 덧붙였다. 그리고 자신들은 몽고족으로서 옛날부터 이 지역에 살았으며 지금도 이 지역의 주인이라는 점을 누누이 강조하였다.

이 때 맏형 노인의 딸이 갑자기 와서는 자기 집으로 가자며 우리를 막무가내로 끌고 갔다. 그녀는 집에 들어가서 내가 어릴 때 쓰던 것과 똑같은 다리를 접었다 폈다 하는 둥근 밥상을 펴고는 딱딱한 빵과 꿀, 그리고 발효 음료인 마나이져우(馬奶酒)[27]를 한 대접씩 따라 주었다. 꿀은 자연산이라 매우 향기롭고 맛있었지만 빵은 너무 딱딱해서 먹을 수가 없었다. 그리고 마나이져우는 발효가 너무 되었는지 거품이 일고 신 냄새가 풍기는 데다가 맛까지 매우 시큼하였다. 우타오와 양지탕은 한 모금 마시고 나서 도저히 못 먹겠다며 내려놓았지만 교수님은 여자의 성의를 생각해서 끝까지 다 마셨다. 나도 맛은 이상하다고 느꼈지만 배고픈 김에 두 눈 딱 감고 원샷으로 마셨다. 그러자 우타오와 양지탕이 도와 달라는 눈빛을 보내 왔다. 나는 속으로 '그래 네가 지금까지 나를 대신해서 마셔 준 술이 얼마인데, 이까짓 거야.'라고 생각하며 연거푸 두 잔을 비웠다.

그런데 사실 그녀의 접대에는 다른 목적이 있었다. 술기운에 얼굴이 뻘겋게 오른 여자는 자신을 현에 있는 중학교 교사라고 소개하고는 자신들이 억울하다는 하소연을 늘어놓기 시작하였다. 원래 그녀는 몽고족이 아니라 투와(土瓦)족이며 투와족은 몽고족과 엄연히 다른 독립된 민족이라는 것이다. 술기운 탓인지 그녀는 다소 격앙된 표정과 흥분된 목소리로 지방 정부에 대한 원망을 두서 없이 늘어놓았다.

그녀는 카나스 호수 주변은 천 년 가까운 오랜 세월 동안 그녀의 조상이 대대로 살아온 터전인데 왜 원주민들을 쫓아내는지 알 수 없으며 그저 억울할 뿐이라고 한다. 그들은 원래 카나스 호수 주변에 살고 있었는데 지방 정부가 호수를 관광지로 개발한다며 원주민들을 쫓아내더니 그 다음에는 길을 넓혀야겠다고 쫓아내서 그들은 이미 세 번이나 이사를 했다고 한다. 그런데 지금 와서 지방 정부가 호수 주변을 개발하겠다며 그들에게 다시 이사를 가라고 종용한다는 것이었다. 그리고 하사커족은 카나스 호수 안에서 장사를 해 돈도 많이 버는데 왜 우리에게는 무조건 나가라고만 하는지 이해할 수 없다며, 이런 불공평한 처사가 어디 있느냐고 항변하는 것이었다. 정부에서 보상을 해 주지 않았느냐는 우리 질문에는 대답도 없이 그녀는 점점 자기 감정에 흥분되어 어쩔 줄 몰라 했다. 우리가 시간이 되었으니 그만 가야겠다고 일어서는데도 그녀는 막무가내로 우리를 붙잡고 "높은 양반들 **뻬이징** 가거든 꼭 우리들의 억울한 사연을 정부에 얘기해 주세요."라고 하면서 마구 떼를 썼다. 우리 모두 뾰족한 방법이 없어 난감해 하고 있는데 노련한 교수님께서 그녀를 달래며 꼭 의견을 전할 테니 다 함께 사진이나 찍자고 화제를 바꾸었다.

나는 그 사이에 노인의 며느리가 녀우라오(牛酪)[28]를 만드는 과정을 관찰하였다. 그녀는 아궁이에 쭈그리고 앉아 장작불을 때면서 가마솥 가득 우유를 끓이고 있었다. 소금을 넣고 우유를 계속 젓다가 우유가 적당히 엉겨붙으면 이를 자루에 붓고 수분이 빠질 때까지 기다린다. 이렇게 하여 자루 안에 남아 있는 건더기를 주먹만한 크기로 잘라 햇볕에 말리면 시큼한 녀우라오가 완성되는 것이다. 그들이 살고 있는 마당의 건초장이나 지붕 위에도 적당히 마른 녀우라오가 가득하였다. 하나 집어 들고 조금 떼어 입에 넣으니 입 안에 침이 가득 고일 정도로 시큼하였다.

다행히 기다리고 있던 일행들이 큰길 가에서 '빵빵' 경적을 울려 댄 덕에 우리는 좋은 핑계거리가 생겨 급히 문을 나섰다. 노인 3형제는 잘 가라고 손을 흔들어 주었지만 딸은 끝까지 쫓아오면서 아까 한 말을 계속 반복하는 것이었다. 꼭 부탁한다는 그녀를 뒤로 하고 우리는 급히 차에 뛰어올랐다. 그녀의 말이 사실이라면 그들이 상당히 억울해 할 것이라는 생각이 들어 운전 기사에게 그녀의 말이 사실인가를 물었다. 그러나 운전 기사는 그들의 삶을 부정적으로 바라보았다. 운전 기사의 말에 의하면 그들은 정부에서 나오는 보상비로 매일 술에 취해 먹고 놀기만 한다고 했다. 예전에는 정부에서 시찰 나오는 사람 붙잡고 얘기해서 가끔 지원금을 받는 경우도 있었지만 지금은 어림도 없다며 재고의 가치가 없다는 듯이 잘라 말했다. 누구의 말이 옳은지 확인할 방법은 없었지만 스스로 소외되어 있다고 느끼는 소수 민족이 적지 않다는 것을 알 수 있었다.

소수 민족에 대한 우대 정책은 입학 시험에 가산점을 부여하거나 애를 둘 이상 낳게 하는 것이 아니라 의식 개혁을 통한 삶의 질을 향상시키는 데 역점을 두어야 한다고 생각한다. 아무것도 없는 산골짜기에서 살게 된다면 누구나 그들처럼 '굶지 않고 살면 그만이지'라는 꿈도 없는 생활을 지속할 것이 뻔했다. 그리고 경제적인 생활이 개선되어야 의식 수준도 높아지는 법이니 그들 전체의 소득을 올리는 방법도 연구해야 할 것이다. 물론 많은 시간과 노력, 인내가 요구되는 일이지만 말처럼 쉽지 않은 일이라 어느 세월에 해결될 수 있을지 아무도 모르는 일이다.

중국은 한족(漢族) 이외에 55개의 소수 민족이 있다. 그런데 위에서 말한 '투와'족이라는 명칭은 아무리 자료를 찾아봐도 55개 소수 민족에 포함되어 있지 않다. 그렇다면 그녀가 자신을 몽고족이 아니라 투와족이라고 한 까닭은 무엇일까?

신중국 성립 이후 중국 정부는 각 지역에 거주하는 소수 민족을 파악하기 위해 전국적인 조사를 실시하였다. 이 때 각 소수 민족들이 주장한 자신들의 족명(族名)은 400여 종이 넘었다. 예상 밖으로 너무 많은 종족(種族)이 보고되자 정부에서는 1952년부터 전문가를 각 지역에 파견하여 소수 민족 식별 조사 작업을 실시했다. 각 민족의 언어, 시조 신화, 종교, 풍속, 복장, 음식, 건축 등 각 방면의 세밀한 조사와 문헌을 통한 고증을 통해 1982년 55개의 소수 민족으로 확정지었다.

당시 중국 국경 내 아얼타이산 주변에 살고 있던 '투와'족은 몽고어를 사용하고, 몽고족의 풍속과 유사하며 인구도 극소수에 불과하다는 점 등을 이유로 몽고족에 편입되었다. 투와족도 자신들이 칭키스칸의 후예라는 것에 자부심을 갖고 몽고족으로 편입되는 것에 동의하였다. 그러나 시대가 변함에 따라 현재 투와족의 젊은 지식인들은 자신들을 몽고족에서 분리해 줄 것을 요청하고 있다. 그리고 민족학자들도 고증을 통하여 투와족이 몽고족과는 다른 하나의 민족임을 증명하였다. 또한 중국의 소수 민족 우대 정책에 따라 해당 소수 민족의 인구가 적으면 적을수록 혜택이 많다는 점을 알고 있기 때문에 투와족은 자신들의 분리를 강력하게 주장하고 있다. 그러나 정부에서는 더 이상 소수 민족을 세분하지 않겠다는 입장에 있으며, 만약 투와족을 분리시킨다면 윈난(云南), 꿰이저우(貴州) 등지의 소수 민족 중 일부도 하나의 민족으로 분리시켜야 하는 문제점이 있기 때문에 그들의 의견에 동의하지 않고 있다.

주

27. 말젖을 발효시켜 만든 음료.
28. 유목 민족이 먹는 시큼하고 짭짤한 치즈의 일종.

⑤ 샹마저우

카나스 호수를 떠난 우리는 일단 뻬이툰(北屯)으로 가서 하루를 묵고 다시 우루무치로 가기로 하였다. 출발할 당시 이미 오후 세 시가 넘었기 때문에 서두르지 않으면 예정대로 뻬이툰에 도착하기 힘들 것 같았다. 선두 차량은 현지 지리에 밝은 직원들이 탑승하고 있어서 엄청나게 빠른 속도로 질주하였다.

산길을 넘어가던 도중에 우리는 사고 현장을 목격하고 차를 급히 세웠다. 봉고차 한 대가 전복되어 있었으며 세 사람은 피를 흘리며 길가에 쓰러져 있었다. 선두 차량이 급히 부상자를 실은 후 병원으로 달려가고 앞차에 타고 있던 일행들은 우리 차에 올랐다. 구급차가 오려면 최소 10시간은 걸릴 텐데 이런 외딴 곳에서 사고가 난다면 정말 큰일일 거라는 생각이 들었다. 비좁은 차 안에서 우리는 서로를 베개 삼아 부족한 잠을 보충했다. 어느새 해는 지고 밤 11시가 되어서야 중간 목적지인 뻬이툰에 도착하였다. 도착하자마자 현지 관리들로부터 식당으로 빨리 오라는 전갈을 받았다. 가는 곳마다 융숭한 식사 대접을 받는 것도 우리에게는 고역이었다. 또 다시 환영의 인사와 답례, 그리고 각자의 소개 뒤에는 건배가 이어졌다. 그리고 우리는 각자의 숙소로 돌아가고 그들은 그들만의 회식을 계속하고……

아침에 일어나 보니 한국이 사회주의 국가라고 했던 아러타이 시 임업국 과장이 마중 나와 있었다. 한때 웃지 못할 해프닝으로 서로 얼굴을 붉히기도 했지만 그래도 다시 만나니 반가웠다. 원래 정도 많고 장난기가 많은 사람이라 악의라고는 전혀 없는 사람이었다. 그는 우리가 떠나는 것을 전송하기 위해 새벽부터 여기까지 달려온 것이다. 아침을 먹은 후 우리는 함께 우루무치를 향해 출발하였다. 한 시간쯤 달리고 나서 우리를 안내해 주던 그 과장의 차량이 길가에 멈추어 섰다. 뒤따라 달리던 우리 차량도 멈추어 섰다. 나는 그가 화장실에 가는 줄 알고 차 안에 그냥 앉아 있을 생각이었다. 그런데 그 과장이 우리에게 모두 내리라며 손짓을 한 후 차 안에서 술병과 밥공기를 꺼내 드는 것이다. 그는 석별을 아쉬워하며 우리의 여정이 무사히 끝나기를 기원하는 의미에서 술을 한 잔씩 돌리고자 하였다. 이름하여 '상마져우(上馬酒)'라는 의식을 거행하려는 모양이었다.

상마져우란 말을 타고 멀리 떠나는 사람의 무사 귀환을 비는 의미에서 전송하는 사람이 따라 주던 술을 의미한다. 반대로 목적지에 무사히 도착하거나 또는 일을 마치고 돌아오면 술을 권하는데 이 때는 '샤마져우(下馬酒)'라고 한다. 만약 현대 상황에 맞게 고친다면 상처져우(上車酒), 샤처져우(下車酒)가 될 것이다. 그는 운

전 기사를 제외한 우리 모두에게 술을 한 잔씩 따라 주며 따뜻한 인사말을 전하였다. 우리 일행은 대표로 한 사람이 술을 마시려고 했지만 그는 모든 사람이 의무적으로 술을 마셔야 무사히 여정을 마칠 수 있을 거라며 강제로 술을 권하였다. 그는 상대방에게 술을 한 잔 권할 때마다 자기도 한 잔씩 마셨다. 정이 많아 우리를 따뜻하게 전송하는 것은 고마운 일이지만 아침부터 웬 술을 그리 마시는지 오늘 근무나 제대로 할 수 있을까 걱정되었다. 에그! 불쌍한 우타오, 교수님과 내 술까지 대신 마시고 오늘도 차 안에서 코를 골며 자겠구나!

제4부 실크로드의 중심지 카스

1. 이슬람의 도시 카스
2. 전설의 여인 샹페이
3. 총명의 샘
4. 아티깔 사원과 똥빠자
5. 웨이월족 가정 방문
6. 세계의 지붕
7. 아투스의 끔찍한 여관

"사람들의 생김새와 옷차림, 그들이 사용하는 언어, 그들이 즐겨 먹는 음식 등 그들만의 문화를 접하고 있으면 카스는 중국이 아니라 중동의 어느 지방 같은 느낌을 준다. 그들은 외국인에게 무척 친절하다. 가끔 장삿속에 눈이 멀어 바가지를 씌우려고 드는 몇몇 상인들을 제외하고는 모두들 우리를 친절히 대하여 주었다. 그들의 순박하고 따뜻한 미소는 내 친구들의 걱정을 단숨에 날려 버렸다."

① 이슬람의 도시 카스

우루무치에서 카스까지는 1,500km, 기차로 약 28시간이 소요되는 머나먼 거리이다. 우타오는 도중에 쿠처에서 내려 집으로 가고 우리는 먼저 카스를 답사한 후 돌아오는 길에 우타오 집에 들르기로 하였다. 오르막길에 접어들면서 기차는 속도를 내지 못하고 완만하게 달리고 있었다. 길의 오른편은 티옌산 산맥의 험준한 지역이고 왼편은 사막 지대라 특별한 볼거리가 없었다. 가도 가도 똑같은 풍경만 이어져 지루하게 느껴졌다. 기차는 오전 10시 경에 출발하여 새벽 1시쯤 쿠처에 도착했다. 우타오는 불안한 눈빛으로 우리를 쳐다보며 며칠 후 자기 집에서 다시 만나자는 말과 함께 안전에 주의하라는 당부를 하고 기차에서 내려 역사로 걸어갔다.

지금부터는 본격적인 둘만의 여행이라 우리는 다소 긴장되기 시작하였다. 기차 안은 절반 이상이 웨이월족이었고, 안내 방송도 주로 웨이월어로 진행되었다. 우리 앞쪽에는 두 살짜리 아들을 데리고 카스로 가는 웨이월족 여자가 앉아 있었다. 귀여운 아이에게 말도 걸고 과자도 주고 하자, 아이는 우리 곁을 계속 맴돌았다. 자연히 꼬마의 엄마와 얘기를 주고받으며 길동무가 되었다. 그녀는 카스시의 교외에 있는 중학교 교사인데 동생의 졸업식에 참석하기 위해 우루무치에 갔다가 집에 돌아가는 길이라고 했다. 그녀와 친해지는 것까지는 좋았는데 얼마 지나지 않아 문제가 발생하였다. 기차 안에 참기 힘든 지린내가 진동하기 시작한 것이다. 그녀는 아이가 기차 바닥이나 침대에 오줌을 누어도 화장실에 데려갈 생각을 하지 않았다. 주위 사람들을 바라보며 약간 계면쩍게 웃기만 할 뿐이었다. 또한 옷을 입은 채로 오줌을 싸면 젖은 옷을 벗겨 세탁하지도 않고 선반에 널어놓았다가 마르면 다시 입히기를 반복하였다. 중학교 교사 정도면 지식인에 해당하는데도 그녀는 공중 도덕 같은 것은 염두에도 두지 않은 듯 그냥 편한 대로 행동하였다.

공중 도덕은 타인을 배려하기 위한 최소한의 예의이다. 이러한 예의는 어렸을 때부터 배우지 않으면 나쁜 습관이 몸에 배어 성인이 된 후 바로잡기 힘들다. 사실 **베이징**에 있는 유수한 대학들의 화장실에 가 보면 그 문제의 심각성을 느낄 수 있을 것이다. 용변을 본 후 물을 내리지 않아 화장실은 지저분하기 그지없고, 휴지 조각은 아무 데나 쌓여 있기 일쑤다. 대학의 화장실이 이 정도이니 동네에 있는 무료 화장실은 사용하기조차 겁이 날 지경이다. 2008년 올림픽을 개최할 때쯤이면 이 정도 문제는 사라져 있지 않을까.

사람들이 하나, 둘씩 일어나 자기 짐을 꾸리는 걸 보니 카스가 멀지 않은 모양이다. 나는 쏜퀘이와 우타오에게 들은 카스에 대한 자세한 정보를 다시 한 번 확인하였다. 그리고 우리가 필히 답사해야 할 곳과 묵을 여관 등을 빼곡하게 적은 쪽지를 펼쳐 보았다. 우타오는 기차에서 내리기 전 우리에게 항상 안전에 주의하고 큰길을 벗어나지 말며 낯선 이의 말을 섣불리 믿지 말라고 신신당부하였다. 일부 웨이월족은 한족에 대해 좋지 않은 감정을 가지고 있기 때문에 가끔 불미스런 일이 발생하기 때문이다.

드디어 실크로드의 중심지이자 고대의 상업 도시인 카스에 도착했다. 그리고 카스는 중국에서 이슬람교의 성지라고 불릴 만큼 도시 전체에 종교적인 색채가 강한 곳이다. 우리는 택시를 타고 친구가 소개해 준 여관으로 갔다. 여관은 둘이서 1박에 70위엔으로 값도 싸면서 비교적 깨끗하고 아늑한 곳이었다. 뿐만 아니라 걸어서 20분이면 시내 중심가에 닿을 수 있는 좋은 길목에 위치하고 있었다. 우리는 짐을 풀고 우선 시장을 한 바퀴 돌고 나서 내일의 일정을 위해 택시를 알아보기로 하였다. 저녁 시장이 들어서자 골목은 발 디딜 틈도 없이 북새통을 이루었다. 마차에 각종 농산물을 싣고 와서 파는 농민들과 싸구려 옷이나 생활 용품을 파는 상인들, 그리고 물건을 사러 나와 값을 흥정하는 사람들로 정신 없이 붐볐다. 잘 익은 무화과, 멜론, 수박, 하미꽈, 석류뿐만 아니라 처음 보는 과일들도 있었다. 값도 저렴해서 어떤 과일이든지 500g에 5마오(80원)를 넘지 않았다. 핸드볼 공만한 크기에 맛이 기가 막힌 멜론은 두 개에 1위엔이라 매일 두 통씩 먹는 호사도 부릴 수 있었다.

▶옷 사세요, 옷!
— 시장에서 옷을 팔고 있는 여인들. 얼굴을 가린 여인은 결혼했다는 것을 나타낸다.

다음날 아빠커훠줘 마자와 마하무더·카스가얼 마자를 답사하기 위해 우리는 지나가는 택시를 잡아 값을 흥정하였다. 처음에 만난 기사는 한족이었는데 우리에게 무척 친절하게 대해 주면서 웨이월족 기사들은 믿을 수 없으니 자기 차를 타라고 권하였다. 하루 동안 차를 빌리는 데 원래 300위엔이지만 230위엔으로 깎아 주겠다고 인심 쓰는 척하였다. 나는 속으로 '이 날강도 같으니라고. 왕복 120km밖에 안 되는 거리인데 그렇게 많이 부르다니.'라고 생각하고 다른 차를 잡았다. 그 기사는 영화 '대부(代父)'에서 본 이탈리아계 사람처럼 생겼는데 약간 파란 눈에 훤칠한 키, 웃는 모습이 아주 인상적인 웨이월족이었다. 그는 처음에 150위엔을 불렀으나 우리는 결국 80위엔에 합의하고 내일 아침 8시에 출발하기로 하였다. 못 믿을 사람은 웨이월족이 아니라 한족이었다.

우리는 가벼운 마음으로 시내를 걸어다니면서 카스의 정취를 느꼈다. 중심가의 호텔, 아파트, 사무실 등은 신식 건물이었지만 골목길의 일반 집들은 한족이 사는 집과 건축 양식이 매우 달랐다. 흙이나 시멘트로 지은 벽 위에 대부분 하얀 회칠을 하였으며 지붕도 비교적 낮아 보였다. 시내 동쪽으로는 호수가 있었는데 그 뒤로 보이는 언덕에는 집들이 다닥다닥 붙어 있었다. 멀리서 보니 집 위에 집이 얹혀 있는 것처럼 보일 정도로 언덕이 온통 집이었다. 언덕 위에 있는 집은 지금도 수도가 들어오지 않아 매우 불편하게 생활한다고 한다. 도시를 개발하기 전에 지은 집들은 시설이 낙후하여 대개 가난한 사람들이 거주하는 모양이었다.

거리에서 파는 음식은 모두 양고기를 주재료로 만든 것이었는데, 양고기 꼬치구이의 고깃덩어리는 다른 지방보다 훨씬 컸으며 신선해 보였다. 우리는 양고기로 속을 채운 군만두가 맛있어 보여서 먹었으나 곧 후회하고 말았다. 양고기 냄새가 너무 강하고 역하게 느껴져 한 개 이상 먹을 수가 없었다. 하는 수 없이 허름한 식당에 들어가 갓 구운 크고 작은 낭을 시켜 쪼개 먹었다. 고소한 냄새와 담백한 맛이 어우러진 낭은 역시 아무리 먹어도 질리지 않았다.

카스의 거리를 활보하는 사람들 중 간혹 눈에 띄는 한족과 외국인을 제외하고는 모두가 웨이월족이다. 그 곳의 나이 많은 여자들은 대부분 얼굴을 가리고 다니며, 남자들은 거의 모자를 쓴다. 남자 노인들은 전통적인 옷차림에 하얀 수염을 기른 사람들이 대부분이다. 처음에는 거리를 지나다가 웨이월족과 눈이라도 마주치면 웬지 어색한 기분에 경계심마저 들었다. 그러나 시간이 지남에 따라 그들의 눈빛에 익숙해지고 나니 나중에는 그들과 눈이 마주칠 때마다 웃어 줄 수 있는 여유까지 생겼다.

사람들의 생김새와 옷차림, 그들이 사용하는 언어, 그들이 즐겨 먹는 음식 등 그들만의 문화를 접하고 있으면 카스는 중국이 아니라 중동의 어느 지방 같은 느낌을 준다. 그들은 외국인에게 무척 친절하다. 가끔 장삿속에 눈이 멀어 바가지를 씌우려고 드는 몇몇 상인들을 제외하고는 모두들 우리를 친절히 대하여 주었다. 그들의 순박하고 따뜻한 미소는 내 친구들의 걱정을 단숨에 날려버렸다.

2 전설의 여인 샹페이

아침에 간단히 식사를 하고 호텔 앞으로 나갔더니 어제의 웨이월족 기사가 우리를 기다리고 있었다. 그 기사의 이름은 아뿌뚜쉬커쟝이지만 간단하게 아뿌뚜라 부르기로 하였다. 우리는 이 지역을 잘 아는 아뿌뚜의 말에 따라 먼저 아빠커훠줘 묘에 가기로 하였다. 아빠커훠줘 묘는 샹페이(香妃) 묘로 더 잘 알려져 있는데 카스시의 동쪽 4km에 위치하고 있다. 이슬람 전통 건축 양식으로 지어진 건물 안에는 샹페이를 비롯한 일가족의 묘지가 안치되어 있다. 건물의 외부 벽면은 녹색 계통의 타일로 장식되어 있어 햇빛에 반사되면 눈을 뜰 수 없을 정도로 반짝거린다. 아치형 지붕 위에는 뾰족탑이 있는데 그 위에 금색의 초생달이 걸려있다. 이슬람교와 접촉할 기회가 없었던 나로서는 이 곳이 묘지가 아니라 하나의 공원이라는 생각이 들었다. 넓은 정원과 아름답게 꾸며진 화원은 이 곳이 묘지라는 사실마저 잊게 하였다.

묘지가 조성되어 있는 건물 안으로 들어가니 58개의 크고 작은 무덤들이 다양한 색깔의 천으로 덮여 있었다. 이 곳에는 원래 아빠커훠줘의 5대에 이르는 가족 72명의 무덤이 안치되어 있었다고 하지만 현재는 58개의 무덤만이 남아 있다. 아빠커훠줘는 약 1626년부터 1695년까지 생존했던 카스 이슬람교 백산파(白山派)의 지도자이다. 그의 묘지는 1640년(明 崇禎 13년) 그의 선친 위수푸훠줘의 묘지를 새롭게 수리하면서 짓기 시작하였는데 그가 죽은 후 5대 후손까지는 이 곳에 무덤을 조성하였다. 총 면적은 약 50,100m²이고 전체적으로 이슬람교의 색채가 잘 드러나 있다. 1956년, 1972년, 1982년 세 번에 걸친 수리가 있었으며, 1988년 국가 중점 보호 문화재로 지정되었다.

그러나 그 많은 무덤 중 우리의 시선을 끄는 것은 아빠커훠줘의 무덤이 아니라 진한 녹색 천으로 덮여 있는 샹페이의 무덤이었다. 예상 밖으로 샹페이의 무덤은 다른 무덤에 비해 작은 편이었다. 이유를 들어 보니 웨이월족은 전통적으로 여자의 무덤을 남자의 무덤보다 작게 만든다는 것이다. 황제의 후궁이었던 그녀도 고향에 돌아와서는 웨이월족의 관습에 따를 수밖에 없었던 모양이다.

입구 좌측에는 오래된 가마 한 개가 놓여 있었다. 이 가마는 베이징에 있던 샹페이의 시신을 이 곳으로 옮겨 올 때 사용했던 것이라고 한다. 베이징에서 이 곳까지 이르는 거리는 현재의 철도 길이로만 따져도 5,100여 km에 달할 정도로 멀다. 당시 그녀의 시신을 운구하는 데에도 1년 6개월이라는 긴 시간이 걸렸는데, 그 과정에서 호송하는 사람들은 대부분 죽거나 도망갔다고 한다. 세월은 흐르고 흘러 지금은 홀로 남은 빛 바랜 가마가 화려했던 옛

▶베이징에서부터 카스까지 샹페이의 시신을 운구해 왔다는 가마

날의 전설을 말해 주는 듯하였다

"샹페이(香妃)의 원래 이름은 마이무란·아이즈무이다. 그녀의 가족은 청나라 건륭제(乾隆帝) 때 반란을 제압한 공로를 인정받아 베이징으로 초대되었다. 그녀는 아름다울 뿐만 아니라 신비하게도 몸에서 향기로운 냄새가 났다. 황제는 그녀를 총애하여 샹페이라는 이름을 지어 주었다. 베이징에서 거주하던 샹페이의 친척들이 병사하고 마침내 샹페이마저 죽자 황제는 그들의 시체를 카스로 옮겨 현재의 이 곳에 무덤을 만들라고 명령하였다."

위의 전설대로 웨이월족은 샹페이가 틀림없이 이 곳에 묻혀 있다고 믿기 때문에 묘의 이름까지 바꾸어 이곳을 샹페이 묘라고 부른다. 하지만 문헌에 남아 있는 기록에 의하면 샹페이 시신은 이 곳에 안장되어 있지 않다.

청나라의 사서에는 샹페이의 가족이 허줘 가문이라고 기재되어 있다. 1758년 카스 지방에서 반란이 일어났을 때 그녀의 삼촌 어써이와 오빠 투얼뚜가 반란을 평정하는 데 큰 공을 세웠다. 정부에서는 그 공을 인정하여 그들을 보국공(輔國公)으로 봉하고, 건륭 25년, 그들과 그들의 가족을 뻬이징으로 초대하였다. 이 때 샹페이는 26세였는데 황제의 총애를 받아 처음에는 '귀인(貴人)'으로 후에는 '용비(容妃)'로 봉해졌다. 그녀는 황궁에서도 이슬람 전통에 따라 생활하고 웨이월족의 전통 옷을 입었다. 샹페이는 입궁한 지 28년째 되는 건륭 53년에 병사하였다. 샹페이는 죽은 다음 카스로 옮겨지지 않고 허뻬이(河北)의 청동릉(淸東陵)에 묻혔다.

오늘날 허뻬이(河北) 청동릉(淸東陵)을 발굴한 사람들에 의하면 샹페이의 관 위에 금색의 아라비아 문자가 쓰여 있었으며 샹페이의 유골과 의복, 머리카락 등의 잔해가 발견되었다고 한다. 그러나 샹페이의 무덤이 허뻬이에 있다는 역사적 고증과는 상관없이 현지 주민들은 샹페이가 이 곳에 묻혀 있다고 믿는다. 만약 이 지역에 사는 웨이월족 주민에게 역사적 사실대로 샹페이의 시신이 이곳에 없다고 얘기하면 그들은 몹시 화를 낼 것이다. 예전에 우리 교수님도 이 곳에 답사를 와서 일행들에게 샹페이 묘의 역사적 사실을 설명하였다고 한다. 그 때 우연히 옆을 지나가던 웨이월족들이 교수님의 설명을 듣고는 심하게 반발하며 강하게 항의했다고 한다. 그들에게 있어서 샹페이는 단순히 역사 속의 한 여인이 아니라 그들의 자존심을 끝까지 고수한 자랑스런 인물이다. 나 역시 그들의 전설대로 샹페이가 자신의 고향인 이 곳에 잠들어 있으면 좋겠다는 생각을 하였다.

3 총명의 샘

샹페이 묘를 참관하고 우리는 마하무더·카스가얼 묘로 향했다. 마하무더·카스가얼 묘는 카스의 남쪽 50km 지점에 위치해 있다. 시내를 벗어나자 곧게 뻗은 길가에 넓은 들판이 나타났다. 들판에는 대부분 보리와 밀이 심어져 있었고, 양 떼를 몰고 지나가는 어린아이들도 자주 보였다. 도로에는 나귀 등에 타거나 나귀가 끄는 수레를 타고 어디론가 오가는 사람들로 가득했다. 그들의 가장 보편적인 교통 수단이 나귀이기 때문에 농촌에서는 집집마다 나귀를 한 마리씩 키운다고 하더니 정말 시내를 벗어나자마자 그 말을 실감할 수 있었다.

마하무더·카스가얼은 돌궐어 대사전을 편찬한 걸출한 인물이다. 그는 웨이월족 역사상 가장 위대한 학자로 손꼽히는 인물 중 한 사람으로서 당시의 천문, 지리, 역사, 언어, 음악 등에 대한 생생한 기록을 남겨 후세에 전하고 있다. 그의 노력이 없었다면 현재 '돌궐'에 대한 연구는 아직도 초보적인 단계를 벗어나지 못하였을 것이다. 죄인에게 고문을 가하려거든 사전 편찬 작업을 시키라는 말이 있을 정도로 사전을 편찬하는 작업은 크나큰 인내심을 요구하는 일이다. 마하무더·카스가얼은 아무도 관심을 갖지 않은 사전 편찬 작업을 일생 최대의 목표로 삼고 이를 이루어 낸 위대한 학자이다. 소수 민족의 역사에 대해 인색한 한족들조차도 마하무더·카스가얼만큼은 위대한 학자로 인정하고 있다.

▶마하무더·카스가얼 표

그의 묘는 1883년 12월 1일 자치구 중점 보호 문화재로 지정되었는데 1986년 중수하여 현재의 모습을 지니게 되었다고 한다. 샹페이 묘가 평지에 조성되어 있는 것에 반하여 마하무더·카스가얼 묘는 작은 언덕에 공원처럼 조성되어 있었다. 마하무더·카스가얼 묘지의 뒤로는 웨이월족의 공동묘지가 있어서 일반 이슬람 교도들의 무덤을 쉽게 찾아볼 수 있었다. 입구에 들어서면 커다란 마하무더·카스가얼의 흰 조각상이 있고 그 뒤로 언덕을 따라 올라가면 아치형 건물이 보인다. 건물 앞에는 천 년 가까이 되었다는 나무가 한 그루 있었는데 그 밑에서 샘이 솟아나고 있었다. 전설에 의하면, 천 년 전 마하무더·카스가얼은 자신이 사용하던 지팡이를 땅에 꽂았는데 그 지팡이가 나무로 변해 지금까지 살아 있는 것이라고 한다. 그리고 그 나무 밑에서 솟고 있는 샘을 '총명의 샘'이라고 부르는데 그들은 이 샘물을 마시면 마하무더·카스가얼의 지혜를 이어받을 수 있다고 믿는다. 아니 그렇게 희망하고 있다는 것이 더 적절할 듯하다. 그래서 이 곳을 찾은 웨이월족은 돌아가기 전에 반드시 '총명의 샘'을 한 모금씩 마신다. 우리가 도착했을 때에도 일가족으로 보이는 웨이월족들이 그 곳에서 물을 길어 한 모금씩 마시고 있었다. 내가 보기에는 그 물이 먹지 말라는 경고판을 설치해야 할 정도로 오염이 되어 있었지만, 그들에게 믿음은 위생보다 중요한 문제인 듯했다.

그의 묘지가 안치되어 있는 건물에 들어가니 방이 몇 개로 나뉘어 있었다. 특별한 장식은 없었고 하얀색 벽 위에 웨이월어로 글씨가 새겨진 붉은색, 검은색 천만 걸려 있었다. 이는 벽에 일체의 형상을 걸어 놓는 것을 우상 숭배로 여기는 이슬람교의 교리 때문인 듯하였다. 어떤 방에는 중국의 역대 실권자들이 방문했을 때 기념으로 쓴 글들이 간혹 걸려 있었다. 가운데 방에 들어가니 그의 무덤이 검은 천으로 덮여 있었고, 웨이월족 몇 명이 기념 사진을 찍고 있었다. 나는 그들이 나오기를 기다린 후 카메라를 꺼내 마하무더·카스가얼의 무덤을 촬영하였다. 그러자 어디에선가 관리원으로 보이는 사람이 나타나더니 2위엔을 내라고 손을 벌리는 것이 아닌가. 앞에 있던 웨이월족이 사진을 찍을 때는 아무 소리도 안 하더니, 내가 사진을 찍자 돈을 내라는 건 무슨 억지인지 이해할 수 없었다. 단돈 2위엔을 내는 건 어렵지 않았으나 불합리한 그들의 태도는 용서할 수 없었다. 그래서 앞서 나간 웨이월족은 돈을 내지 않았는데 왜 나만 돈을 내야 하냐고 큰 소리로 따졌더니 관리원은 우물쭈물하며 대답을 하지 못하였다. 옆에서 보고만 있던 웨이월족들도 부당하다고 여겼는지 나중에는 알아들을 수 없는 소리로 우리 편을 들어 주었다. 결국 우리는 돈을 내지 않은 채 사진 몇 장을 더 찍고 당당하게 걸어 나왔다.

여행의 즐거움 중 하나는 역시 색다른 음식을 맛보는 것이다. 우리는 마하무더·카스가얼 마자를 구경하고 나와 오른쪽으로 200m 정도에 위치한 식당에 가서 점심으로 빤미엔을 먹었다. 신장에 온 후 간단한 점심은 주로 빤미엔으로 해결했지만, 그 집처럼 맛있는 빤미엔은 처음이었다. 양고기 냄새가 싫다며 줄곧 낭으로 끼니를 때우던 아내도 그 집 빤미엔을 한 입 먹어 보고는 게 눈 감추듯 한 그릇을 먹어치웠다. 손으로 직접 뽑아 졸깃졸깃한 맛이 일품인 국수와, 양고기, 토마토, 피망, 양파, 마늘, 식초, 설탕 등을 넣고 국물이 자근자근하도록 볶아 만든 소스는 찰떡 궁합이었다. 새콤달콤하면서도 매콤한 맛까지 어우러져 무어라 형용할 수 없는 환상적인 맛을 연출하였다. 결국 그 빤미옌 맛을 잊을 수 없어 우리는 파미얼 고원을 오가는 길에 일부러 그 집에 들러 두 번이나 더 먹었다. 혹시 다른 곳에서도 그 맛을 느낄 수는 없을까 하여 그 후에도 몇 번이나 먹어 보았지만 그 집의 빤미옌처럼 맛있는 집은 없었다. 혹시 카스에 가는 사람이 있거든 마하무더·카스가얼 마자를 보고 나서 그 근처의 허름한 빤미옌 식당을 꼭 한 번 들르라고 권하고 싶다.

▶아무나 하는 게 아니라우! ― 빤미옌을 만들기 위해 국수를 뽑고 있는 주방장

4 아티깔 사원과 똥빠지

카스의 아티깔29) 이슬람 사원에서는 매주 금요일 정오에 3만 명 이상이 모여 예배를 본다. 이 장면을 보기 위해 우리는 맛있는 빤미옌을 먹자마자 서둘러 아티깔 사원으로 향했다.

아티깔 사원 앞에는 큰 광장이 있는데, 이를 아티깔 광장이라고 한다. 이 광장의 한복판에는 돌로 만든 큰 석류 조각상이 있다. 이 지역을 대표하는 특산품이 석류라는 것을 상징하는 것이다. 사원 앞에는 사람들이 빽빽하게 모여 있어 혼잡하기 이를 데가 없었다. 예배는 남자 성인만이 참석할 수 있기 때문에 여자와 어린이는 밖에서 서성이고 있었다. 물론 예배 시간에는 한족이나 외국인도 입장할 수 없기 때문에 우리는 그들과 함께 예배가 끝나기를 기다려야 했다. 사원 앞에는 각 마을에서 사람들을 태우고 온 트럭과 경운기, 마차 등이 가득하여 마치 전국의 교통 수단을 한자리에 모아 놓은 듯하였다. 사원 주위에는 각종 가게와 노점 상인들이 자리를 펴고 물건을 팔고 있었다. 그들이 파는 물건은 대부분 손거울, 빗, 모자, 면사포, 손톱깎기 등 조악한 것들이었다. 그래도 사람들이 모여 이것저것 만져 보고 모자도 써 보고 하는 양이 시골 장날을 연상케 하였다. 드디어 예배가 끝나자 사람들이 손에 방석용 양탄자를 든 채 쏟아져 나오기 시작했다. 중요한 종교 행사 시에는 지붕 위나 광장까지도 예배 보는 사람들로 가득 찬다고 한다. 그 날은 중요한 종교 기념일이 아님에도 불구하고 사원 안의 사람들이 다 빠져 나오는 데만 한 시간 이상이 소요되었다.

드디어 일반인에게 입장이 허가되고 우리는 낯선 이슬람 사원에 첫발을 디뎌 놓았다. 그 동안 이슬람교에 대한 막연한 편견 때문에 그들의 문화를 이유 없이 부정적으로 생각했던 것을 반성하며 사원 안쪽으로 걸어갔다. 그러나 우리는 더 이상 안으로 들어갈 수 없었다. 입구를 지키고 있던 관리원이 아내를 들어가지 못하게 막았기 때문이다. 아내는 반팔 셔츠와 반바지 차림에 샌들을 신고 있었는데, 여자가 반바지 차림으로 사원에 들어가는 것은 절대 안 된다는 것이다. 물론 나 또한 반바지 차림이었으나 남자라는 이유로 아무런 제재를 받지 않았다. 여권주의자들이 들으면 기절초풍할 일이었지만, 우리는 그들의 문화를 존중해 주어야 했다. 사실 이슬람 교리가 여자들에게 매우 엄격하다는 것을 알고 있으면서도 미리 준비하지 못했던 우리 잘못도 있었다. 중국 친구들이 외국인은 상관없을 거라고 해서 그 말만 믿고 소홀히 대처했던 게 실수였다.

당연히 우리는 그들의 문화와 종교적 전통을 존중해야 했기에 밖으로 나가 다른 방법을 찾아보기로 하였다. 사원 옆의 좁은 골목으로 들어가니 각종 물건을 파는 노점상들이 죽 늘어서 있었다. 아내는 아쉬운 대로 5위엔짜리 긴 바지를 하나 사서 반바지 위에 껴 입고는 다시 사원으로 들어갔다.

입구에서는 입장료를 받았는데 가격 안내판이 없어 값을 물어보니 12위엔을 내라고 하였다. 10위엔이면 10위엔이지 거기다 2위엔은 또 뭔가. 이상한 생각이 들었다. 마침 다른 일행이 와서 입장료를 내길래 눈여겨 살펴보니 그들은 10위엔만 내는 것이 아닌가? 우리는 다시 불쾌해지기 시작하였다. 그래서 매표소 직원에게 왜 우리에게만 2위엔을 더 받느냐고 따져 물었다. 그러자 그 직원은 아주 태연하게 "2위엔은 보험료인데 당신들이 보험료를 안 내겠다는 얘기를 미리 하지 않았잖아요."라고 짜증 섞인 목소리로 대답하는 것이었다. 나는 어이가 없어 "당신이 먼저 보험료와 입장료를 구분해서 알려 줘야 하는 거 아니에요? 처음 온 우리가 어떻게 알겠어요? 그리고 보험은 무슨 보험인데요? 사원이 그렇게 위험한 곳인가요? 알라신이 보호하는 곳인데도 보험료를 내고 들어가야 하나요?"라고 따졌더니 다시 2위엔을 돌려주었다. 이슬람교의 성지인 사원에서마저 장삿속이 훤히 들여다보이는 이 같은 일이 벌어지자 불쾌하기 그지없었다. 하긴, 중국을 여행하면서 이와 유사한 일을 겪은 적이 어디 한두 번인가.

조금 전 그 많은 사람이 북새통을 이루었던 것과는 대조적으로, 기도가 끝난 사원은 썰렁하다 못해 적막하기조차 하였다. 마치 졸업식이 끝난 후 학생이 다 빠져 나간 뒤의 교실 같았다. 사원 안에는 정원이 있고, 정원 곳곳에 삼삼오오 짝을 지어 한담을 나누는 사람들이 있었다. 정원을 지나 안으로 들어가니 계단이 나타났다. 계단을 올라가자 예배를 보는 넓은 공간이 펼쳐졌다. 예배 장소에는 누구나 신발을 벗고 들어가야 한다. 바닥에는 붉은 빛깔의 양탄자가 깔려 있었고 흰색 벽 위에는 아무런 장식이나 사진도 걸려 있지 않았다. 우상을 숭배하지 말라는 이슬람 교리에 따라 어떠한 조형물도 장식하지 않아 비교적 단조로운 느낌을 주었다. 벽의 한가운데에는 한 사람이 앉을 정도의 공간을 만들어 놓았다. 이것이 바로 '보좌'라는 것인데 종교 행사 시에는 예배를 주관하는 지위 높은 성직자가 이 곳에 앉아 코란경을 읽는다고 한다. 벽을 보고 기도하는 신도 두세 명과 기둥에 기대앉아 조는 사람 외에는 아무도 없어 한산한 사원에 정적만이 감돌았다.

▶나 지금 기도 중이라니까!? — 텅 빈 사원 안에서 기둥에 기대어 졸고 있는 노인

아티깔 이슬람 사원은 1442년(明 正統 7년) 회력(回歷) 846년에 짓기 시작하였다. 500여 년의 역사를 자랑하는 이 사원은 원래 현지 귀족들의 무덤이었다고 한다. 전해 오는 바에 의하면 7세기 말 아라비아에서 온 이슬람교 선교사가 이 곳에 묻힌 후 점차 신성한 곳으로 인식되기 시작하였다고 한다. 그 후 카스 지역의 통치자였던 사커서즈·미얼자가 이 곳에 묻히고 그의 후손들이 묘지 주변을 사원으로 개조하였는데 이것이 현재의 아티깔 사원의 원형이 되었다. 1524년(明 嘉靖 3년)에는 당시 이 지역의 통치자였던 우뿌러하더가 사원을 더 크게 중수하였다. 이어서 1781년에는 주러페이야얼이라는 여성이 다시 아티깔 사원을 증축하였다. 그녀는 자신의 전 재산을 처분하여 이슬람의 성지 메카 순례길에 나섰는데 현재의 이란 땅에 전쟁이 발발하여 더 이상 순례를 계속할 수 없었다고 한다. 다시 고향으로 돌아온 그녀는 성지 순례를 위해 준비한 기금을 전부 이 사원에 헌납하였다고 한다. 이 후 1955년까지 몇 차례의 중수가 더 있었지만 아티깔 사원의 모습은 지금과 크게 다르지 않았다. 사원의 전체 면적은 16,814m²로 중국에서 가장 큰 규모의 이슬람 사원이며 1962년 자치구 중점 보호 문화재로 지정되어 현재에 이르고 있다.

사원을 나와 우리는 10분 정도 걸어 똥(東)빠자에 갔다. 카스의 똥빠자는 세계적으로도 유명한 곳이다. 동서 실크로드의 중간 지점으로서 고대부터 각종 물건을 동에서 서로, 서에서 동으로 교역하던 곳이다. 바닷길이 열리면서 그 위세는 옛날만큼 못하지만 지금도 과거의 화려했던 자취가 남아 있는 곳이다. 시장에는 중동지역의 물건과 파키스탄, 인도 등에서 들어온 물건도 있고, 상하이나 뻬이징 등 중국 내지에서 온 물건도 있었다. 그 중 가장 자주 눈에 띄는 품목은 단연 양탄자였다. 그 외에 웨이월족의 전통 모자, 각양각색의 모피 제품, 실크 스카프나 양모 제품도 다양하게 진열되어 있었다.

카스 주변에는 양을 키우는 대규모의 목장이 많기 때문에 양모 생산량 또한 풍부하다. 이 지역의 양모는 길고 광택이 나며 탄력이 좋고 내구성도 강하여 최고급 양탄자의 재료로 손색이 없다. 양탄자의 종류도 가지각색인데, 벽걸이용 양탄자와 바닥 장식용 양탄자, 예배 시 방석으로 깔고 앉는 양탄자 그리고 침구용 양탄자 등 다양하였다. 그리고 양탄자에는 일반적으로 꽃무늬 장식이 들어가 있어 모양 또한 아름다웠다. 웨이월족은 양탄자를 사용함으로써 방한과 장식, 두 가지 문제를 모두 해결할 수 있기 때문에 집집마다 대여섯 장 이상의 양탄자를 갖고 있다.

웨이월족이 쓰는 모자만 전문적으로 판매하는 가게에서는 모자 만드는 전 과정을 눈으로 직접 확인할 수 있었다. 그들이 즐겨 쓰는 녹색 계열의 모자는 겉보기에 질감이 부드러워 보였지만 막상 만져 보니 두꺼운 종이처럼 뻣뻣하였다. 기계를 이용하지 않고 모든 작업을 손으로 하기 때문에 만드는 과정이 매우 복잡하고 힘들어 보였다. 천을 재단하여 박음질하고 풀을 먹여 뻣뻣하게 한 후 모자의 각을 잡아 모양을 완성하기까지 손이 여러 번 가는 작업이었다. 몇 푼 되지 않는 모자 하나에 그처럼 대단한 장인 정신이 담겨 있으리라고는 생각지도 못하였다.

모자 가게 골목을 지나 우리는 모피 가게를 구경하였다. 모피의 종류도 많아 양, 늑대, 여우, 밍크, 족제비 할 것 없이 없는 게 없었다. 제품으로 완성된 것들도 있었지만 가공하지 않은 자연 그대로의 모피도 다양하였다. 이 곳만큼은 요즘 전세계적으로 확산되고 있는 동물 보호 운동의 사각 지대인 듯하였다. 사실 개고기 식용 문제는 이 곳의 야생 동물 남획 문제에 비하면 아무 것도 아니었다. 만약 프랑스의 브리짓드 바르도가 이 곳, 모피의 천국에 와 본다면 무슨 말을 할지 사뭇 궁금하였다.

▶ 모자는 각이 중요하죠! — 수공으로 만든 모자

모피 가게를 둘러 보고 똥빠자를 나오려고 하는데 우연히 구(舊)소련 영화에서 보았던 예쁜 털모자가 눈에 띄었다. 그 가게에는 털모자의 종류도 다양하였지만 낭만적인 분위기를 연상케 하는 그럴 듯한 모양의 털모자가 많았다. 서울에서야 한겨울에도 이런 것을 쓸 날이 없겠지만 기념으로 하나 아내에게 사 주고 싶어 맘에 드는 것을 골랐다. 처음에는 300위엔 부른 모자를 한 시간 동안 흥정한 끝에 60위엔 주고 샀다. 삼복 더위에 보기만 해도 답답한 털모자를 막상 사고 나니 '이 모자가 언제쯤에나 쓸모가 있으려나' 하는 생각이 들었다. 그러나 불과 며칠 지나지 않아 이 모자는 정말 유용하게 쓰였다.

주

29. 웨이월어로 명절, 축제라는 뜻.

5 웨이월족 가정 방문

아뿌뚜를 너무 오래 기다리게 한 것 같아 우리는 미안한 마음을 갖고 사원 앞 주차장으로 향했다. 그는 다른 기사들과 잡담을 하느라 우리가 온 것도 모르고 있다가 우리를 발견하고는 이제 구경을 다 했으니 어디로 가겠느냐고 물었다. 아직 숙소로 돌아가기에는 이른 시간이었다. 우리는 장난기 반, 호기심 반으로 "오늘은 시간이 있으니 당신과 얘기 좀 나누고 싶은데 당신 집에 가 보면 안 될까?" 하고 물었다. 아뿌뚜는 흔쾌히 허락하고 지금 당장 가는 게 좋겠다며 차를 몰았다. 웨이월족 가정은 어떻게 사는지 궁금해서 말은 꺼냈지만 막상 아뿌뚜가 쉽게 허락하고 나니 좀 걱정이 되기도 하였다. 쏜퀘이가 아무 집이나 함부로 들어가지 말라고 우리에게 신신당부하던 것도 기억나고 해서 잠시 망설였지만, 내친 김에 조금만 더 용감해지기로 했다. 대부분의 웨이월족은 손님에게 매우 친절하다고 하지 않았는가.

도착해 보니 실망스럽게도 그의 집은 새로 입주한 아파트여서 웨이월족의 전통 가옥과는 거리가 멀었다. 아뿌뚜가 가족들에게 손님이 왔음을 알리고 인사를 하라고 하자 각 방에서 일곱 명이나 되는 식구들이 쏟아져 나왔다. 그에게는 고3 큰딸부터 다섯 살짜리 막내에 이르기까지 아이가 넷이나 있었다. 아이를 하나밖에 낳을 수 없는 한족 입장에서 보면 무척이나 부러울 터였다. 그의 아내는 원래 아뿌뚜의 고모 딸로서 아뿌뚜와는 고종 사촌지간인데 어릴 때부터 함께 자랐다고 했다. 당시만 해도 웨이월족 사회에서는 친족혼이 가능했던 모양이다.

마침 아뿌뚜의 제수(弟嫂)가 그 집에 놀러와 있었는데 착한 아뿌뚜와 그의 아내는 1년 중 절반은 동생네 아이까지 키워 주고 있었다. 보수적인 성향이 강한 웨이월족은 장남의 권위가 큰 대신 의무 또한 막중한 것 같았다. 그런데 한 가지 이상한 점은, 아이들이 작은 어머니를 누나 혹은 언니라고 부르는 것이었다. 우리들의 상식으로 보면, 콩가루 집안이 아닌 이상 절대 있을 수 없는 일이다. 그러나 웨이월족의 호칭 체계를 알고 나면 이 모든 오해가 풀리게 된다. 그들은 친족 관계와 상관없이 자신을 기준으로 나이가 많은 사람은 '형/오빠, 누나/언니'라 부르고, 나이가 적은 사람은 '동생'이라고 부른다. 이슬람 교리에 의하면, 모두가 형제 자매의 관계이기 때문에 굳이 혈연 관계를 따질 필요가 없다. 그래서 그들은 삼촌이나 선생님도 형이나 오빠라고 부른다. 이러한 호칭 체계는 매우 편하고 간단하다는 장점이 있지만 우리네 관념상으로는 받아들이기 힘든 것이다.

그의 아내는 상 위에 식탁보를 펼쳐 놓은 다음 과일과 차를 내

왔다. 웨이월족은 손님이 오면 반드시 상을 펴고, 그 위에 식탁보를 깐 다음 음식을 대접한다. 위생을 중시하는 이슬람 교리 때문이다. 이슬람 교도가 많은 훼이족 또한 위생적이기로 유명하다. 뻬이징에 있는 우리 집 골목에도 훼이족이 하는 국숫집이 있는데 늘 기다리는 사람으로 만원을 이룬다. 잘 알려진 것처럼 이슬람 교도가 돼지고기를 먹지 않는 이유도 위생적인 이유에서이다. 학자들은 과거에 그들이 돼지를 접할 기회가 없었기 때문에 돼지를 먹지 않는 게 관습으로 굳어져 왔을 뿐이라고 주장하지만 당사자들의 말을 들어 보면 역시 위생적인 이유가 강하다. 그들은 돼지가 어떤 음식이든 가리지 않고 먹고 불결한 환경에서 살기 때문에 돼지를 더럽다고 생각한다. 이처럼 웨이월족은 음식도 가려 먹을 만큼 위생을 중시한다.

하지만 그들의 위생 관념은 말 그대로 관념상의 존재일 뿐 사실은 그렇지 않다. 내가 웨이월족 가정집을 방문했을 때마다 그들은 습관대로 상을 펴고 식탁보를 깔았지만, 그 식탁보는 매번 식탁보다 더럽기 일쑤였다. 어떤 때는 지저분한 식탁보 때문에 음식 맛까지 달아날 지경이었다. 한 번은 자신들이 보기에도 식탁보가 지나치게 더러웠는지 다시 뒤집어 깔아 놓기도 하였지만 진한 얼룩과 땟국물 자국까지 가릴 수는 없었다. 아뿌뚜네 식탁보도 그다지 깨끗한 편은 아니었지만 우리는 그들의 성의를 생각해 잘 익은 하미꽈를 맛있게 먹어치웠다.

아뿌뚜는 대단한 애연가여서 틈만 나면 담배를 피워 문다. 그가 다섯 살짜리 막내 아들을 향해 눈짓을 하자 아이는 재빨리 담배 케이스와 재떨이를 대령하였다. 우리 나라에서는 아빠가 가족들의 눈치를 살펴 가며 베란다에 나가 담배를 피워야 한다는 것을 그들은 상상조차 못할 것이다. 아뿌뚜는 항상 명함만한 크기의 습자지에 고운 모래 가루처럼 생긴 담배 가루를 돌돌 말아 피웠다. 내가 신기하게 쳐다보자 그는 내게도 자신의 담배를 권하였다. 그러나 생전 처음 담배라는 것을 말아 본 나로서는 쉽지 않은 일이었다. 내 서투른 손놀림이 안타까워 보였는지 그는 능숙한 솜씨로 담배를 말아 주고 불까지 붙여 주었다. 필터도 없는 데다 맛도 무척 써서 한 모금 피우고 나니 저절로 기침이 나왔다. 아뿌뚜는 나를 보고 재미있다는 듯 웃어 대더니 내 담배를 하나 피워 물었다. 그리고는 "이게 무슨 담배야? 맛이 하나도 없잖아. 이런 걸 왜 피우니? 우리는 이런 거 맛 없어서 안 피워." 하고는 꺼 버렸다.

그들의 친절한 접대가 고마워서 나는 아뿌뚜에게 함께 기념 사진을 찍고 싶다고 하였다. 그가 가족들에게 한 곳에 모두 모이라고 지시하자 아이들은 갑자기 방으로 들어가더니 깨끗한 옷으로 갈아입고 다시 나오는 것이었다. 우리는 행복한 기분으로 사진 촬영을 끝낸 뒤 그에게 주소를 적어 달라고 부탁했다. 베이징에 가서 필름을 현상한 뒤 사진을 꼭 보내 주고 싶어서였다. 그러나 안타깝게도 그들 가족 중에는 한자로 집 주소를 쓸 수 있는 사람이 아무도 없었다. 결국 웨이월어로 쓴 주소를 받아 들기는 했지만 도대체 무슨 뜻인지 알 수 없었을 뿐만 아니라 흉내내서 비슷하게 그리기도 힘들었다.

우리는 아뿌뚜에게 내일 파미얼 고원까지 함께 가 달라고 부탁하였다. 그는 놀라는 표정을 지으며 왕복 540km의 먼 거리를 하루만에 갔다 오는 것은 쉬운 일이 아니라고 난색을 표했다. 나는 웨이월족이 가장 친근감 있게 사용하는 말투를 흉내내어 "우리는 형제나 다름없는 관계잖아. 어려울수록 형제가 도와 줘야지 누가 도와 주니?"라고 하였다. 그도 어쩔 수 없다는 듯 "그러면 기름값과 하루 일당은 줘야 해."라고 말하며 승낙해 주었다. 나는 한 가지 부탁을 더 추가했다. 우리는 내일 쿠처로 가는 저녁 버스를 타야 하니까 카스에 돌아오는 대로 곧장 버스 터미널에 가서 쿠처행 버스표를 사 달라고 하였다. 그는 역시 아무 문제 없다며 한 마디로 오케이라고 하였다. 왕복 차비도 400위엔에 합의하였으니 그다지 비싼 편은 아니었다.

  저녁을 먹고 가라고 붙잡는 그들과 헤어져 내일 아침 일찍 만나기로 하고 우리는 숙소로 돌아왔다. 목욕을 하고는 저녁을 먹자 배가 불러와 더 이상 아무 것도 먹고 싶지 않았으나 맛있는 과일의 유혹을 떨쳐 버릴 수는 없었다. 결국 먹는 게 남는 거라며 메론 두 개를 억지로 먹어치우고는 함포고복(含哺鼓腹)의 즐거움을 맛보았다.

6 세계의 지붕

　　우리가 초등학교 때부터 들어 왔던 '파미르' 고원은 중국어로 음역하면 '파미얼(帕米爾)' 고원이 된다. 파미얼 고원은 유명한 곤륜 산맥(崑崙山脈)의 서쪽 끝에 위치하고 있다. 곤륜 산맥은 파미얼 고원에서 시작하여 동쪽으로 약 1,800km나 뻗어 있으며 이는 신쟝성과 시쟝자치구(西藏自治區)의 경계선이 된다. 파미얼 고원의 평균 높이는 해발 4,000m이고 폭은 150km에 이르는데, 우리 나라의 웬만한 산 네 개를 쌓아 놓은 것과 맞먹는 높이이다. 우리는 왕복 10시간이 소요되는 머나먼 여정을 위해 새벽부터 서둘러 아침을 먹고 곧바로 호텔을 나섰다.

　　드디어 파미얼 고원으로 출발! 그런데 우리의 친구 아뿌뚜가 문제가 발생했다면서 인상을 찌푸렸다. 파미얼 고원은 국경 지역이기 때문에 통행증이 필요하다는 것이다. 하는 수 없이 공안국(公安局)[30]을 들렀다가 다시 파미얼 고원 통행증 발급처로 갔다.

그러나 막상 가서 확인해 보니 외국인은 여권만 있으면 통행증이 필요 없다는 것이었다. 결국 중국인인 아뿌뚜만 10위엔을 내고 통행증을 발급 받아야 했다. 하지만 아뿌뚜는 10위엔도 아깝다며 무조건 그냥 가서 부딪쳐 보자고 하였다. 이렇게 해서 모든 준비가 끝나고 드디어, 파미얼 고원을 향해 출발하였다.

　계곡 물이 흐르는 길을 따라 두 시간 정도 달리자 깊은 산 속으로 들어가는 좁은 길목이 나타났다. 입구에는 바리케이드가 쳐져 있었고 군인이 나와 통행증을 검사하였다. 우리는 여권을 제시하여 쉽게 통행이 허가되었지만 문제는 아뿌뚜였다. 군인들은 그에게 통행증이 없으니 차에서 내리라고 하였다. 아뿌뚜는 "어제 미리 통행증을 발급받았는데 아침에 일찍 출발하느라 서두르다 보니 통행증 챙기는 걸 깜빡 잊었다."며 능청스럽게 거짓말을 하였다. 군인이 안 된다고 해도 그는 막무가내로 우기면서 어제 통행증을 발급받았는데 왜 못 지나가게 하냐며 대들기까지 하였다. 실갱이가 길어지자 한족 군인은 결국 포기하고 우리를 통과시켜 주었다. 웨이월족 자치구에서 한족과 웨이월족의 대결이라는 것도 사실은 결과가 뻔한 것이다. 만약 무슨 문제라도 발생하면 골치 아픈 쪽은 으레 한족이기 때문에 그들은 되도록 대립을 피했다.

　산으로 들어가면 갈수록 가파르고 좁은 길이 꼬불꼬불 이어져 있어 속도를 낼 수도 없었다. 길 양쪽으로는 깎아지른 듯한 돌산과 흙산이 풀 한 포기 없이 바닥을 드러내고 있어 언제라도 돌을 굴려 떨어뜨릴 태세였다. 운이 없어 낙석에 맞기라도 할 양이면 차는 그 자리에서 가루가 돼 버릴 것 같았다. 게다가 급류를 이루면서 무섭게 쏟아지는 계곡물은 듣기만 해도 겁에 질릴 정도로 사나운 소리를 내며 흘러가고 있었다. 여름에는 산 정상의 눈이 녹아 흘러내리기 때문에 전반적으로 강수량이 증가하게 되는데 여기다 어제 내린 폭우까지 가세해 계곡물은 그야말로 바다처럼 깊었다. 폭포처럼 빠른 속도로 거세게 흘러가는 계곡물로 인해 도로 곳곳은 침수되거나 파손되어 있었다. 뿐만 아니라 물에 휩쓸려 온 돌덩이들이 한 곳에 쌓이면서 어디가 길이고 어디가 계곡인지조차 구분되지 않는 곳도 있었다. 이러다 파미얼 고원은 가 보지도 못하고 길 잃은 미아가 되는 건 아닌지 불안한 마음이 들었다. 아뿌뚜에게 "파미얼 고원에 몇 번이나 가 봤어?" 하고 묻자 그는 "이 번이 다섯 번째야."라고 대답해 나를 안심시켰다.

나무는커녕 풀 한 포기 찾아볼 수 없는 돌산, 흙산에도 사람은 살고 있었다. 이 곳에 살고 있는 커얼커즈족은 대부분 유목 생활을 하며 파미얼 고원으로 가는 중간 중간의 녹지대에서는 농사를 짓기도 한다. 커얼커즈족은 원래 현

▶에구, 에구 힘들어, 이거 동물 학대 아니유? — 나귀 타고 외출하는 커얼커즈족 부부

재의 키르키르스탄, 아프가니스탄 등에 살고 있는 민족과 같은 민족인데, 국경선이 그어지면서 중국 내 약 15만 명의 소수 민족이 되었다. '커얼커즈'란 '사십 개의 부락', '초원의 사람', '산 속의 유목민', '산 속 계곡 가에 사는 사람' 등 여러 가지 뜻으로 해석되고 있다. 삭막한 산에 가끔씩 양이나 낙타를 몰고 가는 소년도 보이고 나귀를 탄 채 어디론가 떠나가는 노인들도 보였다. 그들은 전통적인 삶을 고수하며 열악한 환경에서 힘겨운 삶을 살고 있다고 한다. 띄엄띄엄 보이는 그들의 집은 중동 영화에 등장하는 집처럼 낮고 작은 흙담에 흰 칠을 한 것이 대부분이다. 집 앞에서 놀고 있는 아이들은 남루한 옷차림에 정돈되지 않는 머리카락, 까맣게 그을린 얼굴이 인상적이었다. 잠시 쉬어가려고 민가가 보이는 곳에 정차하였더니 한 떼의 꼬마들이 조그만 장식품을 팔려고 달려왔다. 이 아이들은 다른 지역 아이들보다 순진하여 낯선 이방인을 신기한 눈빛으로 쳐다보기만 할 뿐 적극적으로 사라고 조르지는 않았다. 그들이 사는 집 앞에는 남자 몇 명이 모여 양을 잡고 있었다. 바닥에 비닐을 깐 후 양가죽을 벗겨내고 배를 갈라 내장을 꺼내는 데 불과 10분 정도밖에 걸리지 않았다.

 바람이 차고 거세진 걸 보니 이미 상당히 높은 곳까지 올라왔나 보다. 길가에는 간혹 넓은 호수들이 있었다. 이렇게 높은 곳에 아름다운 호수가 있으리라고는 생각지도 못하였는데 신이 빚어 놓은 자연의 오묘함은 정말 대단한 것이었다. 붉게 보이는 민둥산과 파란 호수, 그리고 빗자루로 쓸어 놓은 듯한 구름과 맑은 하늘은 황홀한 조화를 이루고 있었다. 호숫가에는 물소와 말, 양들이 한가롭게 풀을 뜯고 있었다. 하루쯤은 이런 초원의 호숫가에서 밤을 새워 보는 것도 좋을 듯하였다.

드디어 고원이 가까워지면서 높은 산봉우리들이 선명하게 보이기 시작했다. 이 무더운 여름, 하얀 눈에 덮인 봉우리는 햇빛에 반사되어 찬란한 빛을 뿜어 내고 있었다. 세계에서 두 번째로 높다는 챠오꺼리봉(8611m), 꽁꺼얼산(7719m), 무스타꺼산(7546m) 등이 지금 내 눈 앞에 서 있다는 사실이 믿어지지 않았다. 뉴스 보도를 통해 세계적인 등산가들이 등정했다는 소리만 들어 보았던 산이 바로 앞에 서 있는 것이다. 험준한 산의 계곡을 따라 세 시간 정도 올라가니 뜻밖에도 넓고 평평한 들판이 나타났다. 아뿌뚜는 "지금부터가 파미얼 고원이야. 별로 볼 것도 없지?" 하고는 왜 이런 곳을 사람들이 구경하러 오는지 알 수 없다는 표정을 지었다.

파미얼 고원의 정상에 오르니 강렬한 햇볕에 눈이 부셨다. 간단히 점심을 먹은 후에 한 대(漢代)에 지었다는 고성(古城)을 보러 가기로 하였다. 5분쯤 걸었을까? 갑자기 어지럽고 속이 울렁거리면서 심장이 두근두근 뛰는 듯하였고 몸에 힘이 쭉 빠지는 것 같았다. 아내도 나와 비슷한 증상을 호소하는 것을 보니 고원 지역의 특성 때문에 몸이 이상 증상을 보이는 모양이었다. 말로만 듣던 고산반응(高山反應)인 듯했다. 시원한 그늘에 들어가 잠시 숨을 고르고 휴식을 취하자 몸도 고원 지대에 적응이 된 듯 한결 나아졌다.

고성(古城)은 타스쿠얼깐(塔什庫爾幹) 타지커(塔吉克)족[31]의 자치현(파미얼 고원의 행정 구역)에 위치해 있다. 우리는 앞에서 걸어오는 타지커족 여인들이 눈에 띄어 그들에게 양해를 구하고 사진을 찍었다. 그들은 인도·유럽인종 계통으로 웨이월족과는 또 다른 모습이었다. 지붕이 낮은 집들 사이로 난 골목길을 따라 계단을 올라가니 100m 앞에 고성이 보였다. 이 고성이 바로 아름다운 전설을 간직하고 있는 스터우청(石頭城)이다. 스터우청은 한(漢)나라 때 지은 것이라고 하니 벌써 약 2,000년이라는 세월이 흐른 셈이다. 성은 거의 허물어져 원래의 모습을 거의 추측할 수 없을 정도였고 성곽의 흔적으로 보이는 돌덩이들만 남아 있었다. 그리고 성

▶풍악을 울려라! ─ 춤추는 타지커족 여인

곽 주위에는 쓰레기더미가 곳곳에 쌓여 있었다. 이 곳을 고성이라고 밝힌 녹슨 표지판마저 없었다면 흔한 동네 쓰레기장으로 오인할 정도로 스터우청은 훼손 상태가 심각했다. 하루빨리 주위를 정리하고 보수하지 않으면 스터우청은 그대로 방치된 채 전설 속으로 사라져 버릴 것 같았다.

현재 파미얼 고원에는 전체 타지커족 인구의 70%에 이르는 2만 명 정도가 살고 있다. 타지커족도 커얼커즈족과 마찬가지로 국경선에 의해 중국의 소수 민족이 되었다. 대다수의 타지커족은 타지크스탄, 아프가니스탄, 우즈베키스탄, 이란 등에 살고 있다. '타지커'라는 단어는 원래 이란어로 '이슬람 교도'를 지칭하는 말이었다고 하나 그들 자신은 '타지커'가 '왕관'을 뜻한다고 주장한다. 서유기(西遊記)의 주인공 현장 법사(玄奘法師)가 기록한 "대당서역기(大唐西域記)"에도 그들의 신화가 소개되어 있다. 당(唐)의 고승 현장은 당시 치예판퉈(朅盤陀) 왕국의 왕으로부터 아래의 신화를 직접 들었다고 기록하고 있다.

"뽀스(波斯)[32]의 왕이 꿈 속에서 동방의 아름다운 여자를 만났다. 꿈에서 깨어난 왕은 꿈 속의 미녀를 잊지 못해 화공에게 미녀를 그리게 한 다음 신하를 시켜 동방으로 가서 그림 속의 미녀를 찾아 오도록 명령하였다. 이리하여 신하는 그림을 들고 동방으로 미녀를 찾아 나섰다. 신하가 도착한 곳은 중국이었는데 당시 중국의 한(漢)나라 왕은 이 소식을 듣고 자신의 딸을 뽀스 왕에게 시집보내기로 결심하였다.

왕은 수많은 시녀와 수행원 그리고 진귀한 물건 등을 공주와 함께 보냈다. 한나라의 공주 일행이 파미얼 고원에 도착했을 때 전쟁이 발발하여 이 곳을 통과할 수 없게 되자 수행원들은 공주를 산 속에 피신해 있도록 하였다. 석 달이 지나고 전쟁이 끝나 다시 길을 떠나려고 하는데 공주가 임신한 사실이 밝혀졌다. 수행원들이 어떻게 된 영문인지 조사하였지만 알 수가 없었다. 이때 한 시녀가 말하기를 "공주는 매일 낮에 하늘에서 내려온 태양신과 함께 놀았습니다."라고 하였다. 뽀스로 가도 죽게 되고 다시 한나라로 돌아가도 죽게 된 신하들은 결국 파미얼 고원에 정착하기로 결정하였다.

후에 공주는 아들을 낳았고 이 아들이 자라 한서에 기록된 서역 36국 중의 하나인 치예판퉈(揭盤陀)국의 왕이 되었다. 세월이 흘러 공주가 죽자 사람들은 그녀의 유언에 따라 동쪽이 보이는 산기슭에 시신을 매장하였다. 후에 그녀의 무덤 옆에 나무 한 그루가 자라났는데 그 나무는 공주의 고향이 있는 동쪽으로 기울어져 있었다."

치예판퉈국은 이후 약 700년간 존속하였다고 한다. 치예판퉈국의 왕실은 스스로를 '한일천종(漢日天種)'의 후예 즉, 한족과 태양이 결합한 후손이라고 믿었으며, 자신들의 시조모(始祖母)를 '한토지인(漢土之人)'이라고 믿었다. 파미얼 고원에는 공주가 산 속에 피신해 있을 때 거주했다고 하는 '커즈쿠얼깐(克孜庫爾幹)', 즉 '공주의 성' 흔적이 아직까지도 생생하게 남아 있어 이 신화를 뒷받침해 주고 있다. 그리고 이 지역에 '타스쿠얼깐(塔什庫爾幹)', 즉 '돌로 지은 성'이라는 이름의 마을이 존재하는 것을 보면 타지커족의 신화가 전혀 가공의 이야기만은 아닌 것 같다.

사실 위의 신화는 당시 파미얼 고원에 살고 있던 사람들의 의식을 반영하고 있다. 자신들의 조상을 태양신으로 신격화할 뿐만 아니라 한족과의 친밀감을 나타내려는 정치적 의도가 내포되어 있는 것이다. 그러나 이 신화는 사람들이 허무맹랑하게 지어낸 이야기는 아니다. 신화의 내용이 많은 역사적 사실과 일치하고 있기 때문이다. 그들이 당시 빈번한 왕래를 통해 한족으로부터 상당한 정치적, 문화적 영향을 받았다는 사실, 그리고 이란의 동쪽에 사는 사람들이 태양신을 숭배했다는 사실 등은 문헌에 기록되어 있다. 그래서 그들의 신화에 '한토지인'과 '한일천종'이라는 구체적 표현이 가능했던 것이다.

이 같은 건국 신화를 간직한 파미얼의 타지커족은 갈색 머리에 높고 뾰족한 코, 깊은 눈, 얇은 입술 등 웨이월족과는 완전히 다른 모습이다. 이국적인 아름다움에 이끌려 길 가는 이들에게 사진을 함께 찍자고 청하면 누구나 친절하게 모델처럼 포즈를 취해 주었다.

▶아름다운 장식으로 온몸을 치장한 타지커족 여인

주

30. 우리 나라 경찰서와 기능이 유사함.
31. 1990년 자료에 의하면 타지커족 전체 인구는 33,538명이며 주로 파미얼 고원 일대에서 살고 있다. 이들의 언어는 인도유럽어족에 속하지만 웨이윌 문자를 차용하여 쓰고 있다. 이들의 주된 거주지인 타스쿠얼깐 지방은 해발 4,000미터 이상의 고원 지대이다. 따라서 고산 유목(양, 소, 나귀, 毛牛) 위주의 생활을 하며, 일부는 계곡에서 농사를 짓기도 한다. 이들은 2세기부터 10세기까지는 불교를 신봉하였고, 이후 이슬람교를 받아들여 17세기에는 완전히 이슬람화 되었다.
32. 페르시아를 중국어로 음역한 것으로 현재의 이란을 가리킨다.

▶타지커족의 인사법

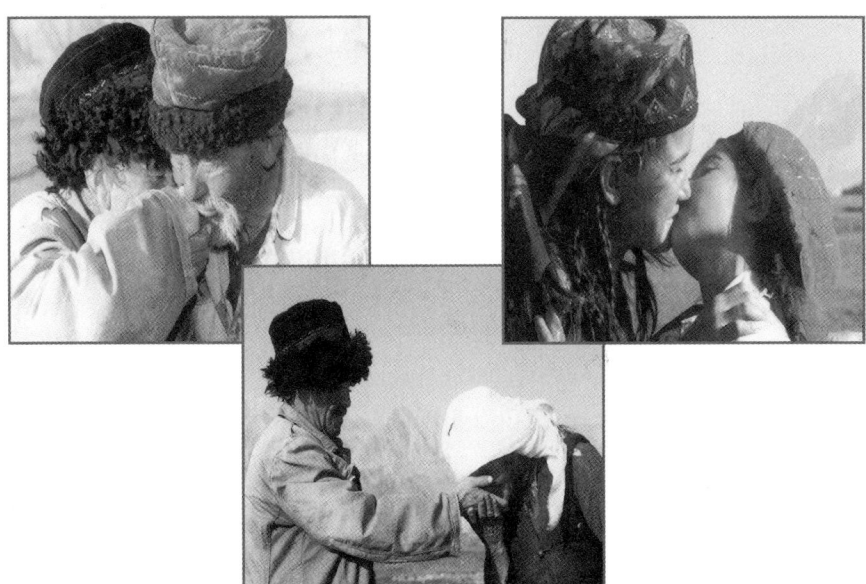

7 아투스의 끔찍한 여관

파미얼 고원을 내려오는 길에 우리는 넓은 평원을 조망할 수 있는 능선에서 잠시 쉬기로 했다. 초원 위에 눈이 녹아 흘러내린 물이 강을 이루고 있었으며, 강줄기를 따라 소 떼가 한가로이 풀을 뜯고 있었다. 이 아름다운 초원을 잊지 않기 위해 기념으로 돌멩이 몇 개를 주워 가방에 담았다.

카스 시내에 도착하기 앞서 우리는 마하무더·카스가얼 묘 근처의 식당을 찾아가 잊을 수 없는 환상의 빤미옌을 또 먹었다. 그처럼 맛있는 빤미옌을 언제 다시 먹어 볼 수 있을까 하는 생각에 서운한 마음마저 들었다. 어느덧 해질 무렵이 되자 들판에는 농기구를 챙겨 들고 집으로 돌아가는 농민들이 발걸음을 재촉하고 있었다. 텅 빈 들판 가운데에는 서쪽을 향해 경건하게 기도 드리는 사람들도 눈에 띄었다. 우리는 평화로운 들판의 풍경을 뒤로 하고 쿠처행 버스를 타기 위해 터미널로 향했다. 밤에 출발하는 기차가 없어 시간을 아끼기 위해 쿠처행 야간 버스를 이용하기로 하였다. 카스에서 쿠처까지의 거리는 약 700km에 달하기 때문에 최소 10시간 이상이 소요된다. 다행히 침대 버스라고 하니 차에 타면 한숨 푹 자야겠다는 생각만 앞섰다.

    버스 터미널에 도착하자 쿠처로 가는 버스 한 대가 막 터미널을 빠져 나가고 있었다. 우리는 다음 차를 타기 위해 터미널에 들어갔으나 조금 전에 떠난 버스가 막차라는 황당한 소식만 들려왔다. 배차 시간표에 의하면 분명히 막차가 있어야 했지만 손님이 없어 운행하지 않기로 하였다는 것이다. 순간 우리는 고민에 빠졌다. 카스에서 하룻밤을 더 자고 내일 쿠처로 간다면 여관비와 식비, 기차비 등 모두 500위엔의 경비가 들 것이고, 그 날 밤에 곧바로 쿠처를 간다면 여관비와 두 끼의 식사비, 그리고 무엇보다 시간을 절약할 수 있다. 아무래도 강행군을 하는 게 나을 것 같았다. 그래서 아뿌뚜에게 "당신이 알려 준 막차 시간에 맞추다가 이렇게 되었으니 당신이 끝까지 책임지고 우리를 쿠처까지 데려다 줘야 해."라며 억지를 부렸다. 그러자 아뿌뚜는 "쿠처까지 가려면 열 시간이나 차를 몰아야 하는데 이 밤중에 출발하는 건 무리야. 그냥 우리 집에서 자고 내일 아침에 출발하는 게 어때?"라고 하며 우리를 말렸다. 하지만 아무리 생각해 봐도 여기서 하루를 더 지체할 수는 없었다. 나는 괜한 오기까지 생겨 "지금 당신 차로 출발하면 내일 아침에는 쿠처에 도착할 수 있지? 우리 당장 출발하자."라고 말하며 계속해서 억지를 부렸다. 우리가 강하게 밀어붙이자 아뿌뚜도 어쩔 수 없다는 듯 "그럼 먼저 동생에게 연락해 볼게. 둘이 서로 교대로 운전하는 게 편하니까 같이 갈 수 있으면 그렇게 하자."라고 말하고는 동생에게 연락하였다. 우리는 아뿌뚜네 집에 가서 잠시 쉬면서 떠날 채비를 하기로 결정하였다. 그 동안 아뿌뚜는 차 위에 달린 택시 팻말을 떼어 내고, 중국 택시에 기본적으로 설치된 기사와 승객 사이의 쇠창살을 제거하였다. 카스시 관할 구역을 벗어나 다른 지방에서 택시 영업을 하는 건 위법이기 때문에 택시를 자가용처럼 위장하기 위한 조치였다.

밤 9시, 우리는 쿠처를 향해 출발했다. 물론 공짜로 데려다 주는 건 아니지만 550위엔의 아주 저렴한 가격만 받기로 하였다. 아뿌뚜는 최소 1,000위엔은 받아야 하지만 친구 사이니까 실비만 요구하는 거라며 사람 좋게 웃었다. 우여곡절도 많았지만 착한 아뿌뚜 덕에 우리는 카스에서의 일정을 무사히 마무리할 수 있었다. 시내를 벗어나자 가끔씩 마주 오는 차량의 불빛만 비출 뿐 창 밖은 아무것도 보이지 않았다. 아뿌뚜와 그의 동생은 앞좌석에 앉아 웨이월어로 계속 무슨 얘기인가를 주고받았고 우리는 뒤에 앉은 채 깜빡깜빡 졸고 있었다. 이 사실을 쏜케이나 우타오가 안다면 기절초풍할 것이 뻔했다.

한족과 웨이월족 사이에 가끔 불미스러운 일이 발생하는 건 그들의 정치적 상황과 관련이 깊다. 중국의 골치 아픈 문젯거리 중 하나가 바로 시장(西藏)과 신장의 독립 문제이다. 시장은 우리에게 티벳으로 더 잘 알려진 곳이다. 그들의 종교 지도자인 달라이라마는 현재 외국에서 독립 활동을 하고 있으며 일부 서양 국가들도 그들의 독립을 지지하고 있다는 것은 널리 알려진 사실이다. 그러나 중국 입장에서는 시장 문제보다 신장 문제를 더 심각하게 인식하고 있다. 시장의 독립 문제는 종교적이며 비폭력적일 뿐만 아니라 이미 노인이 된 달라이라마까지 죽고 나면 자연스럽게 해결될 것으로 예상하기 때문이다. 그러나 신장 문제는 단순히 종교적인 것만이 아니라 인종 문제와도 연결되어 있고 중동 문제까지 맞물려 있기 때문에 매우 민감한 문제이다. 그들의 독립 문제는 주로 범이슬람주의와 범돌궐주의 두 가지로 요약된다. 범이슬람주의란 원래 이슬람 교도들이 일치단결하여 범슬라브주의에 대항하자는 것이었으나 후에 이슬람 문화권의 독립을 고무하는 이론적 배경이 되었다. 결국 이 이론을 바탕으로 인도와 파키스탄이 분리되었다. 범돌궐주의는 돌궐어족이 하나로 뭉쳐 단일한 국가를 건립해야 한다는 이론이다. 신장의 웨이월족은 이슬람교를 신봉하며 돌궐어족에 속하기 때문에 두 이론의 영향을 가장 민감하게 받아들이고 있다. 2001년 9월 11일 미국 뉴욕시의 세계 무역 빌딩이 테러를 당한 후 미국이 아프가니스탄을 공습하였다. 이때 중국에서는 약 1개 사단 병력을 아프가니스탄과 신장의 국경지역으로 이동시켜 유사시에 대비하였다. 하지만 이것은 표면적인 이유일 뿐, 실질적으로는 테러주의자들의 활동을 완전히 뿌리뽑기 위한 조치였다. 신장 지역에서 활동하는 테러분자들은 거의 아프가니스탄에서 교육받은 자들이기 때문에 중국 정부에서는 이 기회를 역이용하였던 것이다.

 중국의 뉴스에는 보도되지 않지만 신장 지역에서는 가끔 이슬람교 분리운동주의자 혹은 웨이월족의 독립을 주장하는 과격파의 테러가 발생한다. 테러의 대상은 우루무치 기차역, 버스, 농촌의 파출소 등이 되기도 한다. 어디서 한족 경찰이 살해되었고, 누가 실종되었다는 등의 끔찍한 얘기도 들린다. 이처럼 무고한 희생이 뒤따르기 때문에 중국 정부는 테러나 분리 독립 움직임에 촉각을 곤두세우고 있는 실정이다. 중국 친구들이 우리에게 그토록 안전에 주의하라고 신신당부한 까닭도 이러한 상황과 무관하지 않다. 그런데 우리는 자진해서 이 캄캄한 밤에 낯선 웨이월족 남자 둘과 어두운 길을 달리고 있으니 친구들이 이 사실을 알면 어떤 표정을 지을지 궁금했다.

 한 시간 정도 졸았을까 빗방울이 차에 와 부딪치는 소리가 갈수록 커지는 게 심상치 않아 몸을 일으켜 보니 밖에는 장대비가 쏟아지고 있는 게 아닌가. 빗방울은 이미 굵어지기 시작해 와이퍼를 가장 빠르게 작동해도 앞이 잘 보이지 않을 지경이 되었다. 뿐만 아니라 산에서 쏟아진 황토빛 흙물이 찻길에 범람하여 자동차 바퀴의 절반이 물에 잠겨 버렸다. 우리는 비가 그치면 다시 출발하기로 하고 잠시 길가에 정차하여 창 밖을 주시하였다. 그러나 비는 점점 거세지고 바람까지 사나와져 태풍이라도 몰아칠 기세였다. 신쟝에 광풍이 불면 기차도 두세 시간, 길게는 하루 이상 운행을 멈춘다고 하던데 이러다 여기서 오도 가도 못 하고 밤을 새워야 하는 건 아닌지 걱정되기 시작하였다. 멀리서 마주 오는 불빛이 보이자 기사는 차에서 내려 비를 맞으며 다가오는 트럭을 세웠다. 트럭 기사에게 도로 상황을 묻자 그는 "말도 마시오. 나는 간신히 통과했는데 다리가 끊겨 양 방향 교통이 두절되었소. 아마 모레나 돼야 개통될 걸. 오는 길에 보니 쿠처로 가는 버스도 길이 끊겨 차를 돌리지도 못하고 그냥 길가에 서 있습디다. 원 무슨 날씨가 이렇게 사나운지."라고 투덜대며 우리에게도 그냥 되돌아가라고 당부하였다.

우리는 아까 그 버스를 타지 못한 게 오히려 다행스러운 일이라고 생각하고는 다른 방법을 강구해 보았다. 아뿌뚜는 우리에게 "오늘 쿠처까지 가는 건 불가능한 일인 것 같아. 아쉬운 대로 여기서 기차역이 가장 가까운 아투스(阿圖斯)에 가서 하룻밤 자고 내일 쿠처로 가는 게 어떨까. 카스에서 출발하는 기차는 아투스에도 정차하니까 문제 없어."라고 하였다. 시간을 보니 이미 새벽 1시, 지칠 대로 지친 우리는 아뿌뚜의 말대로 아투스에서 잠을 자고 이튿날 쿠처에 가기로 결정하였다. 두 시쯤 되어 도착한 아투스에는 정적만이 감돌아 여관 불빛마저도 보이지 않았다. 아뿌뚜는 허름한 건물 앞에 차를 대고 쇠사슬로 잠겨진 문을 마구 두드렸다. 안에서 사람이 나오자 아뿌뚜는 우리를 대신해 방값을 흥정한 후 "한 사람당 10위엔이래. 잠만 자고 가면 되니까 일단 여기서 쉬고 내일 기차로 쿠처에 가. 내가 데려다 주면 좋았을 텐데 미안해."라며 작별의 아쉬움을 표했다.

나도 "그 동안 고마웠어. **뻬이**징에 가면 꼭 연락할게. 그리고 이건 기름값이야."라고 하며 100위엔을 주었다. 그는 웃으면서 쑥스럽다는 듯이 돈을 받고 돌아갔다.

우리는 조심스럽게 여관 문을 열고 안으로 들어갔다. 그러나 그 순간 온몸에 소름이 쫙 돋으면서 다시 나가고 싶은 생각만 들었다. 영화에서 보았던 유령의 집이 연상되기도 했고, 무슨 포로수용소 같기도 했다. 우리는 공포에 질려 아무 소리도 못하고 2층에 있는 방으로 안내받았다. 문을 열고 들어가니 방 안은 더 가관이었다. 어두침침한 붉은색 조명에 유리창은 군데군데 깨져 있었고 천장은 거미줄투성이였다. 벽은 흰 칠이 다 벗겨져 시멘트가

드러나 있고 침대는 매트리스가 없는 나무 판자였다. 베개와 이불은 언제 세탁했는지 알 수 없을 정도로 지저분했으며 습기 찬 방에서는 곰팡이 냄새가 진동해 숨쉬기마저 곤란할 정도였다. 게다가 어디선가 벌레가 마구 기어다니는 것 같은 상상마저 들어 괜히 몸 여기저기가 근질거렸다. 하루에 10위엔짜리 방이 다 그렇고 그렇겠지만 도저히 잘 수 있는 분위기가 아니었다. 하지만 선택의 여지가 없는 이상 여기서 잠깐이라도 눈을 붙여야 했기에 울상 짓는 아내를 달랬다. 이런 곳에서는 절대 잘 수 없다며 밤을 꼬박 새우고 말겠다던 아내에게서 어느새 쌔근쌔근 숨소리가 들려 오기 시작했다. 결국 우리는 피곤과 졸음에 항복하고 말았다.

잠깐 존 것 같은데 눈을 떠 보니 어느새 날이 밝아 있었다. 한숨 달게 잔 덕에 몸이 개운해져 기분도 어제보다 한결 나았다. 그러나 세수를 하려고 1층 세면장으로 간 순간 다시 한 번 기절초풍할 일이 벌어졌다. 악취는 말할 것도 없고 바닥에는 오래된 음식 찌꺼기가 흥건하게 고여 있는데 그 사이로 쥐가 왔다 갔다 하는 것이었다. 결국 씻기를 포기하고 서둘러 짐을 챙겨 들고는 기차역으로 향했다. 기차역의 공중 화장실은 여관의 그것에 비하면 호텔급 수준이었다. 우리는 감사한 마음으로 간단히 세수를 하고 아침을 먹었다. 한 시간 정도를 더 기다린 후 드디어 쿠처행 기차에 오르는 데 성공하였다.

제5부 눈 내리는 천산

1. 나의 친구 우타오
2. 커즈얼(克孜爾) 천불동(千佛洞)
3. 웨이월족과의 기나긴 하룻밤
4. 별장 같은 호텔
5. 반란의 땅
6. 낯선 이와의 동침
7. 뻬이징행 기차

"버스는 서너 시간이나 산을 굽이굽이 돌아 거의 봉우리까지 올라갔는데 그 곳에는 상상하지도 못했던 넓은 초원이 펼쳐져 있었다. 추위도 잊은 채 눈 앞에 펼쳐진 초원을 넋 놓고 바라보고 있는데 돌연 십여 마리의 말 떼가 우리 버스 앞으로 뛰어 들었다. 길 양편의 초원에서 방목하고 있던 한 떼의 말 무리는 마치 우리 버스를 에스코트하기 위해 길 위로 올라선 듯했다. 버스 기사는 말에게 빨리 비키라고 클랙슨을 눌러 대며 속도를 냈지만 말은 바람을 가르며 전력을 다해 앞으로 질주하였다. 윤기 나는 갈기를 휘날리며 지축을 박차고 힘차게 앞으로 내닫는 흑마의 야생미는 말로 표현할 수 없을 정도로 아름다웠다."

1 나의 친구 우타오

기차를 탄 지 10시간 정도 지나 드디어 쿠처에 도착하였다. 우타오가 사는 커즈얼(克孜爾) 천불동(千佛洞)으로 가려면 다시 택시를 타고 65km를 가야 한다. 날은 어두워지기 시작하고 비도 추적추적 내리자 마음이 급해졌다. 우타오가 택시값으로 70위엔 이상은 절대 주지 말라고 미리 정보를 주었기 때문에 우리는 달려드는 기사들과 쉽게 흥정할 수 있었다. 터무니없이 200위엔을 부르는 기사를 향해 웃으면서 한두 번 가는 길도 아닌데 무슨 소리냐, 60위엔에 갈 거면 가고 싫으면 관두라고 허풍까지 떨며 단호하게 얘기하였다. 그러자 기사는 70위엔에 가자고 꼬리를 내렸지만 나는 끝까지 60위엔을 고집했다. 결국 내 주장대로 60위엔에 합의하고 우리는 천불동(千佛洞)으로 향했다. 차 안에서 우리는 어젯밤 아투스 여관의 악몽을 떠올리며 우타오네 집에 빨리 도착해서 목욕부터 하고 잠 좀 푹 잤으면 좋겠다는 야무진 꿈을

줬다.

가는 길에 우타오에게 줄 과일도 사고 돌 지난 딸에게 줄 과자도 고르느라 차에서 내려 노점상을 기웃거리고 있는데 누군가 내 등을 치는 것이었다. 깜짝 놀라 돌아보니 대여섯 명의 웨이월족이 나를 보며 환하게 웃고 있는 것이 아닌가. 자세히 보니 카스의 마하무더·카스가얼 마자에서 부당하게 2위엔을 요구하는 경비원과 싸울 때 우리 편을 들어 주었던 웨이월족 일가였다. 뜻하지 않게 다시 만나니 고향 사람을 만난 것만큼이나 반가웠다. 사람의 인연이란 참으로 묘한 것이어서 우연히 그렇게 마주치고 나니 전생에 무슨 연분이 있었던 건 아닐까라는 생각마저 들었다. 우리는 그들과 반갑게 인사를 나누고 한바탕 호들갑을 떤 후 다시 차에 올랐다.

우타오네 집으로 가기 위해서는 시내를 벗어나서도 한참 동안 산 속으로 들어가야 했다. 날은 완전히 어두워진데다가 다시 비가 내리기 시작하는데 기사는 가로등도 없는 산길을 과속으로 달렸다. 전조등에 비친 길 양쪽으로는 산과 계곡이 어렴풋하게 보였다. 기사는 희미하게 불빛이 새어 나오는 마을을 가리키며 "저기가 커즈얼 천불동인데 누구를 찾아왔소?" 하고 물었다. 우리는 친구 우타오를 찾아왔는데 미리 전화 통화를 하지 못해 제대로 찾을 수나 있을지 모르겠다고 하였다. 그러자 기사는 거기 직원들 모두가 식구나 다름없기 때문에 이름만 대면 금방 찾을 수 있을 거라며 우리에게 걱정하지 말라고 하였다.

드디어 우타오가 근무한다는 커즈얼 천불동에 도착하였다. 도시와는 달리 주위가 모두 캄캄하여 아무것도 보이지 않았다. 비는 추적추적 내리는데 지나가는 사람도 한 명 없어 정적만이 감돌았다. 우리는 아무 데나 대고 무조건 "우타오! 우타오!" 하고 큰 소리로 외쳤다. 그러자 정말 마술처럼 우타오가 어둠 속에서 뛰어나왔다. 그는 기다렸다는 듯이 "어! 왔어? 여기야, 여기." 하며 진심으로 반갑게 맞아 주었다. 우타오는 집에 방이 하나밖에 없다며 우리를 자기 집으로 데려가지 못하는 것을 매우 미안해 했다. 그리고는 커즈얼 천불동 경내에 있는 유일한 호텔로 우리를 안내하였다. 호텔은 비록 정전이었지만 촛불을 켜고 보니 어제의 지옥 같은 여관에 비하면 천국이나 다름없었다. 촛불을 밝히고 비에 젖은 촉촉한 풀 내음을 맡으며 풀벌레 소리를 듣고 있자니 고향에 온 것 같은 착각이 들었다. 피곤할 테니 푹 쉬라며 내일 아침에 다시 오겠다는 말을 남기고 우타오는 돌아갔다.

    샤워를 하려고 수도를 틀어 보았으나 물이 나오지 않았다. 물이 없으니 세수는커녕 양치질도 할 수 없었고 화장실도 사용할 수 없었다. 어떻게 된 영문인지 몰라 어리둥절해 있는데 마침 맞은편 방의 문이 조금 열려 있어 노크를 하고 들어갔다. 뜻밖에도 앞 방의 주인은 중국어가 유창한 서양 사람이었다. 그는 지금 정전이기 때문에 지하수를 뽑아 올리는 모터가 작동하지 않아 단수가 되었다며 보온병의 물을 사용하라고 친절히 가르쳐 주었다. 이렇게 하여 따뜻한 물에 목욕부터 하리라는 우리의 야무진 꿈은 산산이 깨지고 고양이 세수로 만족해야 했다.

    이튿날 다행히 전기도 들어 오고 물도 나왔지만 그래도 세수와 양치질은 불가능하였다. 완전히 황토색 흙탕물이라 도저히 사용할 수가 없는 것이었다. 우타오는 이틀 간 비가 내려 지하수 상태가 안 좋으니 이해하라며 미안해 하였다. 우리야 하루쯤 세수 못 해도 상관은 없지만 이런 곳에서 살고 있는 우타오의 생활고가 눈에 훤히 보이는 듯하여 마음이 '짠' 해 왔다.

호텔 식당에서 아침을 먹고는 우타오 집으로 향했다. 직원 숙소는 ㄷ자 형으로 지어진 단층 건물이었는데 마당 가운데에는 공용 수돗가가 있었다. 문을 열고 안으로 들어가니 네 평 남짓한 방에는 침대 하나와 식기 몇 개, 그리고 아이 장난감이 전부였다. 주방과 세면장이 따로 없기 때문에 마당의 공용 수돗가에서 세면과 조리를 모두 해결해야 했다. 동시에 여러 집이 함께 사용한다면 일대 혼란이 일어날 수밖에 없어서 그들은 한 집에서 음식을 많이 하여 서로 나누어 먹는다고 한다. 공용 화장실에 가 보니 중국의 보통 화장실과는 다른 구조였다. 중국의 변두리 화장실은 대개 문이 없어 용변을 볼 때 횡대로 앉은 옆 사람과 다정히(?) 얘기할 수 있는 구조이다. 그런데 이 곳 화장실은 앞뒤로 긴 홈이 파져 있어 종대로 앉아 용변을 보도록 되어 있었다. 습관이 안 된 나로서는 앞사람의 엉덩이를 감상하며 용변을 보아야 하는 게 고역이 아닐 수 없었다. 그러나 중국 사람들의 '입향수속(入鄕隨俗 ; 현지의 풍속에 따라 행하라)'라는 말을 떠올리며 그들의 생활 습관에 나를 맞추는 수밖에 없었다.

우타오는 그 곳의 열악한 환경이 모두 자기의 탓인 양 계속해서 우리에게 미안한 표정을 지었다. 우타오가 석굴 벽화 연구원으로서 커즈얼 천불동에 살고 있다는 것은 알고 있었지만 그 환경이 이렇게까지 열악할 줄은 미처 몰랐다. 아이가 밤중에 갑자기 아프기라도 하면 한 시간이나 산길을 달려 시내 병원까지 가야 한다던 그의 투덜거림을 이해할 수 있을 것 같았다. 근처에는 생필품을 파는 가게조차 하나 없어서 먹을거리를 사려면 차를 타고 시내까지 다녀와야 한다. 아무리 어려운 환경이라 해도 사람들은 다 살게 마련이지만 천불동 연구소 직원들의 생활은 너무 열악했다. 우타오는 농담처럼 천불동을 떠나고 싶어 박사 과정에 진학했다는 말을 자주 했다. 나는 이 곳에 직접 와 보고 나서야 그의 말이 농담이 아니라는 걸 알게 되었다.

우타오가 사는 모습을 보고 나니 내 속도 편하지는 않았지만 되도록 친구에게 힘이 되는 말만 해 주었다. 공기가 맑고 직원들도 가족적인 분위기여서 좋겠다, 아이가 참 예쁘고 건강하다는 등 기분 좋은 말로 화제를 바꾸었다. 우타오의 아내는 우타오와 대학 동창으로 캠퍼스 커플이라고 했다. 성격이 명랑하고 수수하면서도 다른 중국 여자들처럼 억세지 않았다. 현재의 생활을 불만스럽게 생각하기보다는 긍정적인 쪽으로 생각하고 밝은 표정을 잃지 않아 친근감이 들었다. 그녀는 우리에게 신장 지방의 특별식인 따판지(大盤鷄)[33]와 맵게 끓인 잉어탕을 만들어 주기도 하였다. 모두가 색다른 맛이기도 했지만 그녀의 정성이 담긴 음식이라 정말 고마운 마음으로 배불리 먹었다.

우리는 우타오 집에서 뜻하지 않게 고향의 내음을 느꼈다. 다름 아닌 보리차를 끓여 우리에게 대접한 것이다. 베이징에 있을 때 우타오에게 한국의 보리차와 구운 김을 선물한 적이 있는데 이번에 집에 오면서 들고 온 모양이다. 그런데 보리차 색깔이 커피 색깔처럼 진한 게 아무래도 뭔가 문제가 있는 듯했다. 한 모금 맛을 보고는 더 이상 마실 수가 없었다. 마치 불에 탄 보리를 우려 낸 물처럼 보리차 맛이 너무 썼기 때문이다. 우타오는 원래 몸에 좋은 음식이 입에 쓴 법이라며 순진하게 웃는 것이 아닌가. 알고 보니 그는 6개월 이상 끓여 먹을 분량의 보리차를 한 번에 넣고 끓인 것이다. 미리 음용 방법을 일러 주지 않은 내게도 잘못은 있었다. 그가 포장지에 쓰인 한국어를 읽고 이해할 수는 없는 노릇이기 때문이다. 잠시 후 그는 서랍에서 구운 김도 꺼내더니 맛이 특이한 음식이라며 마치 비닐 조각에 소금을 발라 놓은 것 같다고 했다. 그 바삭바삭한 김을 밥에 싸 먹으면 얼마나 고소한지 모르고 하는 얘기였다. 이 또한 먹는 방법을 자세히 일러 주지 못한 내 잘못이었다. 나는 그에게 보리차와 구운 김 먹는 법을 자세히 소개해 주고 다음에 다시 보내 주겠다는 약속도 하였다.

우타오는 현재 박사 과정을 마치고 뻬이징에 있는 장학[34]연구중심(藏學研究中心)으로 직장을 옮겨 뻬이징 호구(戶口)를 취득하였다. 본인의 희망대로 산골을 벗어나 드디어 뻬이징에 입성한 것이다. 몇 달 후면 아내와 딸도 뻬이징으로 올 수 있다며 지금 한껏 고무되어 있다. 우타오의 14개월 된 딸 위예량(月亮)은 아주 건강하고 낯을 가리지 않는 성격이다. 아이에게 '도리도리'와 '곤지곤지', '잼잼' 등을 가르쳐 주었더니 곧잘 따라 하였다. 그 때 가르친 보람이 있어 위예량은 일 년이 지난 지금에도 놀다가 가끔 생각이 나면 혼자서 '도리도리'나 '곤지곤지', '잼잼' 등을 한다고 한다. 머지않아 우타오는 뻬이징에서 위예량이 '도리도리'나 '곤지곤지', '잼잼' 등의 재롱 부리는 모습을 보게 될 것이다.

주

33. 신장 지역에서 닭 한 마리를 토막내어 볶아 큰 접시에 담아 먹는 음식으로 맛이 고소하면서도 매콤한 것이 특징이다.
34. 우리가 흔히 티벳이라고 하는 곳을 중국에서는 시장(西藏)이라고 하며, 그 지역에 살고 있는 소수 민족을 장(藏)족이라고 한다. 이 장족의 역사와 문화 등을 연구 대상으로 하는 학문을 장학(藏學)이라고 한다.

② 커즈얼 천불동

중국의 3대 석굴이 뚠황(敦煌), 롱먼(龍門), 윈깡(雲崗) 석굴이라는 것은 모든 학자가 인정하는 사실이다. 그러나 중국의 4대 석굴에 어떤 석굴을 추가시킬 것인가에 대해서는 이견이 많은 편이다. 일부 학자는 바로 커즈얼(克孜爾) 천불동을 중국의 4대 석굴에 포함시키기도 한다. 커즈얼 천불동은 세계적으로도 예술적 가치가 높아 '예술(藝術)의 보고(寶庫)'로 일컬어지고 있다. 이 천불동은 쿠처시에서 서북쪽으로 약 65km지점인 티엔산 산맥의 지류에 위치하고 있다. 앞에는 무자티강이 흐르고 뒤에는 따꺼(達格)산이 있어 경치가 매우 아름답다. 뛰어난 자연 조건을 자랑하는 커즈얼 천불동은 AD 3세기부터 건설되기 시작하여 6세기에 전성기를 맞이하였으나 7세기 이후부터는 쇠퇴하기 시작하였다. 시기적으로는 중국의 한(漢)나라 때부터 당(唐)나라 때까지 당시 이 지역에는 상당한 문명을 이룬 쳐우즈(龜玆)국이 있었다. 지금도 학계에서는 이 지역을 쳐우츠(龜玆) 문화권이라 명명하고 지속적인 연구를 하고 있다. 정부에서는 커즈얼 천불동을 '중점문물보호(重點文物保護)' 지역으로 지정하고, 전문 연구 기관을 세워 매년 책정된 예산을 보수 유지비로 사용하고 있다고 한다.

어느 유적지에나 입에서 입으로 전해지는 아름다운 전설이 하나쯤은 있게 마련이다. 커즈얼 천불동도 예외는 아니어서 다음과 같은 아름다운 전설이 전해져 오고 있다.

"옛날 쳐우츠국의 왕에게 외동딸이 있었다. 그 공주는 예쁘기도 하지만 학문이 깊고 품위가 있으며 총명하고 착했다. 그리고 시와 노래, 춤에도 탁월한 재능을 보였다. 왕은 그 공주를 극진히 사랑했다. 어느 날 공주가 산으로 사냥을 갔다가 우연히 산 속에서 유목민인 청년을 만났다. 그 청년은 가난하지만 키가 크고 잘생긴 외모에 말을 잘 타고 사냥이 능한 사람이었다. 공주는 그 청년에게 한눈에 반하였고 청년도 공주를 사랑하게 되어 결혼을 약속하였다. 그래서 청년은 용기를 내어 왕궁으로 찾아가 청혼을 하였지만 왕의 노여움만 사게 되었다. 그러나 왕은 딸의 입장을 고려하여 청년에게 산 속에 1,000개의 석굴을 만들고 석굴마다 부처님을 모시면 결혼을 허락하겠노라고 말하였다. 청년은 즉시 연장을 들고 산으로 가 밤낮으로 석굴을 만들기 시작했다. 청년은 999개의 석굴을 완성하였지만 단 1개를 남기고 피로에 지쳐 쓰러졌다. 이 소식을 들은 공주는 청년에게 달려갔으나 청년은 이미 죽은 후였다. 공주는 몇 날을 청년 곁에서 울다가 함께 죽었는데 그 자리에 높은 봉우리가 생겼다. 공주의 슬픈 눈물은 지금도 흘러내리고 있다."

우타오는 가슴 아픈 사랑의 전설을 이야기해 주며 공주의 눈물이 흐르고 있다는 전설의 장소로 우리를 안내하였다. 그 절벽은 레이삐(淚壁) 혹은 레이취엔(淚泉)으로 불리는데 아무리 가물어도 항상 물이 흘러내리기 때문에 보는 사람들의 마음을 더 안타깝게 만든다고 한다.

'커즈얼(克孜爾)'이란 웨이월어로 '붉다'는 뜻이다. 이것은 민둥산이 태양 빛을 받으면 새빨간 불덩이처럼 변하기 때문에 붙인 이름이다. 커즈얼 천불동에는 모두 236개의 석굴이 있는데 이 중 보존 상태가 비교적 양호한 것은 135개이다. 석굴의 중앙에는 보통 불상이 모셔져 있고 불상을 중심으로 실내 구조가 설계되어 있다. 아치형 천장과 수직의 벽면에는 석가모니 출가 고사, 인연에 관한 고사, 불경의 내용 등이 그려져 있다. 석굴에 따라서 벽면 전체 크기의 탱화가 그려져 있는 곳도 있고, A4용지 크기 정도의 탱화들이 줄거리를 따라 연속적으로 그려져 있는 곳도 있다. 그림은 주로 파란색과 녹색, 검은색 계열이 많이 사용되었다. 그 중 검은색은 원래 붉은색이었지만 천연 원료가 공기 중에 노출되는 과정에서 변색되었다고 한다. 채색의 원료는 주로 광물질, 즉 청금석(靑金石), 공작석(孔雀石), 석고(石膏), 황토, 금 등을 분쇄하여 곱게 가루로 만든 다음 물과 아교를 넣고 섞은 것이라고 한다. 1980년 안료를 만드는 데 사용했던 돌판을 정밀 조사함으로써 위와 같은 광물질이 사용되었다는 것이 판명되었다.

석굴의 일부만 개방하여 전체를 구경할 수는 없지만 일반인에게 개방된 석굴만 제대로 관람하는 데도 하루는 족히 걸린다. 그들은 1,600여 년 전의 문화재를 최대한 잘 보존하기 위해 석굴의 훼손 정도와 예술적 가치 여부에 따라 일반 석굴과 특별 석굴로 분류하여 관리하고 있다. 일반 석굴의 입장료는 35위엔(6,000원)이고, 특별 석굴의 입장료는 100위엔부터 500위엔에 이르기까지 매우 다양하다. 여기에 전문 가이드를 청하면 약간의 경비가 추가된다.

▶ 80K 동굴의 부처님 설법도 — 얼굴 부분이 많이 훼손되어 있다.

다행히 이 곳은 신장 지역의 다른 불교 유적지보다 훼손 정도가 심하지 않고 보존 상태도 대체로 양호한 편이다. 이것은 건축 당시 산 전체에 층층이 굴을 파서 일렬 횡대로 석굴을 조성하였기 때문이다. 이러한 구조로 인해 맨 아래층을 제외한 위층의 석굴에는 사람들이 접근하기 어려웠을 것이다. 사람이 쉽게 접근할 수 있었던 아래층의 석굴은 이미 형체를 알아볼 수 없을 정도로 심하게 훼손되어 있었다. 심지어 유목민들이 양의 우리나 헛간, 창고 등으로 사용해 이미 문화재로서의 가치를 상실한 석굴도 있었다. 그러나 위층에 조성된 석굴은 비교적 보존 상태가 좋은 편이다. 다만 석굴을 개방하면서 사람이 자주 드나들고 햇빛과 공기에 노출돼 벽화의 원래 색깔도 변하고 부분적으로 훼손된 곳도 있다. 그래서 국보급인 석굴은 일반인에게 개방하지 않고 귀빈이나 연구 목적으로 온 이들에게만 개방한다. 우리는 우타오가 직접 열쇠를 들고 다니며 안내해 준 덕에 국보급 석굴까지도 볼 수 있는 행운을 누렸다.

그러나 한 가지 안타까운 것은 커즈얼 천불동에 대한 중국의 연구 업적이 서양에 비해 매우 저조하다는 것이다. 서양에서는 이 석굴에 대한 연구가 이미 상당히 진척된 상태이다. 그런데 중국에서는 1980년 이후에야 본격적인 연구를 시작한 셈이니 서양보다 출발이 상당히 늦은 편이다. 결국 중국은 외국의 연구 업적을 통해 자신들의 문화재를 연구해야 하는 난관에 부딪혔다. 주객이 전도된 상황이 벌어지게 된 것이다. 이러한 문제 외에 그들이 연구 작업에 어려움을 겪는 이유는 몇 가지 더 있다.

첫째로 연구 지원비가 턱없이 부족하다는 점이다. 연구원이 연구에만 전념할 수 있도록 정부에서 기본적인 생활을 보장해 주어야 하는데 실정은 그렇지 못하다. 한 달 월급은 1,300위엔(약 20만 원) 정도밖에 안 되고, 제공된 집이라고는 달랑 방 한 칸짜리 기숙사밖에 없다. 공동 샤워실, 공동 화장실을 사용해야 되는데다가 직원을 위한 복지 시설은 아무것도 없는 아주 열악한 조건이다. 사정이 이렇다 보니 연구원들은 다른 직장을 구해 도시로 나갈 기회만을 노리고 있다. 당연히 문화 생활에 대한 욕구와 자식 교육에 대한 걱정으로 연구는 뒷전이 될 수밖에 없다는 것이다.

둘째, 연구원의 자질이 부족하다는 것이다. 이미 서양에서는 동굴 벽화에 대한 연구 결과가 수 차례 학술지에 발표되었지만 그 선행 연구 자료를 해득할 외국어 실력마저 부족한 실정이다. 그런 까닭에 연구는 제자리를 맴돌고 있고 관광객에게 기본적인 안내 자료를 만드는 것에 그치고 있다고 한다.

위와 같은 이유 외에도 중국의 역사적인 문제 또한 간과할 수 없다. 중국은 1842년 아편 전쟁에서 대패하고 난 후 서양 제국주의의 본격적인 침략을 받았다. 이를 계기로 통제력을 상실한 중앙 정부는 변방 지역에 대해 아무런 영향력도 행사하지 못하였고 그들은 형식상 중국의 영토에 편입되어 있을 뿐이었다. 약 100년이란 시간이 흐른 뒤 1949년에 이르러서야 신중국이 건설되면서 전국을 통제할 수 있는 힘이 생겼다. 그러나 문화재에 대한 보호 정책이 제대로 수립되기도 전에, 1958년 대약진운동(大躍進運動)이 실패한 정책으로 끝나면서, 연이은 3년간의 재해로 굶어 죽은 자가 2,000만 명이 넘었다. 게다가 1966년부터 10년간, 문화대혁명(文化大革命)이라는 엄청난 소용돌이를 겪으면서 문화재는 보호의 대상이 아니라 파괴의 대상이 되어 버린 것이다. 이처럼 파란만장한 역사적 상황에서 문화재를 보호하고 연구한다는 것은 거의 불가능한 일이었을 것이다. 1980년대에 들어선 후 차츰 문화재 보존에 대한 의식이 고조되기 시작했으나 개혁 개방으로 자본주의 물결이 들어오면서 그것마저도 쉽지 않은 일이 되어 버렸다. 결국 지금은 문화재 보호라는 것이 돈을 쫓는 일반 국민과는 상관없는 일처럼 전락한 것이다. 앞으로는 전 국민적인 차원의 관심과 투자가 지속적이고 계획적으로 이루어져야 할 것이다.

내가 커즈얼 천불동에 갔을 때 나의 앞 방에 묵고 있던 외국인은 이탈리아에서 유학 온 학생인데 베이징대학 역사과 박사 과정에 재학 중이었다. 그 학생은 6개월간 머물면서 중요한 석굴 벽화의 크기를 정확히 재고 특징을 메모하면서 벽화의 그림을 일일이 종이에 옮겨 그리고 있었다. 물론 그는 자신의 박사 학위 논문을 준비하기 위해 열심히 작업하는 것이겠지만 중국의 연구원보다 더 진지하게 일하는 모습이 인상적이었다. 중국에서도 그와 같은 노력들이 이루어져 언젠가는 자국 문화재에 대한 잃어버린 주권을 다시 찾아올 수 있게 되기를 희망해 본다.

③ 웨이월족과의
기나긴 하룻밤

우타오의 아내가 성의껏 준비한 아침을 먹고 우리 부부는 귀여운 위예량의 전송을 받으며 이슬비 내리는 산골을 벗어났다. 우타오는 우리에게 이틀 간 정성을 다해 숙식을 마련해 주었고, 쿠처 시내로 가는 택시까지 제공해 주었다. 차를 타자 우타오는 우리에게 새로 개방된 동굴을 잠깐 들러가는 게 어떻겠냐고 제안하였다. 동굴 이름은 마을 이름을 따서 아아이(阿艾) 동굴이라고 한다. 아아이 동굴은 2년 전쯤 이 곳에서 양을 치는 웨이월족 소년이 우연히 발견한 것인데 얼마 전부터 일반인에게 개방되기 시작했다고 한다. 우타오도 그 동안 베이징에 있었기 때문에 가 본 적이 없다고 해서 우리 모두 잠시 들러가기로 하였다. 동굴 입구는 매표소와 주차장 등을 새로 짓느라 어수선하고 어지러웠으며 관광객도 거의 없었다. 동굴로 향하는 길 양쪽으로 험한 산들이 첩첩이 쌓여 있었는데 모두 나무 한 그루 찾아볼 수 없는 민둥산으로 빨간색에 가까운 붉은 황토 빛을 띠고 있었다. 어제 내린 비로 진한 적갈색 물이 흘러내리는 길을 따라 30여 분을 걸으니 절벽 위에 동굴이 보였다.

　산비탈 사이로 아슬아슬하게 난 좁은 길을 따라 올라가 보니 벽화는 심하게 훼손되어 있었고 가운데 있어야 할 불상도 이미 형체를 알아볼 수 없을 정도였다. 당나라 때에 조성된 불교 유적이라고 하지만 이미 문화재로서의 가치는 상실한 상태였다. 그러나 벽화 중 훼손 정도가 미미한 일부분은 불교의 전파 과정과 당시의 예술을 연구하는 데 귀한 자료가 된다고 한다. 또한 동굴의 구조도 과학적으로 설계되어 있어 해가 뜨는 정동쪽 방향에 모셔진 불상이 일출을 잘 볼 수 있도록 고안되었다고 한다.

▶아이이 동굴 벽화

하나의 동굴을 보기 위해 붉은 진흙 속에 발을 담가 가며 험한 계곡을 걸어온 게 좀 억울하기도 하고 허무하기도 해 나는 우타오에게 투덜거렸다. 그리고 이렇게 넓은 지역에 동굴이 하나밖에 없는 게 좀 이상하지 않느냐고 물었다. 우타오는 웃으며 그 이유를 설명해 주었다.

이 동굴을 2년 전 처음 발견한 주인공은 다름 아닌 산양이라고 한다. 웨이월 족 소년이 산양을 방목하던 중 양이 가는 곳을 따라 가다가 우연히 발견한 것이다. 웨이월족 소년들의 말에 의하면 이와 유사한 동굴이 더 있다고 하는데 정확히 확인된 것은 아직 없다. 양치기 소년들은 동굴 하나 알려 주는 데 선불로 5,000위엔을 달라고 요구하고 있고 관계자들은 확실하지도 않은데 선뜻 돈부터 투자할 수 없다고 해서 더 이상 일이 진척되지 않는다고 한다. 그렇다고 어디 있는지도 모를 동굴을 찾아 깎아지른 절벽을 뒤지고 다닐 수도 없는 노릇이기 때문에 새로운 동굴을 발견하는 작업은 지지부진한 모양이었다.

다시 택시를 타고 쿠처 시내 버스 터미널로 향했다. 약 10분쯤 시내를 향해 가고 있는데 앞에서 낡은 버스 한 대가 지붕 위에 짐을 가득 실은 채 마주 오고 있었다. 우타오는 "저 차가 바로 이닝(伊寧)시로 가는 버스야!"라고 소리치더니 급히 택시에서 내렸다. 그리고는 길 한복판으로 뛰어가 마주 오는 버스를 세웠다. 버스가 급정거를 하자 우타오는 한참 동안 버스 기사와 차비를 흥정하였다. 결국 우타오는 50위엔인 차비를 35위엔으로 깎고는 기사에게 외국인이니 잘 부탁한다는 말과 함께 탑승 시간과 기사의 이름, 차 번호 등을 적었다. 우타오는 우리에게 시내에 나가서 다음 차가 없으면 곤란하니 지금 이 버스를 타는 것이 좋겠다고 하였다. 기사에게 이닝시까지 몇 시간이나 걸리느냐고 물었더니 12시간 정도면 충분하다고 한다. 사실 우리는 시내에 가서 카메라 건전지와 간식을 준비한 후 차를 타려고 하였다. 그러나 일이 이렇게 되자 시간을 절약하기 위해 하는 수 없이 그 버스를 타기로 하였다. 그리고 '설마 12시간이야 참을 수 있겠지. 가는 길에 가게 하나 없을까.'라고 너무 쉽게 생각을 하면서 차에 올랐다. 손을 흔들며 배웅하는 우타오와 석별의 인사를 나누고는 빈 자리에 앉았다.

그러나 자리에 앉자마자부터 우리의 고생은 시작되었다. 우리가 앉을 두 자리는 나란히 비어 있는 것이 아니어서 나는 18살 소년의 옆에, 아내는 갓난아이를 안은 아주머니 옆에 앉게 되었다. 나의 옆자리에 앉은 소년이나 아내의 옆자리 아주머니는 자리를 바꿔 주면 안 되겠냐는 우리의 요청에 대답도 없이 창 밖만 바라보았다. 하는 수 없이 우리는 배낭을 선반에 올리고 각자의 자리에 앉았다. 사실 그 두 자리만 달랑 남고 다른 사람이 앉지 않은 데는 그럴 만한 까닭이 있었다. 우선 내가 앉은 자리는 좌석의 앞뒤 간격이 너무 좁아 간신히 의자에 끼어 앉을 수 있었고 의자의 등받이는 허술하여 기댈 수조차 없었다. 그리고 아내가 앉은 자리는 버스 바퀴 때문에 바닥이 불쑥 튀어나와 있어 다리를 놓기가 매우 불편했다. 버스는 공장에서 출고한 이래 한 번도 청소를 하지 않은 듯 매우 불결했으며 좌석 시트도 앉기가 겁날 만큼 지저분했다. 게다가 바닥은 각종 쓰레기와 담배 꽁초, 해바라기 씨 껍데기 등으로 발 디딜 틈이 없었다.

차는 비포장길로 접어든 후 두 시간을 더 가서야 작은 마을에 정차하였다. 점심 시간인지 사람들이 모두 차에서 내렸다. 우리도 차에서 내려 먹을 만한 것을 찾아보았으나 위생 상태가 너무 불결해 보였다. 노상 탁자에 앉아 있으니 점원이 와서 차를 따라 주는데 찻잔은 제대로 닦지도 않은 듯 기름으로 미끈거렸다. 식욕이 싹 가시고 도저히 먹을 기분이 아니었지만 앞으로 9시간 정도를 가려면 뭐라도 먹어 두어야 했다. 아쉬운 대로 빤미옌과 볶음밥을 하나씩 시켰는데 역시 이상한 냄새와 불결해 보이는 식기 때문에 입맛이 돌지 않았다. 달려드는 파리를 쫓으며 억지로 몇 순가락 먹고 나서 곧바로 화장실을 찾아 나섰다. 식당 주인이 안내해 준 대로 뒷문을 나가서 오물이 흐르는 개울을 지나자 화장실이라고 쓰여진 담벼락이 나타났다. 그리고 화장실 입구에는 탄광에서 금방 나온 듯한 지저분한 양들이 버티고 서서 우리를 쳐다보고 있었다. 결국 나는 양들과 눈을 마주친 채 볼일을 보아야 했다.

차는 다시 출발하여 한참을 달리다 티옌산 산맥의 오르막길로 접어들었다. 티옌산 산맥의 총 길이는 약 2,500여 km이고 그 중 1,700여 km가 신장성을 동서로 가로지르고 있다. 이 산맥은 폭이 약 200~350km에 이르고 평균 높이도 해발 4,000m나 되는 험준한 산맥이다. 따라서 과거에는 이 산맥을 넘어간다는 것 자체가 상상조차 할 수 없는 일이었다. 우리가 넘어가고 있는 길은 '뚜쿠꽁루(獨庫公路)'라고 하는데 티옌산 이북의 뚜산즈(獨山子)에서 티옌산 이남의 쿠처(庫車)를 잇는 티옌산 산맥의 횡단 도로이다. 이 도로는 1983~1984년까지 군대를 동원하여 닦은 것이다. 당시 중국 정부에서는 길을 닦느라 고생하는 군인들을 소재로 영화까지 만들어 전국적으로 선전하기도 하였다. 수많은 군인들의 피와 땀

이 있었기에 오늘날 카스에서 이리(伊犁) 지구로 갈 때 먼 거리를 돌아가야 하는 수고를 면할 수 있는 것이다. 이 도로는 1993년, 건설된 지 10년이 지나서야 민간인들에게 개방되었다. 그것은 처음 이 도로를 닦은 목적이 군사적인 용도에 있다는 것을 말해 준다. 중국 정부는 군수물자의 공급과 유사시 군대의 신속한 이동을 위해 이 도로를 완성했던 것이다. 지금은 정기적인 버스가 운행되고 있지만 이 도로를 이용하는 사람은 대부분 관광객과 소수 민족이다. 일반적으로 한족은 시간이 오래 걸리더라도 우루무치를 경유하여 멀리 돌아가는 길을 택하고 있다. 길이 험한 이유도 있겠지만 한족들이 웨이월족이나 하사커족 등 소수 민족과 함께 차를 타는 것을 꺼려하기 때문이기도 하다.

날씨가 천천히 어두워지는 것과 동시에 온도가 갑자기 뚝 떨어졌다. 쌀쌀한 기운을 느끼며 창 밖을 바라보니 길바닥이 보이지 않는 것이었다. 산을 깎아 만든 도로여서 한쪽은 가파른 산비탈이고 다른 한쪽은 끝이 아득한 절벽이었다. 기사가 운전에 조금이라도 부주의하면 여차하는 순간에 끝장날 것 같아 섬뜩한 기분마저 들었다. 길 위에는 산에서 굴러 떨어진 바위들이 널려 있어서 운전하기도 쉽지 않을 듯했다. 운전사는 길 앞의 돌멩이와 산비탈의 낙석을 주의하느라 이쪽저쪽을 번갈아 살피며 운전하고 있었다.

급격히 추워진 날씨 탓에 사람들은 열려진 창문을 모두 닫았다. 그러자 담배 연기가 차 안을 가득 메우면서 이상한 냄새가 코를 찌르기 시작했다. 단순한 담배 연기는 아닌 것 같은데 참을 수 없을 정도의 고약하고 야릇한 냄새가 차 안에 진동하는 것이다. 도대체 이 냄새의 정체가 뭘까? 아내는 이미 코를 막고 머리까지

어지럽다는 신호를 보내 왔다. 단체로 방귀를 뀐 걸까? 아니면 지독한 발 냄새? 등 별별 상상을 다 해 보았지만 진원지를 찾을 수 없었다. 곧 혼절할 것 같은 냄새 때문에 나는 입으로 숨을 쉬며 머릿속으로 냄새의 정체를 추리해 보았다. 앞, 뒤, 옆 할 것 없이 사방에서 풍겨 오는 그 냄새의 정체는 다름 아닌 사람 냄새, 바로 58명의 승객과 두 명의 기사에게서 분출되는 냄새였다. 우리 둘을 제외한 나머지 승객은 모두 웨이월족으로 그들은 평소 양고기를 주식으로 한다. 서양 사람들이 우리의 마늘 냄새에 민감하듯 우리는 그들의 양고기 노린내가 낯설게 느껴졌다. 또한 그들은 추위에 대비해 모두 겨울에 입는 양모 잠바나 양모 코트를 걸치고 있었는데 거기서 고약한 냄새가 풍겨 나왔던 것이다. 게다가 오랫동안 몸을 씻지 않아 나는 땀 냄새, 발 냄새 등까지 복합적으로 어우러져 형용할 수 없는 이상한 냄새를 풍겨 댔다. 앞자리 노인이 한 번 움직일 때마다 내 코로 전해지는 냄새는 정말 나를 어지럽게 만들었다.

    냄새는 원래 시간이 지나면 무뎌지는 법, 냄새에 적응이 되고 나자 이번에는 또 다른 고통과 싸워야 했다. 바로 추위와의 전쟁이 시작된 것이다. 이 고통은 냄새보다 더 견디기 힘든 것이었다. 7월의 더운 날씨에도 이처럼 추운 곳이 있다고는 상상조차 못했다. 밖에서 내리던 비는 이미 진눈깨비로 바뀌고 산 중간 중간에는 눈까지 쌓여 있을 정도로 기온은 급하강했다. 티엔산 산맥의 여름은 전설 같은 겨울 날씨였다. 이를 잘 알고 있는 웨이월족 승객들은 미리 만반의 준비를 해 온 듯했다. 긴 바지와 긴팔 셔츠를 입고 그 위에 가죽 잠바나 양모 코트를 걸쳤으며, 머리에는 모자까지 쓰고 있었다. 그러나 우리는 맨발에 샌들, 반바지에 얇은 면 티가 전부였다. 숨을 쉬면 허연 입김이 보일 정도로 차가운 공기에 손발이 시려 오고 피부는 닭살로 변했다. 좁은 좌석에 앉아 장시간 시달려 온 터라 허리와 다리까지 쑤셔 오는데 온몸은 추위에 서서히 얼어 가는 느낌이었다. 나는 카스 빠자에서 산 겨울용 털모자를 생각하고는 얼른 꺼내어 아내의 머리에 씌워 주었다. 그리고 가방 속의 양말을 꺼내 두 겹으로 신고 벙어리 장갑 삼아 손에도 끼었다. 피서 복장을 한 채 머리에는 소련 사람들의 털모자를 쓰고 손에는 양말을 끼고 있는 아내를 보니 그야말로 가관이었다. 하지만 추위에 노출된 채 온몸이 얼어붙는 것보다는 광대 같은 차림을 하고 있는 편이 훨씬 나았다.

버스는 서너 시간이나 산을 굽이굽이 돌아 거의 봉우리까지 올라갔는데 그 곳에는 상상하지도 못했던 넓은 초원이 펼쳐져 있었다. 추위도 잊은 채 눈 앞에 펼쳐진 초원을 넋 놓고 바라보고 있는데 돌연 십여 마리의 말 떼가 우리 버스 앞으로 뛰어 들었다. 길 양편의 초원에서 방목하고 있던 한 떼의 말 무리는 마치 우리 버스를 에스코트하기 위에 길 위로 올라선 듯했다. 버스 기사는 말에게 빨리 비키라고 클랙슨을 눌러 대며 속도를 냈지만 말은 바람을 가르며 전력을 다해 앞으로 질주하였다. 윤기 나는 갈기를 휘날리며 지축을 박차고 힘차게 앞으로 내닫는 흑마의 야생미는 말로 표현할 수 없을 정도로 아름다웠다. 다시 볼 수 없는 멋진 장관이었지만 카메라의 건전지가 떨어진 관계로 내 두 눈을 통해 녹화해야만 했다. 10분 정도 지나자 아쉽게도 하사커 유목민들이 달려와 말 떼를 몰고 초원으로 내려갔다. 그러나 영화보다도 멋진

이 장면은 한동안 뇌리에서 떠나지 않았으며 평생 잊지 못할 추억이 되었다.

드라마틱한 장면이 사라지자 잠시나마 잊고 있었던 추위와 냄새가 다시 찾아왔다. 무릎을 세워 두 팔로 감싸안고는 창 밖을 바라보며 얼마나 더 가야 할까 생각하고 있는데 이번에는 그림 같은 장면이 내 시선을 사로잡았다. 황홀하게 푸르른 초원이 바다같이 펼쳐져 있고 초원과 하늘이 맞닿은 곳에는 노랗고 빨간 노을이 아름답게 물결치고 있었다. 이 초원이 바로 아름답고 광활하기로 유명한 나라티 초원이다. 초원 위로는 수만 마리의 양 떼가 한가롭게 풀을 뜯고 있었다. 이 곳의 양들은 털이 너무 하얗고 깨끗해 마치 눈을 뭉쳐 빚어 놓은 듯하였다. 사진에서 본 유럽 알프스의 양보다도 더 예쁘고 깨끗했다. '저 푸른 초원 위에 그림 같은 집을 짓고……'라는 노랫말이 절로 떠올랐지만 그것도 춥지 않아야 가능한 일이 아닌가.

나는 슬슬 어두워져 가는 창 밖을 바라보다 옆에 앉은 소년에게 말을 붙여 보기로 하였다. 그 동안 내가 만난 웨이월족은 모두 친절했는데 차 안의 웨이월족만큼은 냄새만 풍길 뿐 전혀 친절해 보이지 않았다. 자리를 바꿔 달라는 내 부탁을 처음부터 거절했기 때문에 괘씸한 마음에 말을 안 하려고 했지만 아쉬운 건 나였다. 이것저것 궁금한 것을 물어 보고 싶어 조심스럽게 말을 건넸다. "나는 이닝(伊寧)시에 가는데 넌 어디로 가니?" 하고 묻자 소년은 "어? 이 차 이닝시 안 가는데?"라고 대답하는 것이 아닌가. 나는 너무 놀라 "이닝으로 가는 게 아니라구? 기사가 분명히 12시간이면 이닝에 도착한다고 했는데?" 하고 되물었다. 그는 한심하다는 듯 웃으며 "속았어. 이 차는 이닝으로 가는 차가 아니고 신위옌(新源)으로 가는 거야. 우리 집이 거기거든. 그리고 12시간 밖에 안 걸린다니 말도 안 돼. 20시간 이상은 걸릴 걸. 내일 아침이나 돼야 도착할 거야. 너무 걱정하지 마. 신위옌에는 이닝으로 가는 버스가 자주 있고 한 시간 반밖에 안 걸리니까 내려서 버스를 갈아타면 돼."라고 이야기해 주었다. 나는 기가 막혀 말이 안 나왔다. 기사한테 속은 건 둘째 치고 이 상태로 13시간이나 더 가야 한다니 눈앞이 캄캄해졌다. 아내가 이 사실을 알면 기절할 텐데, 걱정이 태산 같았다. 심난한 마음으로 "그럼 가는 길에 어디 쉬는 곳은 없을까?" 하고 물으니, 그는 "두 시간 정도 더 가면 밤 12시쯤 작은 마을에 도착할 거야. 그 곳에 식당이 있으니 밥은 먹을 수 있어."라고 대답하였다. 소년의 말을 들으면 들을수록 기가 막힌 소리뿐이었다. 그는 갑자기 인상을 찡그리고 차멀미가 난다며 더 이상 말을 시키지 말라고 하더니 창문을 열고 얼굴을 밖으로 내밀었다. 남은 추워 죽겠는데 창문까지 열어젖힌 소년은, 조금 있다가 토하기 시작하였다.

    다른 사람들은 창 밖의 경치를 감상하고 있는데 우리 둘은 계속 팔다리를 문지르면서 추위를 쫓느라 여념이 없었다. 얼마를 갔을까? 사람들이 화장실에 가야겠다며 차를 세우라고 아우성이다. 기사가 차를 세우자 차 안의 사람들이 모두 내려 적당한 자리를 찾아 갔다. 신기한 것은 누가 정한 것도 아닌데 여자는 차의 왼쪽, 남자는 차의 오른쪽으로 흩어져 각자 볼일을 보는 것이었다. 그런데 문제는 아내의 옷차림이었다. 웨이월족 여자들은 대부분 통이 넓은 긴 치마를 입었기 때문에 감쪽같이 볼일을 볼 수 있었지만 아내는 반바지 차림이라 그럴 수가 없었다. 나무 한 그루 없는 드넓은 초원에 아무 데나 앉아 볼일을 볼 수도 없는 노릇이었다. 게다가 우리는 피서복 차림에 털모자를 쓴 유일한 외국인이라서 일거수 일투족에 100여 개의 눈동자가 따라붙었다. 하는 수 없이 나만 용변을 보고 아내는 그냥 참겠다며 다시 차로 올라갔다. 사실 이럴 때 가장 좋은 방법은 기사에게 도움을 청한 다음 승객이 모두 차에 올라탄 후 버스 뒤에서 실례를 하는 것이다. 하지만 낯선 환경 탓인지 아내는 참는 데까지 참겠다고 고집을 부렸다.

차를 타고 다시 얼마를 가니 이번에는 눈이 내린다. 이런 걸 바로 설상가상(雪上加霜)이라고 하나 보다. 주위의 웨이월족 승객들은 배가 고픈지 부스럭거리며 허즈[35]와 낭을 꺼내 맛있게 먹고 있다. 다른 때 같으면 쳐다보지도 않았을 음식이지만 그 때는 왜 그리 맛있어 보이던지 입 안에서는 침이 꼴깍꼴깍 넘어가고 뱃속에서는 꼬르륵 하는 소리가 났다. 차마 달라는 말은 할 수 없고 그냥 물끄러미 바라만 보고 있다가 주머니 속에 넣어 둔 껌에 생각이 미쳤다. 나는 주머니 속에서 껌을 꺼내 씹으면서 그들에게도 하나씩 나누어 주었다. 내심 껌을 받으면 낭 한 조각쯤은 주겠지 라고 생각했지만 내 계산은 어김없이 빗나갔다. 그들은 고맙다는 인사와 함께 당연히 껌을 받아든 후 나에게 어떤 것도 주지 않았다. 나는 속으로 '그래 잘 먹고 잘 살아라! 먹고 나서 그 냄새나 좀 어떻게 처리하길 빈다, 빌어!'라고 중얼거렸다.

드디어 불빛이 점점 가까워지면서 휴게소에 도착하였다. 눈 내리는 산 속의 휴게소. 매우 그럴듯하게 들리지만 그 곳에는 낭만이 아닌 혹독한 추위가 기다리고 있었다. 맨살에 눈을 맞으니 냉기가 더해 갔다. 다행히 식당 안은 비교적 훈훈했으며 난로에서는 장작이 훨훨 타고 있었다. 우리는 사람들 틈을 비집고 난로를 향해 돌진했다. 사람들은 우리 꼴을 보고는 불쌍하다는 듯 상석을 내주었다. 30분 정도 몸을 녹이고 나니 그제서야 살 것 같았다. 나는 아내에게 "사실은 12시간이 아니라 20시간 이상 걸린대. 이제 반 정도밖에 안 온 거라는데 괜찮겠어?"라고 걱정스레 물었다. 아내도 대강은 짐작했던 일인지 "할 수 없지 뭐. 설마 죽기야 하겠어?"라며 웃었다. 우리는 마땅히 먹을 게 없어 또 빤미옌을 시켰다. 점심 때의 식당보다도 위생 상태는 더 엉망이었지만 배고픈 상황에서 이것저것 가릴 계제가 아니었다. 그저 추위에 떨지 않아도 된다는 현실에 만족해 하며 국수를 다 먹고 느긋하게 불을 쪼였다. 얼마 후 기사의 재촉에 따뜻한 식당을 뒤로 하고는 다시 차에 올랐다.

칠흑 같은 밤이 되자 창 밖은 불빛 하나 보이지 않는 암흑 그 자체였다. 기사도 교대했는지 낮에 운전하던 기사는 간이 침대에 누워서 자고 있었다. 차는 산 속을 다시 달리기 시작했고 나는 갑자기 피곤이 몰려오면서 졸음이 쏟아졌다. 추위에 떨다 따뜻한 곳에서 저녁을 먹은 탓인지 긴장이 풀리고 온몸이 나른해졌다. 이렇게 추운데도 잠이 오는 건 겨울날 군대에서 야간 경계 근무 설 때 이후 처음 있는 일이었다. 끄덕끄덕 졸다가 깜빡 잠이 들었나 보다. 일어나 보니 새벽녘이 되었는지 창 밖이 희끄무레했다. 차는 아직도 산 속을 달리고 있었고 멀리 보이는 높은 봉우리에는 흰 눈이 덮여 있었다. 넓은 구릉 지대에는 초원이 펼쳐져 있고 초원이 끝나는 곳에는 아름드리나무들이 원시림을 이루고 있었다. 차는 S자형 내리막길을 조심스럽게 내려갔고 주위는 점점 밝아 오기 시작했다.

밤새 추위에 떨어서인지 어깨와 허리, 목 부위가 뻐근해 왔지만 일단 해가 뜨고 따뜻한 햇살이 비추자 온몸이 나른해지면서 다시 졸리기 시작했다. 얼마나 잤는지 다시 눈을 떠 보니 해는 이미 머리 위에 있었고 차는 산길을 벗어나 평지를 달리고 있었다. 길가에는 더 이상 초원이나 숲이 보이지 않고 허름한 상점과 농가들이 띄엄띄엄 눈에 들어왔다. 마차를 몰고 가는 사람들이 자주 보이는 것으로 보아 머지않아 역에 도착할 것 같았다. 옆에 있던 소년이 자기는 다음 정거장에서 내리니 나에게 종점까지 잘 가라며 환하게 웃었다. 나는 속으로 '자식, 처음부터 친절했으면 얼마나 좋아. 다음부터 멀미는 하지 말아라.'라고 얘기하고는 잘 가라며 웃는 얼굴로 손을 흔들어 주었다.

길가의 집들은 갈수록 빼곡해졌고 사람들도 점점 많이 보이기 시작했다. 중간에 빠자를 지나고 나니 드디어 신식 건물이 보이고 멀리 버스 터미널이 나타났다. 터미널의 이름은 역시나 신위엔역이었다. 나는 즉시 기사에게 가서 따졌다. 처음 차를 탈 때 분명히 이닝까지 간다고 해 놓고 신위엔까지밖에 안 왔으니 차액을 돌려달라고 요구했다. 진작부터 따지고 싶었지만 혹시나 중간에서 강제로 차를 내리게 되는 불상사가 생기면 어쩌나 하는 생각으로 참고 참아 왔던 터였다. 그는 웃으면서 "걱정마요. 이닝시 가는 버스도 우리 회사 차니 내가 안내해 줄게요."라고 하여 나를 머쓱하게 만들었다.

터미널에서 승객들이 다 내린 후 우리는 배낭을 챙겨 들고 밖으로 나와 신선한 공기를 맘껏 마셨다. 시계를 보니 8시, 우리는 약 22시간 동안 쪼그리고 앉아 거대한 산 하나를 넘어온 셈이다. 이렇게 해서 우리의 티엔산 횡단 여정은 무사히 끝이 났다. 산 위의 아름다운 초원, 초원과 하늘이 맞닿은 곳의 저녁 노을, 떼지어 달리는 말, 한가로이 풀을 뜯는 양 떼들의 모습은 지금도 눈앞에 선하다. 지난 밤의 고생도 아마 평생 잊을 수 없는 추억거리가 될 것이다. 기회가 되면 다시 한 번 꼭 가 보고 싶은 곳이다. 물론 다음 번에는 반드시 옷과 빵을 넉넉히 준비할 것이다. 그리고 조금은 부끄러운 얘기지만 하루 동안 한 번도 화장실에 가지 않고 버틴 아내가 정말 위대해 보였다. 그러나 아내는 그 날의 후유증으로 빼이징행 기차를 타는 순간부터 방광염 치료약을 먹어야 했다.

기사는 우리의 짐을 받아 들고 이닝시행 버스까지 친절히 안내해 주었다. 그리고 이닝시행 버스 기사에게 우리 차비는 받지 말라는 당부를 하고 우리에게 자리를 잡아 준 후 어설픈 한어로 작별 인사를 했다. 편안한 의자에 앉아서 따뜻한 햇살을 받으니 또 졸음이 쏟아지기 시작했다. 이닝시까지 가는 버스에서 우리는 머리를 맞댄 채 배낭을 꼭 끌어안고 두 시간 동안 잠만 잤다.

가을 학기가 시작되고 뻬이징에서 우타오를 다시 만났을 때 우리가 고생했던 얘기를 들려주자 그는 모든 게 자기의 불찰이라며 계속 미안해서 어쩔 줄 몰라 했다. 자기도 그 길은 한 번도 가 보지 않아 기사 얘기만 믿었기 때문에 그렇게 오래 걸릴 줄도 몰랐고 추위와 굶주림은 예상하지도 못했노라고 하였다. 우타오는 지금도 그 때의 에피소드가 화제에 오르면 갑자기 얼굴이 빨개지면서 나에게 담배를 권하고 음료수를 따라 주는 등 무안함을 모면하려고 애쓰곤 한다.

주

35. 양고기 혹은 돼지고기, 소고기 등과 각종 야채를 넣고 만든 큼직한 송편 모양의 만두.

4 별장 같은 호텔

따가운 햇볕이 쨍쨍 내리쬐는 한낮, 밤새 추위와 배고픔으로 난민과 같은 밤을 보낸 우리는 기진맥진한 상태로 이리띠취(伊犁地區)의 중심 도시인 이닝(伊寧)시에 도착하였다. 중국의 행정 구역 이름은 다양한 소수 민족의 이름으로 만들어진 경우가 허다하다. 중국 지도를 펴놓고 자세히 관찰해 보면 각 지방의 명칭이 무슨 자치구(自治區), 무슨 지구(地區), 무슨 자치주(自治州) 등으로 표기되어 있는 것을 쉽게 볼 수 있다.

중국의 행정 단위는 크게 중앙(中央), 성(省), 지구(地區), 현(縣), 향(鄕)으로 구분한다. 이 중 지구(地區)의 책임자만 성장(省長)이 임명하여 파견하고 나머지 행정 단위의 책임자는 선거로 선출한다. 그 외에 소수 민족의 밀집 정도에 따라 성(省)급인 자치구(自治區), 자치주(自治州 : 地區와 비슷한 규모), 자치현(自治縣), 민족향(民族鄕)이 있는데, 이는 소수 민족이 집중 거주하는 지역의 행정 구역 단위이다. 이 행정 구역 단위 앞에 지명과 소수 민족의 이름을 병기하면 정확한 지방의 명칭이 된다. 예를 들어 신쟝[지명]웨이월[종족명](新疆維吾爾)자치구, 이리[지명]하사커[종족명](伊犁哈薩克)자치주, 차뿌차얼[지명]시뻐[종족명](察布查爾錫伯)자치현이라 한다. 단, 최소 행정 단위인 샹(鄕) 앞에는 '자치' 대신 '민족'이라는 단어를 사용하여 무슨무슨 민주샹(民族鄕)이라고 부른다. 예를 들어 우즈베커(烏孜別克)민주샹, 타타얼(塔塔爾)민주샹 등이 있다. 예외적으로 내몽고자치구(內蒙古自治區)에서만은 맹(盟 : 州와 地區에 해당)과 기(旗 : 縣에 해당)라는 명칭을 사용한다. 이는 몽고족의 반감을 줄이고 몽고족을 효과적으로 통치하기 위한 청 대(淸代) 맹기제도(盟旗制度)가 그대로 남아 있기 때문이다.

시끄럽고 혼잡한 터미널 골목을 빠져 나오자 우리는 원기를 회복하기 위해 일단 뭐든 먹기로 했다. 뜨거운 태양의 열기를 피해 무조건 에어컨이 켜져 있는 식당으로 들어가 몇 가지 음식을 시켰다. 공기밥 두 그릇을 뚝딱 해치우고 우선 짐을 풀기 위해 이리삥꾸안(伊犁賓館)으로 향했다. 이닝시에 도착하면 값이 좀 비싸더라도 이리삥꾸안으로 가라는 쏜퀘이의 적극적인 권유가 있었기 때문이다. 이리삥꾸안은 구 소련 대사관 건물로 비록 오래되기는 하였지만 독특한 소련의 건축 양식이 남아 있을 거라고 하였다.

택시를 타고 호텔에 도착해 보니 입구에서 본관까지는 차로 약 5분이나 들어가야 했다. 최근에 새로 지은 본관 건물을 제외하고 2층이나 3층짜리 별관 건물은 한눈에 보아도 매우 이국적이었다. 마치 울창한 숲 속의 별장 같은 분위기였다. 새소리와 꽃 냄새, 그리고 소련풍 건물이 어우러져 북유럽의 정취를 자아내고 있었다. 생각보다 값도 저렴하여 1인당 70위엔(12,000원) 정도 하였다. 다른 일반 호텔보다 비싼 건 사실이었지만 우리는 아늑하고 운치 있는 분위기에 매료되어 두말 없이 결정했다. 사실 카스를 출발한 아침부터 아투스 여관, 우타오가 살고 있는 커즈얼 천불동 내의 호텔, 티엔산을 넘는 4일의 여정 동안 제대로 씻은 날이 하루도 없었다. 우리는 그 동안의 한을 풀기 위해 이닝시에서 단 하루만이라도 사치를 부려 보기로 했다. 본관에서 열쇠를 받아 종업원이 안내해 준 방으로 갔다. 우리는 방에 들어가자마자 화장실에 있는 샤워기부터 확인했다. 물줄기가 시원하게 쏟아지는 것을 보니 눈물이 날 정도로 기뻤다. 방 안은 깨끗하고 상쾌한 느낌이 들어 그 동안 묵었던 호텔과는 완전히 다른 품격을 지니고 있었다. 창문을 여니 아름다운 숲도 보이고 맑은 새소리도 들려와 모든 것이 행복했다. 숙박비에 뷔페식 아침 식사권도 포함되어 있다니 따지고 보면 그리 비싼 편도 아니었다. 우리는 이렇게 아늑한 호텔을 소개해 준 쏜퀘이에게 매우 감사하게 생각했다.

정말 오랜만에 편안한 환경을 접하니 온몸의 긴장이 풀리면서 노곤해져 왔다. 밖이 너무 뜨겁기도 했지만 그보다는 간만의 안락과 평화를 즐기기 위해 잠시 쉬기로 했다. 내일 하루는 이른 아침부터 훠얼꿔쓰커우안(藿爾果斯口岸) 변방 무역 시장, 이리장쥔푸(伊犁將軍府), 린저쉬(林則徐) 기념관, 쫑꾸러우(鐘鼓樓), 싸이리무(賽里木) 호수 등을 답사할 것이다. 답사할 지역은 더 많았지만 시간 관계상 하루에 둘러볼 수 있도록 일정을 잡다 보니 가 보고 싶은 곳이 더러 빠질 수밖에 없었다. 우선 이슬람교와 관계된 곳은 이전에 답사하였기 때문에 제외하였고 카스에서 접해 보지 못했던 곳을 우선적으로 선택하였다. 잠깐의 달콤한 휴식을 마친 후 우리는 내일의 일정을 위해 택시를 알아 보고 가격을 흥정하기로 했다.

낮보다 한결 시원해진 늦은 오후 고풍스러운 호텔 정원을 나와 중심가에 있는 런민꽁위엔(人民公園)까지 걸어갔다. 중국의 대도시 한복판에는 대개 런민꽁위엔이라는 공간이 있다. 런민꽁위엔은 특별한 의미가 있는 곳이 아니라 일반 시민이 쉬어 가는 공간으로 그 지역을 대표하는 조형물이 설치되어 있다. 우리는 공원을 한 바퀴 산책하고 나서 근처의 노점상들이 밀집되어 있는 곳으로 자리를 옮겼다. 노점상에서는 주로 간식거리나 잡화를 팔고 있었는데 젊은층들의 활기찬 모습이 여느 대도시와 다를 바가 없었다. 밤이 되면서 날씨가 선선해지자 거리는 사람들로 붐비기 시작했다. 시 중심에서 약간 벗어나자 멀리 이슬람 사원이 눈에 들어왔

▶이닝시의 회이족 이슬람 사원

다. 건물의 꼭대기에 초생달 조형물이 설치되어 있어 한눈에도 이슬람 사원인 것을 알아볼 수 있었다. 그러나 이 사원의 전체적인 건축 양식은 카스 지역의 웨이월족 이슬람 사원과는 다른 모습이었다. 이 특이한 모양의 사원이 바로 훼이족의 전형적인 이슬람 사원이다. 훼이족은 대개 중국의 전통 건축 양식에 따라 이슬람 사원을 지은 후 그 위에 초생달 조형물을 얹어 놓음으로써 이슬람교 사원의 특징을 따른다. 그들은 역사적으로 길게는 당(唐)나라, 짧게는 원(元)나라 때 중앙 아시아로부터 이주해 와서 이미 한족화된 민족이다. 그들이 이슬람교를 믿는다는 것 외에는 외모와 생활 습관 등 대부분이 한족과 크게 다르지 않다. 바로 이와 같은 이유에서 그들 사원의 건축 양식은 웨이월족 사원과 달리 매우 중국적이다. 따라서 훼이족 이슬람교 사원의 건축 양식은 이질적인 문화가 상호 접촉을 통해 서로 영향을 주고받으며 부단히 변화해 간다는 사실을 잘 나타내 주는 것이다.

   나는 다음 날 답사할 지역을 종이에 적어 지나가는 행인들에게 대강 얼마 정도의 경비가 소요될지 물어 보았다. 이렇게 사전 조사를 통해 현지 가격을 알아 놓으면 택시 기사와 흥정할 때 바가지를 쓸 위험이 줄어든다. 조사한 바에 의하면, 경비는 200위엔 정도가 적당하고 일정은 비교적 빠듯할 거라고 한다. 하지만 우루무치로 가는 버스가 저녁 9시까지 있기 때문에 시간은 걱정하지 않아도 될 듯하였다. 택시 기사마다 부르는 가격이 달라 300위엔부터 200위엔까지 다양했으나 우리는 젊은 한족 기사와 170위엔에 흥정하고는 다음 날 아침 7시에 출발하기로 하였다. 그런데 또 변방 통행증이 문제였다. 그는 우리의 일정을 들어 본 후 변방 무역 시장에 가려면 변방 통행증이 필요할 거라면서 우리에게 공안국에 가자고 하였다. 우리는 이미 경험한 바가 있기 때문에 외국인은 필요 없는 것이라고 누누이 얘기했지만 그는 통 믿지 않았다. 중국은 각 지역마다 법이 다르기 때문에 그 곳과는 경우가 다르다며 고집을 부렸다. 하는 수 없이 그의 말을 따라 공안국까지 갔으나 이미 문이 닫힌 후라 내일 아침에 다시 들르기로 하고 이리 대교 입구에서 헤어졌다.

    이리 대교 위를 산책하면서 아래를 굽어 보니 누런 황토 빛 강물이 흐르고 있었다. 이틀 전 내린 비로 흙탕물이 섞여 강물이 탁해진 탓도 있겠지만 평상시에도 그다지 맑을 것 같지는 않았다. 그런데도 많은 사람들이 강가에 모여 바람을 쏘이며 강물을 감상하고 있었다. 이리 대교는 대교라고 하기에 규모가 너무 작았지만 나름대로 고풍스러운 멋이 있었다.

⑤ 반란의 땅

아침 식사를 하러 식당에 내려가 보니 이른 시간이라 손님보다 종업원이 더 많았다. 깨끗하고 친절한 것도 마음에 들었지만 무엇보다 음식의 종류가 다양하여 한 가지씩만 먹어도 금방 배가 불러 왔다. 우리는 눈치를 살피며 삶은 계란과 빵, 만두 등을 비닐봉지에 담아 가방에 넣었다. 먼 거리를 답사하다 보면 도중에 먹을거리 파는 가게를 찾기도 쉽지 않고, 식사 시간도 제대로 맞추기 힘들다. 그럴 때는 지금처럼 기회가 있을 때 망설임 없이 슬쩍 배낭에 챙겨 간식거리를 확보해 두는 것도 여행의 작은 지혜(?)이다. 체크아웃을 하고 밖을 보니 착하게 생긴 기사가 우리를 기다라고 있었다.

외국인의 경우에는 변방 통행증이 필요 없고 여권만 있으면 된다고 아무리 얘기해도 그 기사는 믿지 않았다. 자기도 어제 다방면으로 수소문해 보았지만 모두들 그런 얘기는 금시초문이라고 했으며 오히려 외국인은 변방 무역 시장에 갈 수 없다는 소리까지 들었다고 하였다. 그는 이어서 이 곳 상황을 잘 아는 친구를 불러 변방 통행증을 신청해야겠다며 우리를 데리고 친구네 집으로 갔다. 미리 연락을 받고 기다리고 있던 친구는 뜻밖에 여자였다. 나중에 알고 보니 그녀는 기사의 전처이며 그 둘은 현재 재결합하기 위해 노력 중이라고 했다. 말은 하지 않았지만 기사가 그녀를 부른 것은 나름대로 속셈이 있는 것 같았다. 그녀의 동행으로 우리 부부는 그 둘을 다시 이어주는 매파(媒婆)가 된 셈이었다. 예정에 없던 일이지만 서로 재결합하려고 노력하는 그들에게 조금이나마 보탬이 된다면 좋겠다는 생각이 들었다.

그녀는 차에 오르자마자 변방 통행증 일로 말도 안 되는 방법을 나열하였다. 심지어 외국인에게 통행이 허가되지 않으면 변방 경계 지역에 가서 그 동네 사람이 타고 가는 마차에 두건을 쓰고 현지인으로 위장한 채 들어가면 된다는 식의 황당한 얘기까지 늘어놓았다. 나는 어이가 없어 "일단 변방 통행증 발급처 — 정식 명칭은 진입변경관리구판증처(進入邊境管理區辦證處) — 로 가서 물어 보자."고 하자 그녀는 "만약 가서 물어 보다가 외국인인 게 들통나면 더 난처해질 거야."라며 상식 밖의 이야기만 하였다. 결국 그들도 뾰족한 수가 없는지 먼저 변방 통행증 발급처로 가서 물어 보자고 하였다.

그녀는 다소 긴장된 얼굴로 발급처에 들어가더니 금새 환한 표정으로 나왔다. 결국 우리를 제외하고 그들만 변방 통행증을 발급 받았다. 중국의 변방 지역에서는 일반인이 행정적인 절차나 법규에 대해 잘 모른다. 외지인의 발길이 뜸한 지역에서는 더 말할 것도 없고 외국인과 관련된 많은 사안에 대해서는 지나치게 민감한 경우가 많다. 중국이 개방한 지 이미 20여 년이라는 세월이 흘렀지만 아직까지도 오지에서는 이전처럼 외국인을 특별히 관리해야 하는 존재로 오인하는 경우가 많기 때문이다. 어쨌든 우리는 아무것도 아닌 일에 힘과 시간만 허비한 셈이었다.

변방 무역 시장은 매우 크고 번화한 곳이라고 들었는데 막상 와서 보니 명성에 걸맞지 않게 시골 장터 같은 분위기였다. 과거 국경의 관문이 개방되었던 시절에는 구(舊) 소련과 중국의 상품을 교역하던 유명한 무역 시장이었지만 지금은 관광객을 위한 잡동사니 시장으로 전락했다. 진위를 확인할 수는 없었지만 러시아, 파키스탄, 일본, 미국 등지에서 들어온 수입 제품이 많았다. 우리가 뻬이징에서 왔다고 하자 상인들은 여러 상품을 보여 주며 계속 사라고 권한다. 물건들이 대부분 조악해 솔직히 살 만한 것은 하나도 없었다. 재미있게도 어떤 상인 하나가 요즘 유행하는 한국 상품이 있다며 우리에게 손짓을 한다. 호기심이 발동하여 자세히 물건을 살펴보니 북한 회령에서 생산한 면도기, 손톱깎기, 등산용 칼 등이 아닌가. 그 상인은 이 제품들이 진짜 한국 물건이라고 믿는 것 같았다. 사실 제품마다 한글로 상표가 쓰여 있어 외국인이 보기에는 한국 상품이라고 믿을 법도 하였다. 솔직히 나로서는 한국에서도 보지 못했던 북한산 물건들을 머나먼 이역땅에서 보게 되니 반가움보다 서글픔이 앞섰다. 언제쯤에나 이 물건들을 한국에서도 볼 수 있을까 생각하니 착잡한 마음이 들었다.

변방 무역 시장을 뒤로 하고 우리는 쫑꾸러우(鐘鼓樓)로 향했다. 쫑꾸러우는 청(淸)나라 때 건축물로 중국의 일반적인 고건축

물과 비슷한 양식이다. 건물 내부를 한 바퀴 휘 둘러보는데 천장에 그려진 태극기가 눈에 들어왔다. 이 곳에 뜻밖에도 태극기가 있다는 게 놀라워 자세히 살펴보니 커다란 태극 문양과 팔괘가 선명하게 그려져 있는 것이다. 중국 사람들이 가끔 한국의 태극기가 중국의 태극 무늬를 본떠서 만든 것이라고 말할 때마다 나는 기분이 상했지만 구체적으로 반박할 자료가 부족하다는 걸 절감했었다. 그러나 오늘 이 장면을 목격하고 나니 중국에 한국보다 더 많은 태극 문양이 남아 있다는 게 과장은 아닌 모양이다. 이 사실을 어떻게 설명해야 할까?

린저쉬(林則徐) 기념관은 글자 그대로 린저쉬를 기념하기 위해 현대식으로 지은 기념관이다. 청나라 말기 때 러시아는 중국의 서북부 지역을, 서부 열강들은 중국의 동남해 연안을 침입하였다. 이에 내우외환을 겪고 있던 청 정부는 변방의 불모지 신장 지역을 포기하려고 하였다. 그러나 린저쉬가 이 지역의 중요성을 역설하여 결국 잃었던 대부분의 영토를 되찾을 수 있었다. 이 기념관은 린저쉬의 이와 같은 공로를 기념하기 위해 새롭게 지은 것이다. 그러나 린저쉬도 말년에는 처지가 그다지 편치 않았던 것 같다. 그는 중국의 아편을 근절하기 위해 영국 배에서 아편을 모두 압수하여 불태워 버렸는데 후에 이 문제로 두 나라는 첨예한 갈등 상태에 놓이게 되었다. 결국 정부는 그에게 책임을 묻고 린저쉬는 좌천당한 후 변방으로 쫓겨나 쟝쥔푸(將軍府)에 거주하였다고 한다.

이리 쟝쥔푸는 청나라 때 신장 지역의 최고 통치 기구였다. 쟝쥔푸는 1762년(건륭 27년) 이 지역에서 반란을 일으킨 준까얼(準噶爾)을 평정한 후 1763년부터 성을 쌓기 시작하여 1765년에 완

성하였다. 당시 건륭 황제는 쟝쥔푸에 훼이위옌(惠遠)이라고 쓴 친필 현판을 하사하고 4,000명의 군대를 주둔시켜 이 지역을 통치하였다. 1871년 러시아의 침입으로 당시의 쟝쥔푸가 소실되었으나 1882년 청 정부는 이 지역을 회복한 후 원래 성이 있던 자리의 북쪽 20km 지점에 같은 모양의 성을 복원하였다. 이리하여 1894년에 다시 완성된 쟝쥔푸는 현재 이 지역을 대표하는 고건축물로 자리잡고 있다.

싸이리무 호수로 가는 길에 빤미옌을 먹었지만 카스의 마하무더·카스가얼 마자 근처 식당에서 먹었던 것과는 비교도 할 수 없는 이상한 맛이었다. 점심을 먹고 산길로 접어든 후에는 나른함

▶아름다운 호수 싸이리무

과 식곤증이 몰려와 졸다 깨다를 반복했다. 산 정상에 올랐나 보다고 느낀 순간 바다 같은 호수가 눈 앞에 펼쳐졌다. 사실 이틀 전 티옌산을 넘을 때에도 이 곳을 지나갔지만 그 때는 밤중인데다가 비몽사몽이라 제대로 보지 못하였다. 직접 이 곳을 다녀간 사람들은 입을 모아 싸이리무 호수가 중국 호수 중 가장 아름답다고 극찬을 한다. 호수의 뒤로는 뾰족한 산봉우리들이 병풍처럼 둘러서 있고 입구에서부터 양쪽 옆으로는 푸른 초원이 낮은 구릉을 이루며 펼쳐져 있었다. 고산 지역이라 시원한 산바람이 머리카락을 스치고 지나가며 향긋한 풀 냄새를 전했다. 호수는 신비한 마술을 부려 놓은 것처럼 수심에 따라 물의 색깔이 달라 보였다.

물가는 맑고 투명한 크리스털 같았지만 수심이 깊어질수록 물 색깔도 점점 짙어져, 연한 하늘색부터 코발트색에 이르기까지 온갖 파란색은 다 모여 있는 듯하였다. 어떤 마블링 기법으로도 흉내낼 수 없는 자연의 신비로운 재주에 매료되어 한참 동안 넋을 잃은 채 바라만 보았다. 하늘의 흰구름은 호수에 사뿐히 걸터앉아 쉬어 가고 있었으며 눈 덮인 산봉우리는 세월을 잊은 듯 호수 안에서 깜빡깜빡 졸고 있었다. 조용히 호숫가를 걸으면서 감상하고 있는데 어디선가 훼방꾼이 나타났다. 하사커 유목민들이 우르르 몰려와 우리를 졸졸 따라다니며 말을 타라고 조르는 것이다. 난데없는 훼방꾼으로 우리의 조용한 산책은 잠시 중단됐지만 대거리 없는 씨름에 지쳤는지 그들도 하나 둘씩 사라졌다. 결국 작전대로 우리는 아름다운 호수를 맘껏 감상할 수 있었다.

싸이리무 호수는 내가 이제까지 가 본 중국의 시(西)호, 타이(太)호, 카나스(喀納斯)호, 티엔산(天山)의 티엔츠(天池) 등보다 훨씬 아름다웠다. 신장을 여행하고자 하는 사람이 있다면 태고(太古)의 아름다움을 지닌 싸이리무 호수에 꼭 가 보라고 권하고 싶다. 이미 관광지가 되어 버린 카나스 호수를 보기 위해 이틀이라는 시간을 낭비하는 것보다 이 곳에서 태초의 신비와 아름다운 자연을 맘껏 감상하는 게 더 가치 있을 것 같기도 하다. 크지도 작지도 않아 한눈에 꼭 들어오는 파란 호수, 그 옆에 펼쳐진 초원과 눈 덮인 산, 그리고 말을 타고 달리는 유목민 등 모든 것이 이방인에게는 신비함과 낭만을 안겨 주기에 충분하다. 가끔씩 그리워지는 아름다운 호수 하나쯤 가슴 속에 품고 살아갈 수 있다는 것도 크나큰 축복이 아닌가.

6 낯선 이와의 동침

중국은 기차에 비해 버스 노선이 잘 발달되어 있지 않다. 최근에야 고속 도로가 개통되면서 고속 버스 노선이 증가하기 시작했다. 물론 장거리 여행은 버스보다 기차가 안전하고 편안하지만 기차 노선이 없는 지역으로 이동할 때는 하는 수 없이 버스를 이용해야 한다. 특히 신장처럼 넓은 지역에서는 버스를 타고 하루나 이틀 이상을 가야 하는 경우도 종종 있다. 나는 이미 쿠처에서 이닝시로 갈 때 낡은 버스 속에서 공포(?)에 떨며 하루를 버틴 경험이 있기 때문에 장거리 버스라고 하면 겁부터 났다. 다행히도 우루무치행 버스는 최신형인데다가 침대차였기 때문에 한시름 놓을 수 있었다. 함께 멋진 호수를 구경하고 난 택시 기사 부부는 친절하게도 우리를 대신해 우루무치행 침대 버스표까지 사주고 돌아갔다.

출발하기 30분 전이라 따로 저녁을 먹기에는 시간이 빠듯했다.

생각해 보니 아침에 호텔 식당에서 몰래 챙겨 온 삶은 계란과 빵 등이 남아 있어 우리는 음료수와 약간의 먹을거리만 더 준비했다. 버스 안은 비교적 깨끗한 편이었으며 침구 상태도 생각보다 양호했다. 버스 입구에는 두 명의 기사가 운전을 하다 교대로 쉴 수 있도록 간이용 침대가 마련되어 있었다. 그리고 가운데 통로의 양쪽으로 2인용 침대가 2층으로 늘어서 있었으며 맨 뒷자리에는 5인용의 넓은 침대가 놓여 있었다. 하지만 말이 2인용 침대이지 사실은 가정에서 쓰는 1인용 침대와 다를 바가 없을 정도로 폭이 좁았다. 어린이라면 모를까 성인 두 명이 누워 가기에는 턱없이 좁은 침대였다. 어쩔 수 없이 옆으로 돌아 눕거나 옆의 사람과 몸을 부대끼며 누워야 할 판이었다. 게다가 1층 침대와 2층 침대의 사이가 낮아 허리를 펴고 앉아 갈 수도 없게 되어 있었다.

그런데 이게 무슨 일인가. 매표원이 남녀를 고려하지 않고 표를 팔았는지 막상 정해진 번호의 침대를 찾아가니 내 옆에는 이미 동침할(?) 여자가 대기하고 있는 것이 아닌가. 우리만 그런 것이 아니었다. 결국 차 안은 낯선 남녀가 한 침대에 다정히 누워 가야 하는 야릇한 상황들이 발생하였다. 어떻게든 자리를 바꿔 보려고 모두들 난리였으나 우리처럼 부부도 있고, 혼자인 사람도 있고, 아이를 안고 있는 여자도 있다 보니 사태는 좀처럼 해결될 기미가 보이지 않았다. 우리 부부도 예외는 아니어서 내 옆에는 여자가, 아내 옆에는 남자가 기다리고 있었다. 물론 우리 입장만 고려한다면 나와, 아내 옆자리의 남자가 자리를 바꾸면 그만이었다. 그러나 그들은 서로 모르는 처지였기 때문에 자리를 바꿔도 난처하기는 마찬가지였다. 일이 이렇게 되자 차 안은 서로 뒤죽박죽

엉켜서 자신의 입장만 고집하느라 일대 혼란이 벌어졌다. 우리 부부는 한국어로, 한족은 한어로, 웨이월족은 웨이월어로 얘기를 주고받다 보니 일은 점점 꼬여 가기만 했다.

　이 때 정의의 기사가 등장하더니 "도대체 표를 어떻게 판 거야?" 하고 큰 소리를 친 후 차 안의 사태를 수습하기 시작했다. 먼저 전체 승객 수를 세어 보고 부부가 어느 팀인지를 파악하였다. 그리고는 "아줌마 이리 오고, 아저씨 저리 가고……" 하면서 노련하게 진두 지휘하였다. 승객들은 조금 전과는 딴판으로 명령을 하달 받은 군인처럼 기사의 통제에 따라 일사분란하게 움직였다. 불과 10분도 안 되어 깨끗하게 자리를 배치한 후 우리에게는 맨 뒤 5인용 침대로 가서 맘껏 뒹굴며 자라고 하였다. 절대 해결되지 않을 것처럼 보였던 사태를 단 한 사람의 불평불만도 없이 쉽게 해결한 기사가 참으로 존경스러웠다. 어쨌든 우리는 5인용 침대에 둘만 누워 있게 되었으니 가장 좋은 자리를 배정 받은 셈이었다.

　대강 짐을 정리하고 신발은 비닐에 싸서 신발 보관함에 넣었다. 차내의 에어컨 성능도 좋아 우루무치까지 가는 데는 아무런 문제가 없을 것 같았다. 드디어 차는 출발하고 우리는 두 다리를 쭉 펴고 누웠다. 한 시간 정도 지났을까? 잠결에 이상한 느낌이 들어 깨어 보니 내 옆에 웬 낯선 여자가 누워서 자고 있는 것이 아닌가. 그것도 한 명이 아니라 세 명이나 되는 웨이월족 여자들이 우리 자리에 누워 자고 있었다. 그들은 차표를 한 장만 구입한 채 다 큰 아이들을 데리고 차에 올라탄 얌체족들이다. 가뜩이나 좁은 2인용 침대에 3명이 누울 수도 없는 노릇이어서 그들은 배정받은 자리에 아이를 눕히고 자신은 조금이라도 빈 자리가 보이면 막무가내로 비집고 들어가 누워 버리는 것이었다. 사실 그들의 아이는 거의 청소년에 가까울 정도로 다 큰애들이었다. 중국에서는 나이에 상관없이 키가 110cm 이하면 공짜, 140cm 이하면 반표를 구입하도록 규정하고 있다. 그래서 관광지의 매표소나 차표를 파는 역 근처에는 공짜와 반표를 가릴 수 있도록 110cm와 140cm 선이 그어져 있다. 그들이 데리고 탄 아이들은 모두 키가 150cm는 넘어 보였으나 표를 구입하지 않은 모양이었다. 그렇게 큰아이를 안고 자겠다며 공짜로 밀고 올라와서는 눈치를 살피다가 냉큼 빈 자리로 가서 자리를 잡고 누워 버리는 것이었다. 어떤 아주머니는 아이를 안고 누워 옆 사람을 압박한 채 1시간 정도를 버틴다. 그러면 견디다 못한 옆 사람이 알아서 다른 자리를 찾아 피해 가기도 하였다. 어쨌든 우리는 처음 출발할 때의 호강을 마감하고 세 명의 아줌마와 잠자리를 함께 해야만 했다. 그러나 어찌된 영문인지 시간이 가면 갈수록 우리 침대 위에 눕는 사람들이 늘어나면서 내 자리는 상대적으로 비좁아지는 것이었다. 알고 보니 직행으로 간다던 버스가 중간 중간에 정차해 사람을 자꾸 태우는 데 원인이 있었다. 새로 차에 탄 사람들은 당연히 뒷자리로 몰려왔고 우리는 결국 제일 구석 자리로 밀려나 모로 누운 채 가야만 했다. 한족과 웨이월족을 막론하고 땀 냄새와 발 냄새, 머리 냄새 등이 코를 찔러 왔다. 아내는 혹시 이라도 옮지 않을까 걱정이 되는 듯 잠도 자지 못하고 주위를 경계하고 있었다. 세어 보니 5인용 침대에 어른과 아이 모두 합해 9명이나 누워 있는 것이 아닌가. 참다 못한 나는 기사에게 가서 항의를 하였다. 5인용 침대에 9명이나 누워 간다는 건 말도 안 된다, 아이를 안고 탔으면 아이를 안고 자야지 왜 남에게 피해를 주는가, 중간에 사람을 더 태우는 건 불법이 아닌가 등을 따졌다. 기사는 즉시 알았다며 웨이월족 아줌마를 원위치로 돌려 보내고, 나중에 탄 사람에게는 아이를 안고 누우라고 호통을 쳤다. 신기하게도 기사의 한 마디에 승객들은 군소리 없이 즉시 행동에 옮겼다. 이 버스에서는 승객이 왕이 아니라 기사가 왕인 모양이다.

우리는 한결 넓어진 자리에 자세를 고쳐 편하게 누웠다. 그런데 앞을 보니 남루한 옷차림을 한 농촌 아주머니가 아이만 자리에 눕힌 채 자신은 통로 바닥에 보따리를 깔고 앉아 졸고 있었다. 우리는 그 아주머니를 살짝 불러 함께 자리에 누워 가자고 제안했다. 결국 우리 침대에는 어린아이까지 모두 여섯이 누워서 우루무치까지 동행하였다. 기차보다야 불편하였지만 추위와 배고픔, 고약한 냄새에 떨었던 것에 비하면 호사스러운 여정이었다.

7 베이징행 기차

이리 지구에서 돌아온 우리는 쏜케이 집에서 하루를 쉬고 베이징에 돌아가기로 하였다. 기차표는 쏜케이가 미리 구입해 놓았기 때문에 걱정할 필요가 없었다. 우리는 하루 종일 답사 과정에서 있었던 에피소드를 이야기하느라 시간 가는 줄 몰랐다. 특히 웨이월족과 함께 버스를 타고 티엔산을 넘어가던 이야기를 할 때는 쏜케이도 놀라는 표정이었다. 그는 자신도 경험해 보지 못한 뚜쿠꽁루(獨庫公路) 횡단을 우리가 해 낸 사실에 감탄했으며 추위와 배고픔, 그리고 냄새 때문에 고생했다는 대목에서는 배꼽을 잡고 웃었다. 그리고 카스에서 쿠처로 가기 위해 밤길에 겁도 없이 낯선 남자 둘과 차를 타고 동행했다는 얘기를 듣고는 눈이 휘둥그레졌다. 만약에 무슨 사고라도 났으면 어쩔 뻔했느냐며 다시는 그런 무모한 모험을 하지 말라고 당부했다.

쏜케이와 그의 아내는 우리가 여행 도중 제대로 먹지 못했을 거라고 생각했는지 음식 재료들을 가득 준비해 놓았다. 냉장고 문을 열어 보니 우리들이 즐겨 먹는 상추, 오이, 배추, 쑥갓 등의 야채와 과일 등이 풍성하게 들어 있었다. 우리는 그들의 관심과 배려에 내심 감동하지 않을 수 없었다. 사실 그들은 집에서 직접 음식을 만들어 먹는 경우가 매우 드물다. 아침은 주로 동네 골목에 있는 간이 식당에서 해결하고 점심은 직장에서 먹는다. 그리고 저녁은 식당에서 사 온 음식을 그대로 식탁 위에 펼쳐 놓고 먹는 경우가 대부분이다. 손님을 집으로 초대하는 경우에도 직접 만든 음식보다 밖에서 사 온 음식이 주를 이룬다. 이 정도로 집에서 요리하는 기회가 적기 때문에 그들은 냉장고를 잘 사용하지 않는다. 보관할 음식도 없는데 굳이 냉장고를 가동할 필요가 없기 때문이다. 우리가 처음 쏜케이 집에 왔을 때도 냉장고는 미지근한 채로 전원이 빠져 있었다. 그런데 우리가 온다고 냉장고까지 동원해 이렇게 많은 음식을 준비해 놓은 것을 보니 정말 고마운 마음이 들었다.

 그들은 우리에게 먹고 싶은 것을 맘대로 만들어 먹으라며 각종 주방 도구를 꺼내 주었다. 우리는 신선한 김치 겉절이를 만들고, 소고기 무국을 끓여 오랜만에 포식하였다. 그들은 기름기가 없는 음식을 먹으면 금방 배가 고파진다며 양고기를 넣고 끓인 국수를 한 그릇씩 더 먹었다. 배불리 저녁을 먹고 나서 산책 겸 집을 나서 동네 수퍼에 들렀다. 내일 기차를 타면 최소한 다섯 끼를 먹어야 하니 미리 먹을거리를 준비해야 했다. 샌드위치를 만들 식빵, 햄 등을 사고 '농심'과 '辛'이라는 낯익은 상표의 컵라면을 여러 개 샀다. 내가 굳이 상호명까지 거론한 것은 특정 상품을 선전하기 위한 것이 아니다. 이렇게 멀리 떨어져 있는 변방 우루무치에서도 한국 상품을 발견했다는 것이 너무 반가웠기 때문이다.

신장 지역은 넓기도 넓지만 사막 지역과 산악 지역이 대부분이라 차를 타고 도시에서 도시로 이동하려면 보통 10시간 이상이 소요된다. 도시를 벗어나 사막을 횡단하고 산을 넘으려면 일반 승용차로는 곤란하다. 그래서 신장에는 타 지역보다 지프차가 확실히 많다. 답사 기간 중 우리를 태우고 다닌 기사는 한국 현대자동차에서 만든 '갤로퍼'를 알고 있었다. 그는 왜 신장에서 갤로퍼를 안 파는지 모르겠다고 했다. 그리고 한국 지프차가 다른 차에 비해 성능이 결코 떨어지지 않으면서도 값이 싸다고 들었다며 신장에서도 한국 지프차를 판매했으면 좋겠다고 하였다. 나는 그의 말을 듣고 답사 기간 내내 유심히 살펴보았지만 일제나 미제 지프차만 보일 뿐, 우리 나라 지프차는 단 한 대도 발견할 수 없었다. 나 또한 우리 나라 지프차가 신장 지역에 진출하지 못한 이유를 정확히 모른다. 그러나 신장 지역은 앞으로 중국 내에서 지프차의 수요가 가장 높아질 곳이기 때문에 한국 업체가 이 곳으로 활발히 진출하기를 기원한다. 몇 년 후쯤 다시 신장을 찾게 된다면 그 때는 국산 차를 타고 다니면서 만나는 사람들에게 실컷 자랑해 보고 싶다.

마침내 **베**이징으로 돌아가는 날이 되었다. 달력을 보니 어느새 신장에 온 지 한 달이 되었다. 그러나 우리가 답사한 지역은 신장 전체의 5분의 1도 되지 못한다. 재미있는 사실은, 땅을 밟고 다닌 시간보다 차 안에서 보낸 시간이 세 배나 된다는 점이다. 신장을 제대로 이해하기 위해서는 적어도 일 년이라는 시간이 필요할 것 같다. 쏜케이는 우리가 짧은 시간에 비해 많은 곳을 답사했다는 점, 중국인도 경험하기 힘든 다양한 체험을 했다는 점 등을 높이 평가하면서 무사히 일정을 마쳐 다행이라고 하였다. 나 또한 이번 답사를 통해 수업 시간 중에 배우거나 책에서 본 내용 이상의 것들을 얻을 수 있었다.

드디어 떠나야 할 시간이 다가왔다. 가방을 다 정리하여 문 앞에 놓고 보니 그새 짐이 많이 늘었다. 올 때는 배낭 두 개였는데 돌아갈 때는 크고 작은 짐이 10개가 넘었다. 아파트 입구로 나가 택시를 불러 짐을 싣고, 기차 시간에 늦는다며 성화를 부리는 쏜케이와 아쉬운 작별을 하였다. 아마 내가 중국에서 생활하는 동안 다시 이 곳을 방문하기는 어려울 것이다. 하지만 꼭 한 번 다시 와 보고 싶고, 다시 와야 할 것만 같은 생각이 들었다.

우루무치 기차역으로 가는 길에 우리는 또 다시 돌발 사태에 직면했다. 도로를 보수하느라 차들이 꼬리를 물고 늘어서 움직일 기미조차 보이지 않았다. 기차 시간이 임박해 옴에 따라 마음은 점점 초조해지기 시작하였다. 멀리 기차역은 보이건만 거리가 좀처럼 좁혀지지 않았다. 마침내 기차 출발 10분 전, 나는 택시를 세우고 아내에게 "내려서 쉬지 말고 무조건 달려야 해!"라고 말하였다. 배낭을 앞뒤로 메고 양 손에 짐을 든 채 역사를 향해 달리기 시작했다. 계단에 이르자 숨이 턱까지 차고 다리가 풀려 휘청거렸다. 양 손에 힘이 빠지고 기진맥진한 상태가 되었지만 멈출 수가 없었다. 곧바로 역사에 진입하여 검표원의 제지도 무시하고 앞만 보고 뛰었다. 결국 서서히 출발하려는 기차에 간신히 올라탈 수 있었다. 우리는 기차에 오르자마자 헐떡이는 숨을 고르며 바닥에 털썩 주저앉았다. 옆에서 우리를 지켜보던 중국인들이 안쓰럽다는 듯이 "일찍 서두르지 않고. 쯧쯧" 하며 땀을 닦으라고 휴지를 건네주었다. 숨이 가빠 와 고맙다는 소리도 하지 못한 채 한참을 그대로 자리에 앉아 있어야 했다. 급한 대로 기차에 올라타기는 했지만 우리 침대칸을 찾아가려면 다시 5개의 객차를 통과해야 했다. 손에 힘도 없고 다리도 휘청거려 결국 두 번에 걸쳐 짐을 옮겨야 했다. 이렇게 많은 짐을 들고 뛰었다는 것이 기적같이만 느껴졌다. 나는 "군에서 제대한 이후에 이렇게 힘든 건 처음이야."라고 하자, 아내는 "나는 난생 처음이야."라고 하며 한숨을 쉬었다.

　베이징에 도착해서 옆집 중학생 나미에게 선물할 하미꽈, 서울 집으로 보낼 건포도, 친구들에게 줄 기념품, 책상에 놓아 둘 파미얼 고원의 돌멩이, 그리고 싸이리무 호수에서 산 토종꿀까지 모두가 값으로 따질 수 없는 소중한 것들이었다. 거친 모래뿐인 황야에서 아름답게 지는 노을을 바라보며 아내에게 "퇴직하고 나면 다시 오자. 그 때는 두꺼운 옷도 꼭 챙기고."라고 했더니 아내는 고개를 설레설레 흔들었다.

부 록

1. 실크로드 약사(略史)
2. 신장(新疆) 약사(略史)
3. 신장웨이얼자치구 여행 안내

1 실크로드 약사

실크로드는 동아시아, 서아시아를 거쳐 지중해까지 연결된 세계에서 가장 오래된 무역 통로이다. 실크로드라는 이름은 독일의 지리학자 리히트호펜(Richthofen, Ferdinand von. 1833-1905)이 최초로 명명하였다. 실크로드는 '비단길'이라는 뜻으로 '초원의 길' 또는 '사막의 길'로 불려진다.

중국의 비단은 5,000년의 역사를 자랑하고 있다. 북방에 거주하고 있던 시옌윈(獫狁)[1] 혹은 위예스(月氏)[2] 등의 유목 부락 민족이 일찍이 비단을 서아시아로 전파하였다. 이는 다시 중앙아시아의 스키타이인에 의해 유럽으로 전파되었다.

처음 실크로드가 개척된 목적은 상업적인 것보다 정치적인 성격이 강했다. 이 길은 한(漢) 무제(武帝)가 북방의 흉노족(匈奴族)을 몰아내기 위해 중앙아시아의 따위예스(大月氏)와 연합하여 장치엔(張騫)을 파견하는 과정에서 만들어진 것이기 때문이다. 한(漢)나라는 서역(西域)을 정벌하기 위해 현재의 타커라마깐(塔克拉瑪幹)

사막의 남북 양쪽에 군사가 이동할 수 있는 길을 개척하였다. 이 길은 계속 확장되어 파미르 고원을 지나 중앙아시아, 서아시아와 남아시아를 관통하는 길과도 연결되기에 이르렀다. 이 길을 통해 중국의 비단이 전파되었기 때문에 후세의 사람들은 이를 '실크로드'라고 부른다.

실크로드는 창안(長安)을 출발점으로 하여 '북로(北路)', '중로(中路)', '남로(南路)'로 나누어진다. 이 중 북로(北路)는 푸시엔(富縣), 위엔저우(原州), 띵삐엔(定邊), 량저우(凉州), 깐수(甘肅), 위먼꾸안(玉門關)에 이른다. 그리고 중로(中路)는 롱저우(隴州), 징저우(涇州), 란저우(蘭州), 깐저우(甘州), 쑤저우(肅州)를 거쳐 위먼꾸안(玉門關)에 이르고 허위엔(河源), 위수(玉樹), 나취(那曲)를 경유하여 라사(拉薩)를 지나 인도(印度)까지 이어져 있다. 위먼꾸안(玉門關)에서 다시 북로(北路)와 남로(南路)로 나뉘어진다. 북로는 하미(哈密), 투루판(吐魯番), 쿠처(庫車), 아커쑤(阿克蘇), 카스(喀什), 사마얼한(撒馬爾罕), 뿌하라(布哈拉)를 경유하여 마레이(馬雷)에 이르며 남로는 미란(米蘭), 안띠얼(安迪爾), 니야(尼亞), 허티엔(和田), 사처(莎車), 빠얼허(巴爾赫)를 거쳐 역시 마레이(馬雷)까지 연결되어 있다. 남북 양로는 마레이에서 합쳐져 파미르 고원을 넘어 서쪽으로 이어지게 된다.

처음 실크로드가 개통되었을 당시에는 주로 중국과 중앙아시아의 각국 외교 사절단이 이 길을 지나 다녔으나 얼마 후에는 상인들이 이 곳을 무역로로 이용하기 시작하였다. 중국의 사서(史書)에는 이러한 상인들을 '후상(胡商)'이라고 기록하고 있다. 후상들은 보석, 유리 등을 가득 싣고 파미르 고원을 넘어와 허시저우랑

(河西走廊)을 경유하여 창안(長安)과 뤄양(洛陽) 등지에 이르렀다. 이들은 싣고 온 물건을 팔아 비단을 사 가지고 다시 돌아가곤 했는데 성공하면 한 번에 큰돈을 벌 수 있었다고 한다. 그러나 한 번 왕복하는 데만도 약 2년이라는 긴 시간이 소요됐다고 하니 그들은 생명을 건 모험과도 같은 험난한 여정을 감수해야만 했을 것이다.

실크로드의 개통으로 중국은 중앙아시아와 서아시아, 남아시아까지 무역로가 확대되어 각국으로 비단을 수출하게 되었으며 중동 지방의 물건들도 대단위로 수입하게 되었다. 실크로드는 중국의 비단과 함께 양잠 기술을 중동이나 유럽 지역에 전파한 경로이기도 하다. 이러한 과정을 통해 6세기에는 페르시아 지역에 양잠 기술이 전래되었고, 이는 다시 유럽으로 전파되었다. 뿐만 아니라 7세기~8세기에는 중국의 제지(製紙) 기술과 화약, 나침반 등이 유럽으로 건너가게 되었다. 이를 통해 유럽은 획기적으로 발전할 수 있는 발판을 마련하였다.

그러나 15세기에 이르러 실크로드는 점차 쇠퇴기로 접어든다. 그 이유는 세 가지 정도로 요약될 수 있는데, 첫째는 지리상의 대발견으로 해상 교통이 발달함에 따라 육로 사용이 줄어들게 되었다는 것이고, 둘째는 중앙아시아 지역에 전쟁이 발발하면서 육로가 차단되었다는 점이다. 그리고 셋째는 대내적 원인으로 중국이 명 대(明代)에 접어들면서 무역을 금지하는 쇄국정책을 추진하여 전체적인 무역업이 쇠퇴하게 되었다는 것이다. 이러한 이유로 1,500년 동안 동서를 연결하던 실크로드는 역사의 무대 뒤로 자취를 감추게 된다.

주

1. 고대 중국의 서북 지방에 거주하던 부족으로 사서(史書)에는 띠(狄), 롱(戎)이라 기록되어 있다.
2. 중국 고대 서역에 있었던 나라 이름. 현재의 깐수(甘肅), 칭하이(青海) 부근에 있었으나 흉노(匈奴)족에게 쫓겨나 현재의 아프가니스탄 지역으로 이주하였다. 따위예스(大月氏) 혹은 위예즈(月支)라고도 한다.

2 신장 약사

1. 고대(古代)

　신장(新疆)은 예로부터 '서역(西域)'이라고 하였다. 이미 신석기 시대에 사람이 살고 있었고, 티옌산(天山)의 북부 지방 — 이하 **뻬이쟝(北疆)** — 에 살던 이들은 여럿이 무리를 지어 몽둥이, 활, 뼈를 깎아 만든 창, 돌망치, 돌조각 등을 사용하여 야생 소, 말 등과 같은 큰 짐승을 사냥하였다. 또한 소와 양을 방목하기도 하였다. 필요한 옷과 음식은 동물을 통해 해결하였다. 이러한 생활상은 계곡의 암각화에 생생하게 남아 있어 당시의 모습을 짐작할 수 있게 해준다.

　티옌산(天山)의 남부 지방 — 이하 난쟝(南疆) — 의 녹지대에서는 농경과 채집 위주의 생활을 하였다. 사람들은 호수 주변에 모여 살면서 물고기와 새를 잡기도 하였다. 고고학 자료에 의하면 신쟝 동북 지방의 세석기(細石器) 문화는 만리장성을 따라 분포하고 있는 세석기 문화와 거의 같으며 중국 북부 지방의 유목 문화의 특징을 갖고 있다고 한다. 난쟝(南疆)의 카스(喀什) 등지는 돌로

만든 호미, 낫, 칼, 절구 등이 출토된 것을 보면 농업 문화권이었
다는 사실을 알 수 있다.

신쟝 지역은 광활한 교통의 요지로서, 역사상 많은 민족이 이
곳을 점령하기 위해 생사를 걸고 투쟁을 하였다. 고대에 난쟝에서
주로 활동하던 종족은 쟝족(羌族)이었다. 그리고 쟝족(羌族)에 이어
서 저우(周)인과 혈연 관계가 있는 츠우(赤烏)인이 주로 활동하였
다. 당시 티옌산(天山)과 그 주변에 살던 사람들은 눈이 깊고 코가
뾰족하며 키가 크고 호리호리한 체형에 곱슬곱슬한 수염이 많은
모습이었다. 그들은 동굴에서 생활하며 투박한 토기와 목기를 사
용하였고 머리와 목에 많은 장식을 하였다. 중국의 선진(先秦)시대
고문헌인 『산해경(山海經)』과 『목천자전(穆天子傳)』에는 신쟝의 원
시 주민을 "서왕모(西王母)"라고 하였다. 이것은 여성이 씨족의 지
도자이며 그들이 군혼제(群婚制)의 집체 생활을 하고 있었다는 것
과 다산(多産)을 숭배하였다는 것을 보여주는 예로서, 당시 그들의
생활이 모계 씨족 사회였다는 것을 반영하고 있다.

2. 한 대(漢代)

진 대(秦代)와 한 대(漢代)의 사이에 신쟝(新疆)에는 이미 많은
나라가 형성되어 있었다. 사서에는 "서역삼십륙국(西域三十六國)"이
라고 기록되어 있다. 뻬이쟝(北疆)에는 드넓은 초원에 "행국(行國)"
이라는 나라가 있었고, 그들은 가축의 무리를 따라 물과 초원을
찾아 이동하며 유목과 수렵을 위주로 생활하였다. 그들은 당시 생

산 도구이자 무기인 활을 어려서부터 잘 다룰 수 있도록 가르쳤다. 당시 활을 잘 다루는 사람의 숫자는 국력의 표준이었다. 예를 들어 이리(伊犁) 강가의 우쏜(烏孫)국은 활을 잘 다루는 사람이 18만에 달했다고 한다. 난쟝(南疆) 녹지대에는 성곽(城郭) 연합국이 건립되었는데 하나의 녹지대가 하나의 국가를 이루었다. 주민은 가축을 기르고 농업에 종사하는 정착 생활을 하며 성곽에 집을 짓고 살았다. 이들은 군사의 숫자로 국력을 가늠하였다. 예를 들어 쳐우츠(龜玆)국은 6,790호에 군사 21,760명, 이엔치(焉耆)국은 4,000호에 군사 6,000명, 피산(皮山)국은 500호에 군사 500명이었다고 한다. 이들 국가의 왕들은 등급별로 문관과 무관을 두고 정사를 보았다. 그러나 이 국가들은 힘이 작고 약하여 흉노(匈奴)족의 지배를 받게 되었다. 흉노족은 총독을 두어 서역 각 지역에서 세금을 거두어 갔다.

기원전 138년 한(漢) 무제(武帝)는 장치엔(張騫)이 이끄는 사절단을 서역에 파견하였고 후에 다시 웨이칭(衛靑), 훠취삥(霍去病), 리꽝(李廣) 등의 명장과 군사를 파견하여 흉노를 제압하고 서역을 한의 영토에 귀속시켰다. 기원전 60년 한(漢)나라는 쩡지(鄭吉)를 서역 총독에 임명하고 서역 중심부에 우레리(烏壘)성 — 현재의 룬타이(輪臺)현 — 을 쌓고 도호부를 설치하여 서역 각지를 직접 관리하였다. 이 때부터 서역은 정식으로 한(漢)의 영토로 귀속된 것이다.

장치엔이 서역으로 갔던 길을 따라 수많은 병사, 사신, 관리, 승려 등이 동과 서를 왕래하였다. 이렇게 하여 낙타에 비단을 가득 실은 상인 행렬이 높은 산을 넘고 사막을 건너 중국에서 멀리

페르시아와 로마에까지 이르렀던 것이다. 이 길은 세계의 동과 서를 잇고, 아시아와 유럽 그리고 아프리카 3대륙을 연결하는 세계 최고의 육로이다. 이 길이 바로 우리가 역사 시간에 배운 서역의 '실크로드'인 것이다.

3. 남북조 시대(南北朝時代)

서진(西晋) 이후 흉노(匈奴), 선비(鮮卑), 저(氐), 강(羌) 등의 민족들이 중원의 패권을 차지하기 위해 전란이 끊이지 않자 황허(黃河) 유역은 황폐해져 가고 주민들은 살 길을 찾아 떠나야 했다. 이 때 신쟝(新疆)은 중원에서 멀리 떨어진 곳이라 전란을 피해 사회 경제가 안정적으로 발전할 수 있는 상대적으로 좋은 조건이었으나 여전히 중앙 정부에 조공을 바쳐야 하는 상황이었다. 비단길은 계속 번창하여 음악, 무용, 기술, 회화, 조각 등의 예술 분야도 발전하였다. 불교는 이 때 타리무(塔里木) 분지에 넓게 포교되어 서역의 유명한 불교 유적지가 건립되었다. 티엔산(天山) 남쪽 울창한 숲 속의 불교 석굴은 모두 이 때 조성된 것이다. 그리고 뻬이쟝(北疆)에는 흉노(匈奴)의 뒤를 이어 유목 민족인 돌궐(突厥)족이 강성해져 100만의 군사로 티엔산(天山)과 사막 북부에서부터 중앙아시아까지 넓은 영토를 장악하였다. 줄줄이 늘어선 흙무덤과 돌로 만든 용감한 병사 조각상은 모두 이들이 남긴 유적이다. 한편 신쟝(新疆) 동부의 투루판(吐魯番)에는 서쪽으로 이주한 한족(漢族)이 세운 까오창(高昌)국이 있었다. 그들은 중원의 전란을 피해 안전한 변방에 자리를 잡은 것이다. 까오창국의 모든 제도와 문화는 중원의 것을 이식한 것으로 이 때 중원의 문화가 신장 지역에 전파되었다. 그리하여 중원에서는 파괴되고 단절된 문화가 오히려 변방에 보존되었던 것이다. 만약 우리가 지금이라도 투루판의 아스타나(阿斯塔那)에 있는 옛날 무덤에 가 본다면 남북조 시대(南北朝時代)의 중원 문화를 생생하게 느낄 수 있을 것이다.

4. 수·당 시대(隋·唐時代)

수(隋)·당(唐)은 중국 봉건 사회의 전성기이며 신쟝(新疆) 역시 역사상 황금 시대라고 할 수 있다. 특히 640년 당(唐) 태종(太宗) 때에는 까오창(高昌)국을 평정하고 동·서 돌궐(突厥)을 멸하는 등 군사적 정치적으로 가장 융성했으며 영토 또한 서부 변방의 총링(蔥嶺) 산맥을 넘어 중앙아시아까지 이르렀다. 이 시기에는 신장이 지리적으로 중국 영토 내의 중심부가 되었다. 그리고 국력의 신장에 따라 문호를 활짝 개방하고 '공험(公驗)' 혹은 '과소(過所)'라는 통행증을 발급하여 외국인의 왕래를 허용하였다. 그리하여 실크로드는 날로 무역으로 번창하였다. 군인이 경작하는 둔전(屯田)이 티엔산(天山) 남북으로 확대되었고 생산력도 극대화되었다. 수도인 장안(長安)의 안원문(安遠門)에서부터 파미얼 고원까지 군사 시설과 통신 시설이 갖추어졌다. 신장(新疆)에는 이 때 수많은 신흥 도시가 생겨났다. 당(唐) 정부는 티엔산(天山) 남부에는 안서도호부(安西都護府)를 북부에는 북정도호부(北庭都護府)를 각각 설치하고 빠얼카스(巴爾喀什) 호수 동쪽과 남쪽에 이르는 광활한 지역을 통치하였다. 또한 쳐우츠(龜玆), 위티엔(于闐), 수러(疏勒), 쒜이예(碎葉)의 4대 군진(軍鎭)을 설치하여 서쪽 변방을 지키게 하는 등 국방력을 증강시켰다. 내지와 가까운 투루판(吐魯番), 하미(哈密) 일대에는 행정 구역을 주(州), 현(縣), 향(鄕), 리(里)로 나누고 균전법(均田法)과 병역법(兵役法)을 실시하였다. 그리고 학교를 세워 논어(論語), 효경(孝經) 등을 가르쳤다. 투루판에서 출토된 당시의 변문 묘지(騈文墓志), 서예와 그림, 문서 등을 볼 때 그 문화의 수준은 결코 내륙에 뒤지지 않았다. 내지의 관리가 서역 지방으로 파견되었던 것처럼 재능과 학식이 있는 서역 사람들은 조정의 관리가 되어 내지에서 근무하기도 하였다. 그리고 내지의 군인들이 서역 변방을 지키기 위해 파견된 것과 같이 서역 출신의 군인들이 내지에 주둔하기도 하였다.

5. 송·원·명 시대(宋·元·明時代)

송(宋)나라는 국력이 약하여 서역을 지킬 능력이 없었다. 이 시기에 신쟝(新疆)의 세 곳에 독립된 정권이 출현하였다. 즉, 투루판(吐魯番)을 중심으로 한 까오창훼이후(高昌回鶻), 허티엔(和田)을 중심으로 한 따빠오위티엔(大寶于闐)국, 총링(蔥嶺) 산맥을 동서로 관통하고 카스(喀什)를 중심으로 한 카라한차오(喀喇汗朝)이다. 까오창훼이후와 따빠오위티엔국은 불교를 신봉하였지만 카라한차오는 이슬람교로 개종하였다. 서기 1000년 전후에 카라한차오에 의해 따빠오위티엔국이 멸망하고 나서 이슬람교가 불교를 대신하여 신장(新疆)의 서부와 남부 지역으로 확산되었다.

13세기 초 몽고가 북쪽에서 흥기하여 1209년 까오창훼이후를 멸하고 이어서 카스(喀什)까지 점령하였다. 칭기스칸은 신장의 대부분 영토를 둘째 아들 차허타이(察合臺)에게 주어 신장에는 차허타이한(察合臺汗)국이 들어서게 되었다. 원조(元朝)는 신장을 티엔산(天山)을 중심으로 남부는 행상서성(行尙書省)으로 북부는 행중서성(行中書省)으로 나누고 원수부(元帥府)를 설치하여 통치하였다. 명 대(明代)의 전(全) 기간 동안 차허타이(察合臺)의 후예가 신장을 통치하였고, 명 말(明末)에 이르러서는 와츠(瓦剌)가 뻬이쟝(北疆)에 흥기하였다. 와츠(瓦剌)는 웨이라터멍꾸(衛拉特蒙古)라 칭하였는데, 다시 투얼후터(土爾扈特), 뚜얼뽀터(杜爾伯特), 허쉬터(和碩特), 준까얼(準噶爾) 4개의 세력으로 나누어졌다. 1630년 후 이리(伊犁)를 중심으로 세력을 확장하던 준까얼이 신장을 통일하고 스스로 서북(西北) 지역의 영웅이라고 하였다. 준까얼의 영토는 현재의 칭하이(靑海), 시장(西藏), 멍꾸(蒙古)의 초원까지 확대되어 청 초(淸初)까지 서북 지역의 최대 할거 세력이었다. 청의 강희제(康熙帝)는 준까얼을 평정하기 위해 세 번에 걸쳐 직접 군대를 지휘하고 수십 년간 전쟁을 하였다.

6. 청 대(淸代)

청 대(淸代) 건륭제(乾隆帝) 때부터 서역은 정식으로 신장(新疆)

이라고 부르기 시작했다. 서기 1759년 청은 준까얼을 평정하고 난쟝(南疆)의 크고 작은 허쭤(和卓) 반란을 평정한 후 오랫동안 분열되어 있던 신쟝을 중국의 영토에 복귀시켰다. 청 정부는 행정기구를 설치하고 둔전(屯田)을 실시하고 관개 시설을 보수하고 역참을 설치하고 화폐를 주조하였다. 이리(伊犁), 띠화(迪化), 수러(疏勒) 등의 도시는 상공업이 발달하게 되었다. 이리(伊犁)에는 총통부를 설치하고 참찬(參贊)과 도통(都統)을 두어 남과 북을 나누어 통치하도록 하였다. 이리하여 변방의 방어를 중점 관리하는 군현제(軍府制)를 실시하게 되었다. 그러나 민사는 현지인이 관리하였던 까닭에 낡은 폐단을 척결하지는 못하였다.

19세기 초 허쭤(和卓)의 후예인 쟝꺼얼(張格爾)이 몇 차례 반란을 일으켰다. 1864~1876년 동안에는 신쟝 대부분의 영토가 다시 아라비아의 아꾸보(阿古柏)의 지배를 받았고, 이리(伊犁) 지역은 러시아가 점령하였다. 몇 번의 전쟁과 쭤쫑탕(左宗棠)의 서역 정벌로 잃었던 땅을 되찾아 티엔산(天山)의 남북(南北) 160여 만 km²를 보전할 수 있었지만 서북의 50여 만 km²는 러시아의 영토가 되었다.

1884년 행성(行省)을 설치하고 띠화(迪化)를 성(省)의 수도로 정하고, 쉰푸(巡撫 : 지방 행정 장관)에 려우진탕(劉錦棠)을 임명하였다. 그 아래 부(府), 청(廳), 주(州), 현(縣)을 설치하고 그 동안 시행해 왔던 현지인이 민사를 관장하던 뽀커쯔(伯克制)를 폐지한 후 각 지방의 관원은 중앙에서 임명 파견하였다. 그리고 사회의 폐단을 척결하고 상공업을 장려하고 학교도 세웠다. 이 시기에 신쟝의 교육, 상공업, 교통 등은 비약적인 발전을 이루었다. 그리하여 내지에서 많은 사람들이 이주해 와 살기 시작하였다. 성(省)의 수도인 띠화(迪化)는 변방의 가장 발달된 도시로 성장하였다. 변방과 중앙의 관계도 전에 없이 긴밀하게 유지되고 응집력도 배가되었다.

청 대의 정책과 노력, 그리고 각 민족의 투쟁은 신장의 역사에 있어 중요한 역할을 하였다. 근대와 현대 신장 발전의 기초는 모두 이 시기에 닦아진 것이다.

3 신장웨이월지치구 관광 안내

　이 안내문은 **베이징**(北京)-우루무치행 기차의 정차역인 신장의 하미, 투루판, 우루무치의 주요 관광지, 그리고 우루무치-카스행 기차의 정차역인 쿠처와 카스의 주요 관광지를 중심으로 하여 여행에 필요한 정보를 모아 두었다.

　베이징에서 신장성의 수도인 우루무치까지 이동하는 방법은 비행기와 기차 모두 가능하다. 비행기로 이동하면 세 시간 반 정도의 시간이 소요되며 요금은 편도 2,000위엔(약 30만 원)이다. 기차는 48시간이 소요되며 보통 침대칸 가격은 편도 650위엔(약 10만 원) 정도이다. 기차 여행은 꼬박 이틀이라는 시간을 차 안에서 보내야 하는 어려움이 있지만 중국인 친구도 사귀고 차창 밖의 경치도 구경할 수 있다는 점에서 낭만적인 여행을 기대할 수 있다. 따라서 처음 신장을 여행하는 독자들이라면 기차를 타고 그럴 듯한 추억거리 하나쯤 만들어 보라고 권하고 싶다.

　시간과 경비를 절약하기 위해서는 **베이징**에서 출발하여 신장성에 들어선 후 기차가 경유하는 지역을 따라 순서대로 여행하는 것이 효율적이다. 신쟝웨이월(新疆維吾爾)자치구에 들어서면 가장 먼저 도착하는 곳이 하미(哈密)이다. 하미를 지나 투루판, 우루무치, 쿠처, 카스까지 여행하고 다시 우루무치로 돌아와서 이리 지역을 여행하는 방법이 가장 편리하고 안전하다.

안내문에 소개된 입장료와 차비는 2002년 2월을 기준으로 하였으나 중국의 관광지는 해가 다르게 발전하고 있기 때문에 실제 경비는 본문의 내용과 다를 수 있다. 특히 성수기 때는 전반적으로 값이 오르기 때문에 가격 흥정을 잘 해야 한다.

1. 하미(哈密)

하미는 뻬이징에서 기차를 타고 신쟝성에 진입한 후 처음 정차하는 도시이다. 하미 지역에는 하사커(哈薩克)족, 웨이월(維吾爾)족, 훼이(回)족 등 많은 소수 민족이 거주하고 있지만 정작 시내에는 한족이 많다. 하미는 크게 천산(天山)을 중심으로 남북으로 나눌 수 있다. 북부는 빠리퀀(巴里坤) 초원과 이우(伊吾)강 계곡이 있고, 남부는 사막 속의 녹지대에 해당한다.

☆★ 기후

온대 대륙성 기후로 매우 건조하다. 연평균 기온은 9.8℃, 최고 기온 43℃, 최저 기온 영하 32℃이다. 일교차가 크며 일조량이 많다. 최적 여행 시기는 기온이 20℃~35℃에 해당하는 5월에서 10월 사이이다.

☆★ 교통

기차역 광장의 북쪽에 장거리 버스 터미널이 있다. 이 곳에서 각 여행지로 가는 버스를 탈 수 있다. 가격은 지역에 따라 10위엔~50위엔이다.

택시를 전세 내어 여행하려면 하루 200위엔~400위엔 정도이지만 기사와 가격을 흥정하면 값을 깎을 수 있다. 시내에서 택시를 타면 기본 요금은 5위엔이다.

☆★ 토산품

맛있는 하미꽈. 7월 중순에서 8월 중순에는 1kg을 2마오(약 30원)에 살 수 있다.

☆★ 주요 관광지

1. 훼이(回) 왕릉

하미 제일의 유적지이다. 청 대(淸代)에 하미의 역대 왕과 종친을 안장한 무덤이다. 웨이월어로는 '아러통러커'라고 하는데 '황금의 땅'이라는 뜻이다. 왕릉의 건축 양식은 아라비아와 신장, 만(滿)족의 특징을 모두 갖추고 있다. 훼이(回)왕이란 청 대에 하미를 통치하던 역대 영주를 모두 일컫는 말이다. 1697년 강희(康熙) 36년 제1대 훼이왕부터 1930년 9대 훼이왕에 이르기까지 총 233년 간 훼이왕의 통치가 이어졌다. 이 능은 7대 훼이왕 뻐시얼

(伯錫爾), 8대 훼이왕 머하마이터와 그의 아내, 그 외 종친 등 40명이 안장되어 있는 곳이다. 시내에서 택시를 타면 5위엔에 갈 수 있는 가까운 거리에 위치해 있고 입장료는 10위엔이다.

왕릉의 서쪽에는 3,000명을 수용할 수 있는 하미 최대의 이슬람 사원이 있다. 왕릉을 보고 사원을 둘러보는 것도 좋을 듯하다. 야시장에서 풍성한 먹을거리를 즐기고 토산품을 구입할 수도 있다. 여관비는 하루 2인 1실에 100위엔~130위엔 정도이다.

목 적 지	첫차 시간	비 고
우루무치(維魯木齊)	여름 07:00, 겨울 08:00	매일
뚠황(敦煌)	여름 07:00, 겨울 08:00	매일
투루판(吐魯番)	여름 07:00, 겨울 09:00	매일(일요일 제외)
빠리퀀(巴里坤)	여름 08:30, 겨울 09:30	매일 2회
이우(伊吾)강 계곡	여름 08:00, 겨울 09:00	매일 2회

2. 빠리퀀(巴里坤) 초원

이 지역에는 하사커, 웨이월, 몽고족 등 10여 종족이 살고 있다. 고대 유목 문화의 특징이 아직까지 보존되어 있는 곳이다. 초원에 있는 빠리퀀(巴里坤)호는 염분이 많은 호수로 신장 동부에서 가장 아름답기로 유명하다.

거리는 하미에서 150km 정도 되는데 차를 전세 내면 300위엔 이상이 소요되고, 장거리 버스는 저렴하게 이용할 수 있다. 입장료는 15위엔이고, 6월~9월 사이가 여행하기 가장 좋다. 여관비는 하루 2인 1실 80위엔~100위엔 정도이다.

2. 투루판(吐魯番)

☆★ 기후

중국에서 가장 더운 지역이다. 최고 기온은 50℃이며, 최고 지면의 온도는 90℃에 육박한다. 양산과 선글라스는 필수품이다. 8월~9월이 여행하기에 가장 좋다.

☆★ 교통

하미에서 장거리 버스나 기차를 이용하여 갈 수 있다. 또는 우루무치에서 관광버스를 타고 일일 여행을 할 수도 있다.

목적지	발차 시간	가 격	비 고
우루무치	07:00~17:30	18위엔	30분마다 출발
하미	08:00	33위엔	일요일 제외 평일 1회
카스	08:00	110위엔	매주 화, 목, 토, 일 1회

투루판의 택시는 기본 요금이 5위엔이다. 차를 전세 내면 하루 200위엔~250위엔 정도이고, 당나귀가 끄는 수레는 타기 전에 미리 값을 흥정하는 것이 좋다.(보통 5마오)

☆★ 숙박

2성급 여관을 기준으로 하루 2인 1실이 300위엔 정도이고 그외 일반 여관은 80위엔 정도이다.

☆★ 특산품

청포도와 건포도가 세계적으로 유명하다. 라오청(老城) 남쪽에 있는 아타이츠(阿太赤) 상가에 가면 각종 토속 음식을 맛볼 수 있다.

☆★ 기타

기온이 높기 때문에 필름과 카메라를 가방에 넣어 잘 보관하는 것이 중요하다.

☆★ 주요 관광지

1. 훠옌산(火焰山)

훠옌산(火焰山)은 투루판의 상징으로 한 여름에는 산 표면의 온도가 80°C에 이른다.

2. 포도원

투루판에서 생산되는 건포도는 연간 300여 톤에 이른다. 포도원은 투루판에서 가장 유명한 관광지이다. 이 곳에서 각종 포도를 전시해 놓은 포도 전시관을 볼 수 있고, 하늘을 가린 포도 넝쿨 밑으로 산책을 즐길 수도 있다. 시원한 포도 넝쿨 그늘 아래에서 웨이월족 전통 복장을 입은 아가씨가 파는 신선한 포도를 저렴한 가격에 맛볼 수 있다. 매표소에 미리 요청하면 웨이월족 전통 춤도 감상할 수 있다.(약 20위엔 추가) 입장료는 25위엔.

이 외에 각종 말린 과일을 싼 값에 살 수 있다. 여행하기에 가장 좋은 시기는 포도가 한창이고 건포도가 완성되는 8월이다.

3. 까오창(高昌) 고성

까오창(高昌) 고성은 신쟝에서 가장 유명한 유적지 중 하나이다. 원(元)나라 이전까지 약 1,400여 년 동안 정치, 경제, 군사의 중심지였다. 1275년 원(元)군 12만의 공격으로 성이 훼손되었다.

까오창(高昌) 고성은 외성(外城), 내성(內城), 궁성(宮城)의 3중으로 건축되었다. 외성 안의 서쪽에는 불교 유적지가 있는데 이 곳에서 당(唐)의 현장법사가 불경을 강의하였다고 한다. 성내에서는 이 지역의 특징을 나타내는 벽화의 흔적을 볼 수 있다.

투루판에서 동남쪽으로 약 50km에 위치해 있다. 택시로 50분 정도 소요되고 왕복 50위엔이다.

4. 아스타나(阿斯塔那) 무덤

이 곳에서 이집트의 미이라에 버금가는 무나이이(木乃伊)가 무더기로 발굴되었다. 이 곳에 매장된 사람들은 이 지방의 귀족, 관리, 평민들로서 서진(西晉) 초기부터 당(唐) 중엽 시기의 인물들이다. 시신의 원형이 건조한 기후의 영향으로 자연 건조되어 보존 상태가 매우 양호하다. 까오창 고성에서 북쪽으로 걸어서 약 10분 정도 소요된다. 입장료는 20위엔.

5. 쟈오허(交河) 고성

강의 가운데에 있는 작은 섬에 성을 쌓아 외적을 방어하기에 유리하도록 건축되었다. 이 곳은 세계에서 가장 오래된 성으로 보존 상태가 매우 양호한 토성(土城)이다.

성 안은 동구(東區)와 서구(西區)로 나뉜다. 동구는 행정기관이 있던 곳으로 당나라 때 안서도호부(安西都護府)의 군영(軍營)이 설치되기도 하였다. 서구는 수공업 상가, 주택지, 사찰이 있던 곳이다.

투루판에서 10km의 가까운 거리에 위치해 있으며 택시 요금도 10위엔~15위엔 정도이다. 입장료는 30위엔.

6. 뻐즈커리커(栢孜克里克) 천불동

6세기 까오창 왕국 시기에 처음 조성된 불교 유적지이다. 12세기까지 계속 동굴을 만들고 불상을 안치하고 불교 벽화를 조성하였다. 이슬람화된 후 상당히 훼손되었으며, 서양인들의 약탈 흔적이 남아 있다.

투루판에서 동쪽으로 48km, 까오창 고성에서 남쪽으로 15km 지점에 위치해 있다. 훠옌산의 연장선상에 있다. 까오창 고성을 먼저 보고 들르는 것이 좋다. 입장료는 25위엔.

7. 칸얼징(坎兒井)

신쟝의 가장 오래된 지하수 관개 시설이다. 통계에 의하면 모두 1,158개의 수로가 있고, 전체 길이는 5,000km가 넘는다. 이 길이는 신쟝의 우루무치에서 동북의 하얼삔까지의 거리에 해당한다. 이는 만리장성, 대운하와 더불어 중국의 3대 대역사(大役事)로 불리운다. 투루판에서 9km 정도의 거리에 있다. 입장료는 15위엔.

3. 우루무치(烏魯木齊)

☆★ 기후

우루무치는 중온대 대륙성 기후에 속한다. 봄·가을이 짧고, 여름·겨울이 비교적 길다. 일교차가 크며 평균 기온은 10.7℃이고, 최고 기온은 42.1℃, 최저 기온은 영하 41.5℃이다. 여행 최적기는 7월~9월이다.

☆★ 교통

우루무치는 교통이 잘 발달되어 있는 곳이다. 외국과 국내에서 우루무치로 가는 비행기의 노선도 30여 가지에 이른다. 공항은 시내에서 17km밖에 위치해 있다.

기차는 국내 8개 도시를 왕복하는 직통 노선이 있다. 버스는 하미(哈密), 카스(喀什), 허티옌(和田), 이닝(伊寧), 타청(塔城), 아러타이(阿勒泰) 등 각지로 출발하는 장거리 침대차가 있다.

시내에서 택시를 탈 경우 대개 20위엔이면 충분하다. 하루 차를 전세 낼 경우 금액은 차종에 따라 다르다. 지프차는 하루 500위엔, 승용차는 350위엔 정도이다.

☆★ 숙박

시내에는 1성급 호텔부터 5성급 호텔까지 다양하게 있다. 저렴하게 이용하려면 각 대학교에서 운영하는 여관이나 기숙사로 가면 된다. 이 곳의 하루 숙박비는 1인당 보통 30위엔 정도이다.

☆★ 주요 관광지

1. 얼따오챠오(二道橋) 시장

시내에서 1번, 101번 버스를 이용하면 편리하다. 시내에서 택시를 타면 20위엔 미만이다.

이 시장에는 토산품, 소수 민족 전통 복장, 말린 과일, 수공 제품 등 다양한 물건이 있다. 항상 사람이 북적거리기 때문에 시장 골목을 다닐 때는 개인 소지품에 각별히 유의해야 한다. 시장 부근에 각종 먹을거리가 많아 저렴한 가격에 여러 가지 음식을 맛볼 수 있다.

얼따오챠오 시장 부근의 러비야(熱比亞) 시장 지하 1층에 각종 수공업 제품과 파키스탄제 장식품이 많이 있다. 저렴한 가격으로 기념품과 선물을 장만할 수 있다.

2. 신쟝 자치구 박물관

신쟝 지역의 문화를 한눈에 볼 수 있다. 역사, 민속, 소수 민족 문화, 불교 관련 벽화 등을 감상할 수 있다. 특히 11구의 미이라는 4,000년 전 이 곳에 살던 원주민의 모습을 잘 보여 주고 있다. 원래 박물관의 건축 구조는 구 소련의 전통 양식을 따른 것이었으나 현재 **새롭게** 짓고 있다. 기차역에서 2번, 52번 버스를 이용하면 편리하다. 그 외 시내에서 7번, 906번, 912번 버스가 박물관 앞에 정차한다.

3. 천지

우루무치 시내의 홍산(紅山) 호텔 앞 또는 인민공원(人民公園) 입구에서 오전 9시 전후에 출발하는 미니 버스가 있다. 요금은 보통 왕복 40위엔 정도이다.

하사커족의 전통 가옥에서 식사를 할 수 있으며, 20위엔으로 한 시간 동안 말을 탈 수도 있다. 그러나 관광지라 바가지 요금이 심하니 되도록 먹을거리를 준비해서 가는 것이 좋다. 입장료는 45위엔.

4. 쿠처(庫車)

고대 쳐우츠(龜玆) 문화의 중심지이다. 석굴과 음악을 통해 고대의 이 지역 문화를 접할 수 있다.

☆★ 기후

건조하여 연평균 강수량이 70ml 정도이다. 일교차가 크고 겨울이 길다. 여름에 간혹 폭우로 길이 끊기기도 한다. 가장 여행하기 좋은 시기는 5월~10월이다.

☆★ 교통

우루무치와 카스를 왕복하는 기차는 모두 쿠처에서 정차한다. 하루에 카스로 가는 기차가 두 번(07:55, 03:41), 우루무치로 가는 기차가 두 번(07:55, 00:57) 있다.

카스와 우루무치로 가는 침대 버스도 있고, 천산 산맥을 횡단하여 이닝시로 가는 장거리 버스도 있다.

☆★ 숙박

쿠처에 정차하는 기차가 모두 밤과 새벽 사이에 있기 때문에 역 주변의 여관에서 자는 것이 좋다.

보통 여관은 10위엔~20위엔이지만 목욕 시설이 없다. 30위엔 이상의 여관에서는 샤워를 할 수 있다.

☆★ 주요 관광지

1. 쑤빠스(蘇巴什) 고성

쿠처 지역에서 고대 건축 구조를 볼 수 있는 곳이다. 쿠처에서 택시로 왕복 80위엔~100위엔 정도이다. 입장료는 15위엔.

2. 커즈얼(克孜爾) 천불동

중국 4대 석굴 중의 하나이다. 중국 석굴 중 조성 시기가 가장 이르다. 천불동 석굴 내의 벽화는 거의 불교의 인연고사(因緣故事)와 본생고사(本生故事)이며, 고대 쳐우츠 주민의 생활상을 엿볼 수 있는 벽화도 있다. 쿠처 기차역에서 커즈얼 천불동까지의 택시비는 저녁에 70위엔, 낮에는 60위엔이다. 초행자는 바가지쓰기 쉬우니 유의하기 바람.

석굴은 8번→10번→17번→27번→32번→34번→43번→47번→48번→49번의 순서로 답사한다. 다른 특수 석굴을 보려면 입장료를 별도로 부담해야 한다. 예를 들어 38번 석굴은 100위엔, 신1번 석굴은 500위엔, 14번 석굴은 60위엔, 69호 석굴은 150위엔을 내야 한다. 가이드를 요청하면 1인당 10위엔 정도를 추가 부담해야 한다. 일반 답사 코스 입장료는 35위엔.

5. 카스(喀什)

고대 신장 지역의 36국 중 하나의 왕국이 있던 지역으로 옛날에는 수러(疏勒)라고 하였다. 정식 명칭은 카스까얼(喀什噶爾)이지만 줄여서 카스라고 한다.

☆★ 기후
사계절 내내 맑지만 매우 건조하다. 여름에는 매우 더운 날씨이나 고원지대는 기온이 낮다.

☆★ 교통
택시의 기본 요금은 5위엔이고, 시내에서는 모두 5위엔이면 가능하다. 어떤 웨이월족 기사는 중국어가 서툴러서 대화가 불가능하지만 기본적인 의사 소통에는 문제가 없다. 가까운 거리는 마차를 이용하면 편리하다. 값은 1인당 1위엔 내지 2위엔이다.

☆★ 숙박
저렴한 여관을 이용하면 하루 2인 1실 80위엔~100위엔 정도면 족하다. 목욕도 할 수 있고 실내도 비교적 깨끗하다.

☆★ 음식

맛있는 과일이 싸고 풍부하다. 하미꽈, 수박, 메론, 무화과, 석류 등은 맛이 일품이다. 빤미옌(拌面)과 좌판(抓飯), 양고기 꼬치구이도 싼 값에 먹을 수 있다.

☆★ 기타

파미르 고원을 갈 경우 여권만 있으면 변방통행증이 필요 없다. 변방통행증은 중국인만 필요하다. 긴팔 셔츠, 양산, 선글라스, 모자는 필수품이다. 이슬람 사원 입장시에 여자는 꼭 긴 바지를 입어야 한다.

☆★ 주요 관광지

1. 아티깔 이슬람 사원

중국에서 가장 큰 이슬람 사원이다. 1442년 건축하여 1872년까지 계속 증축하였다. 현재는 16,800m²에 이르는 거대한 규모이다. 종교 축제일의 경우 사원의 지붕과 근처 상가의 지붕 위까지 예배 보는 사람들로 가득하다. 입장료 15위옌.

2. 똥빠자(東巴紮)

신쟝 최대의 시장이다. 매주 일요일 가축 시장이 열리는데 그 모습이 장관이다. 그 외 평일에도 항상 사람들이 붐빈다. 양탄자,

양모 제품, 모자, 수공 제품, 칼 등이 유명하다. 카스 부근의 현에서는 요일별로 시장이 열린다.

3. 샹페이(香妃) 묘

　샹페이 묘는 카스에서 가장 유명한 관광지이다. 샹페이는 청(淸) 건륭(乾隆) 황제의 유일한 웨이월족 후궁이다. 사실과는 다르지만 전설에 의하면 샹페이가 죽은 후 시신을 빼이징에서 이 곳까지 옮겨 와 안장했다고 한다. 샹페이를 비롯하여 72명이 잠들어 있는 가족 묘지이다. 시내에서 동쪽으로 5km의 가까운 거리에 있고 택시로 왕복 20위엔이면 족하다. 입장료는 17위엔.

4. 파미르 고원

　카스에서 남서쪽으로 약 270km에 위치해 있다. 해발 4,000미터 이상의 고원 지대로 타지커(塔吉克)족의 자치현이 있다. 파미르 고원으로 가는 길 옆으로 눈이 녹아 흘러내리는 급류를 볼 수 있다. 그리고 산 중턱에서는 커얼커즈족을 쉽게 만날 수 있다.
　타지커족의 신화에 등장하는 스터우청(石頭城)은 타지커 자치현 사무소에서 도보로 10분이면 갈 수 있다. 카스에서 왕복 약 540km로 차를 전세 내면 보통 500위엔 정도이고 당일로 돌아올 수 있다. 장거리 버스 터미널에서 버스를 타면 100위엔 정도이지만 당일 돌아오는 차가 없어 1박을 해야 한다. 3~4명의 일행이 함께 간다면 차를 전세 내는 것이 편리하고 저렴하다. 낙석 주의. 입장료 없음.

신장을 알아야 중국이 보인다.

지은이 심형철
펴낸이 박해성
펴낸곳 정진출판사

초판 1쇄 발행 2003년 1월 25일
　 2쇄 발행 2003년 2월 25일

주소 서울특별시 성북구 석관 2동 341-48호
전화 (02) 969-8561
Fax (02) 969-8592
E-mail JJ1461@chollian.net
Homepage www.jeongjinpub.co.kr
등록일 1989.12.20
등록번호 제6-95호
ISBN 89-85375-99-7

정가 8,000원